중국의 땅과 사람, 그 역사와 문화를 이해하는

중국 인문지리 알기

한중인문학교류연구소 **지음**

시사중국어사

중국의 땅과 사람, 그 역사와 문화를 이해하는

중국 인문지리 알기

초판발행	2021년 2월 28일
1 판 2 쇄	2023년 1월 10일
저자	한중인문학교류연구소
책임 편집	최미진, 가석빈, 엄수연, 高霞
펴낸이	엄태상
디자인	이건화
조판	이서영
콘텐츠 제작	김선웅
마케팅	이승욱, 왕성석, 노원준, 조성민, 이선민
경영기획	조성근, 최성훈, 정다운, 김다미, 최수진, 오희연
물류	정종진, 윤덕현, 신승진, 구윤주
펴낸곳	시사중국어사(시사북스)
주소	서울시 종로구 자하문로 300 시사빌딩
주문 및 교재 문의	1588-1582
팩스	0502-989-9592
홈페이지	http://www.sisabooks.com
이메일	book_chinese@sisadream.com
등록일자	1988년 2월 12일
등록번호	제300 - 2014 - 89호

ISBN 979-11-5720-184-6(03910)

펴내면서

한중인문학교류연구소에서는 이미 『중국 문화 알기』(2020년)를 앞서 출간했다. 본 『중국 인문지리 알기』는 바로 '문화 알기'에서 미처 다 풀어내지 못한 중국의 '땅' 이야기에 초점을 맞추어, 자연 지리적 요소로서의 '땅' 이야기 뿐만 아니라, 그 위에서 활약했던 '인간'의 이야기도 함께 풀어내고자 노력했다. '땅' 위에 서지 않은 인간은 상상할 수도 없기 때문이다. '땅' 위에서 태어나 '땅' 속에서 샘솟는 물을 마시고 그 위에서 난 음식을 먹고 활동하다 결국 '땅'으로 돌아가는 것이 인간의 운명 아니던가! 어찌보면 그 '땅'의 운명이 그곳에서 태어난 인간의 운명일지도 모르겠다. 운명을 같이하는 '땅'과 인간의 관계! 바로 이 지점에서 '인문학(人文學)'은 탄생한다. 그 '땅' 위에서 인간의 삶은 역사를 이루고, 수많은 영웅이 나타났다 사라진다. 그 '땅' 위에서 그곳에 어울리는 철학이 태어나고 예술은 꽃을 피운다. 인문학은 극단적으로 그 '땅'의 아들이요, 딸이다. 본 책의 제목이 단순히 '지리'가 아닌 '인문지리'인 까닭은 바로 여기에 있다.

'인문지리'라는 명제에 걸맞게 본 책에서는 자연지리 혹은 자연환경에 대한 설명은 되도록 간략히 소개하려고 노력했다. 대신 그 '땅' 위에서 인간들이 일구어 낸 삶의 다양한 면모와 양식 등을 소개하는 것에 주력했다. 때로는 그 '땅' 위의 인간들은 어떤 문명을 창조해 냈고, 그 문명을 어떤 모습으로 확대시켜 나갔는가를 주목하기도 했다. 또 때로는 그 '땅' 위의 사람들은 어떤 음식을 먹고 어떤 술을 즐겨 마셨는지에 관심을 가지기도 했다. 또 어떤 경우에는 그 '땅' 위의 사람들은 어떤 민족으로 구성되어 있고 그 민족은 어떤 특색을 가지고 있는가를 집중 조명하기도 했다. 인간이 이루어 낸 삶의 총체적인 모습을 '문화'라고 정의한다면, 결국 '땅'과 '문화'를 긴밀하게 결합시킨 형태를 '인문지리'라고 명명할 수 있을 것이다.

본 『중국 인문지리 알기』는 '중국'의 '땅'과 '문화'의 이야기이다. 따라서 중국의 22개 성(省), 5개의 자치주, 4개의 직할시, 2개의 특별행정시 및 양안의 타이완 등을 모두 망라해 다루고 있다. 각 지역을 소개할 때는 일률적이고 순차적으로 소개하는 방식을 사용하지 않고, 서로 연관이 깊은 지역을 하나의 카테고리로 묶어 소개하고 있다. 이런 연유로 어떤 챕터는 제5장의 산둥성처럼 하나의 성만을 소개하고 있지만, 한편에서는 제3장의 동북삼성처럼 3개의 성을 함께 소개하는 등, 그 내용의 편폭에서 다소 차이를 보이기도 한다. 다만 본 책의 각 챕터에서 서로 연관 짓고 하나의 카테고리로 묶는 방식과 대상은 보는 이에 따라 얼마든지 바뀔 수 있음은 물론이다.

이 책은 중국학을 전공하는 대학 전공자 뿐만 아니라, 중국에 관심을 가지고 있는 중·고생 및 일반인에 이르기까지 모든 세대가 쉽게 이해할 수 있는 문체를 구사하려고 노력했다. 중국문화 전공자, 중국어 전공자, 중국무역 종사자, 중국 여행자 혹은 중국 유학생 등에 이르기까지 중국이라는 나라에 관심이 있는 그 누구라면 이 책을 한번 일독해 보시기를 삼가 권해 드린다. 세계 4대 문명 가운데 가장 늦게 출발했지만 유일하게 현재까지도 살아남아 세계 무대에서 영향력을 행사하는 '황하문명'을 일군 그 '땅'에 대한 이야기는 한 번쯤 관심을 가져볼 만하기 때문이다. 다만 한 가지 보완할 것은, 중국의 그 넓은 '땅'을 한 권의 책으로 모두 소개하려 하다 보니 더욱 구구절절한 세부적인 내용은 모두 아우르기 힘들었다는 점이다. 따라서 각 지역에 대한 더욱 깊고 섬세한 소개는 향후의 과제로 남겨 놓는다. 이에 대해서는 강호제현들의 많은 제안과 채찍을 부탁드리고자 한다.

이제 이 책이 세상에 빛을 보기 위해서 도움을 주신 여러분들에게 감사의 뜻을 전하고자 한다. 가장 먼저 이 책의 집필에 참여한 모든 선생님들의 노고에 머리 숙여 감사드린다. 사실 여러 집필자들이 하나의 목적과 구성을 공유하며 하나의 통일된 문체로 책을 집필한다는 것은 생각만큼 만만치 않은 작업이었다. 특히나 코로나19의 엄중한 사태로 인해 머리를 맞대고 앉아 서로의 의견을 교환하는 소통의 장을 제대로 만들지 못했던 상황을 생각하면 더더욱 어려운 작업이었다. 그러나 이 책의 집필진들은 그 어려움을 극복해 내었다. 때로는 온라인 회의를 열어 서로 소통해 나갔고, 때로는 전화를 걸어 소통해 나가며 크고 작은 어려움을 극복해 내었던 것이다. 그리고 이 소통의 중심에 위치할 뿐만 아니라, 본 책의 기획과 교열 및 보완 등을 총지휘한 한중인문학교류연구소의 이기면 소장님에게 심심한 감사를 전한다. 아울러 처음부터 끝까지 섬세한 교열과 보완에 힘써 주신 채수민, 윤순일 선생님과 전체 집필 회의의 좌장 역할을 담당하며 소통과 일정을 이끌어 주신 최우석 선생님에게도 감사를 드린다. 끝으로 본 '중국 알기' 시리즈의 제의에 선뜻 수락해 주신 '시사중국어사'에 다시 한번 감사드리며, 매번 그 꼼꼼함에 감탄을 금치 못하게 하는 최미진 부장님과 편집부에 감사를 올린다.

한중인문학교류연구소 고문

우송대학교 국제교류부총장 **감서원** 삼가 씀

 차례

🫖 일러두기

* 중국 인명과 지명의 표기는 『외래어 표기법』(국립국
어원, 1986)을 따라 표기하되 현대 이전의 고유명사
와 우리말에 관용이 있는 경우는 가독성을 고려하여
한자음(우리말 독음)으로 표기하였다.

* 본문의 한자는 모두 간화자로 표기하였다.

* 한자, 발음기호, 구체적인 의미가 필요한 용어나 표
현은 (   ) 안에 함께 표시해 두었다.

* '陕西 Shǎnxī'와 '山西 Shānxī'의 발음이 '산시'로
같아 우리말 표기나 영문 표기에 있어 혼동되기 때문
에 국제적으로(중국 포함) '陕西 Shǎnxī'에 'a'를 추
가한 'Shaanxi'가 통용된다. 따라서 본문에서는 '陕
西'를 모두 '샤안시'로 표기한다.

둥그런 하늘과
네모난 땅의 나라 중국

중국인은 흔히들 "태어나서 세 가지를 못하고 죽는데 그 하나는 중국 음식을 다 먹어보지 못하고 죽는 것이요, 다른 하나는 중국 한자를 다 배우지 못하고 죽는 것이요, 나머지 하나는 중국의 모든 곳을 다 구경하지 못하고 죽는 것이다"라고 이야기한다. 실제 중국에는 수많은 명산과 하천 그리고 고원과 사막 등 이곳이 지구가 맞나 싶을 정도로 뛰어난 자연환경이 즐비하다. 게다가 5,000년 중국 역사와 더불어 수많은 인물과 스토리텔링이 녹아 있는 명승고적 또한 헤아릴 수 없이 많다. 그뿐만 아니라 어디를 가도 맛있는 먹거리가 넘쳐나니 중국인의 이런 말이 수긍이 가기도 한다.

① 반고가 연 하늘, 가운데 핀 꽃

⑴ 반고, 하늘을 열다

중국의 천지창조 신화는 이른바 '반고개천(盤古开天, 반고가 하늘을 열다)'에서 시작한다. 이 세상에 그 어떤 것도 존재하지 않던 태곳적에 하늘과 땅은 큰 달걀 같은 하나의 덩어리였으며, 세상은 칠흑같이 캄캄하고 상하좌우와 동서남북의 구분이 없었다. 이와 같은 상황에서 반고(盤古)는 하늘을 머리에 이고 태어났다. 반고는 매일 1장(丈)씩 자랐고 하늘과 땅도 그의 몸 크기만큼 하루에 1장씩 벌어졌다. 이러한 상태가 1만 8,000년간 계속되자 하늘은 높아지고 땅은 두꺼워지게 되었다. 반고의 키가 9만 리에 이르자 마침내 하늘과 땅이 완성되었다.

이렇게 천지를 개벽한 반고는 기진맥진해서 쓰러져 죽어간다. 그의 왼쪽 눈은 태양으로 변했고 오른쪽 눈은 달이 되었다. 마지막 숨은 바람과 구름이 되었고 최후의 목소리는 우레가 되었다. 또한 반고의 머리털과 수염은 밤하늘의 별이 되었고 머리와 손발은 대지의 높은 산으로, 피는 강과 호수로 변하여 세상은 지금과 같은 모습을 갖추게 되었다. 중국인은 세상이 이렇게 만들어졌다고 생각했다.

반고의 초상화와 하늘을 이고 있는 반고의 조각상

⑵ 둥근 하늘과 네모난 땅

중국인은 현실 속의 하늘과 땅은 신화의 세계와 달리 '천원지방(天圓地方)'과 같다고 생각했다. 즉 하늘은 둥근 모양이고, 땅은 네모난 것이 동서남북으로 나뉘어 있다고 생각한 것이다. 지금부터 2,000년 전인 한(汉)나라 시기에 작성된 『주비산경(周髀算经)』에 "모난 것은 땅에 속하며, 둥근 것은 하늘에 속하니, 하늘은 둥글고 땅은 모나다"라는 기록이 있다. 물론 일부 학자들은 이러한 천지관에 의문을 제기하기도 한다. 예를 들어 『대대례기(大戴礼记)』에는 "만약 정말로 하늘이 둥글고 땅은 네모나다면, 하늘이 땅의 네 모서리를 가리지 못할 것이다"라고 언급한 증자(曾子)의 주장이 실려 있다. 그러나 대부분 중국인은 17세기 서양의 천문학이 들어오기 전까지 "하늘은 수레 덮개를 펼친 것과 같은 원형이고, 땅은 바둑판과 같은 방형이다"라는 믿음 속에서 살았다.

17세기 서양 선교사들이 지구는 네모난 것이 아니라 오히려 둥근 공 모양이라는 사실을 전파하자 중국인은 '천원지방'의 주장을 폐기하기보다는 일종의 음양의 덕으로 해석하기도 했다. 즉 하늘이 실제로 둥글기보다는 굳건하게 회전하는 양(阳)의 덕을 표현한 것이고, 땅이 네모난 것은 고요하게 정지한 음(阴)의 덕을 상징한다고 해석한 것이다. 이처럼 '천원지방'이라는 표현은 중국인의 머릿속에서 쉽게 변할 수 없는 부동의 관념으로 자리 잡고 있었다. 이에 따라 '천원지방'의 관념은 실생활에서 매우 다양한 형태로 표현되었다. 황제가 하늘에 제사를 지내기 위해 만든 베이징의 천단(天坛)은 둥근 원과 네모를 기본 틀로 했으며, 고대의 화폐 역시 둥근 모양 속에 네모난 구멍을 뚫어 만드는 등 실생활 곳곳에 깊숙이 자리 잡고 있다.

⑶ 세상의 중심에 꽃을 피우다

둥근 하늘 아래 네모난 땅 위에서 중국인은 또 하나의 세계관을 갖게 된다. 그것은 네모난 세상의 한가운데에 중국인이 살고 있다는 생각인데, 이러한 세계관을 집약적으로 드러낸 것이 바로 '중화(中华)'사상이다. 가운데 '중(中)'과 빛날 '화(华)'가 결합한 '중화'는 무엇을 뜻할까? '华'는 그 어원이 "나무에서 꽃이 피다"라는 뜻이다. 즉 '중화'는 "세상의 가운데서 핀 꽃"으로 풀이할 수 있다. "세상의 중심에서 피운 문명의 꽃"이라는 자긍심을 한껏 드러낸 것이 바로 '중화'라는 두 글자의 함의이다.

이러한 '중화사상'은 춘추전국(春秋战国)시대에 이미 형성되어 있었고, 유가(儒家)사상을 국가 이데올로기로 삼은 한대(汉代)에 이르러 더욱 체계화되었다. 구체적으로 말하면 세상의 중심에는 하늘의 아들 격인 '천자(天子)'가 있고, 여기에서 가장 수준 높은 문명과 문화가 향유되었다. 그래서 여기에서 멀어질수록 문명의 수준이 떨어져 일종의 교화가 필요하다고 생각한 것이다. 북쪽에는 '북적(北狄)', 남쪽에는 '남만(南蛮)', 동쪽에는 '동이(东夷)', 서쪽에는 '서융(西戎)'이라는 이민족이 살고 있어 왕의 덕과 중화의 문화로 이들을 교화할 수 있다고 생각했으니 모든 세상은 중화의 문화로 아우를 수 있다고 여긴 것이다. 가장 수준 높은 문화를 향유하는 중국과 교화를 받아야만 하는 주변의 이민족을 구분하는 이른바 '화이사상(华夷思想)'은 바로 이러한 중국문화에 대한 한없는 자부심에서 탄생했다.

고대 중국과 화이(华夷)

② 시간의 흐름과 땅의 모양

사마천의 『사기(史记)』에 따르면 중국 역사는 전설시대인 삼황오제(三皇五帝) [01] 를 거쳐 우(禹)임금이 하(夏, 기원전 2070년경~기원전 1600년경)나라를 건국하면서 시작된다. 하나라는 발굴 등을 통해 실존 지역이 입증되지 않았기 때문에 그동안 전설

하나라의 추정 지배 영역

---

01 삼황(三皇)은 일반적으로 복희씨(伏羲氏), 수인씨(燧人氏), 신농씨(神农氏)를 말하며 오제(五帝)는 황제(黄帝), 전욱(颛顼), 제곡(帝喾), 요(尧), 순(舜)을 가리킨다.

의 시기로 인식되어왔다. 하나라가 구체적으로 어디에 도읍을 정했는지는 아직도 확실한 고증이 없다. 다만 황허(黃河)강 중류인 산시(山西)와 허난(河南) 등에서 활동했을 거라고 추측할 뿐 확실하지는 않다.

하나라에 이어 등장한 상(商, 기원전 1600년경~기원전 1046년경)나라는 마지막 도읍지를 은(殷)으로 옮겼기 때문에 은나라라고도 불린다. 20세기 초 허난성 은허(殷墟)의 대규모 발굴과 갑골문(甲骨文) 등으로 역사적 실존이 인증되었다. 중국은 상나라부터 역사시대로 진입하였으며, 청동기 문화를 기반으로 하는 상나라의 지배 영역은 하나라보다 좀 더 확대되었다.

은나라의 지배 영역

서주시대

은나라를 무너뜨리고 등장한 주(周, 기원전 1046~기원전 256)나라는 샤안시성(陝西省) 시안(西安) 서쪽의 호경(鎬京)에 도읍을 정하였다. 이 시기를 서주(西周)시기라 하고, 서융의 침입으로 낙읍(洛邑, 현재 뤄양洛阳 서쪽)으로 천도한 이후는 동주(東周)시기라 한다. 동주시기는 다시 춘추(春秋)와 전국(戦国)시기로 나뉜다. 분열과 적자생존의 치열한 생존경쟁을 거쳐 전국시기 말엽에는 진(秦), 초(楚), 제(齐), 연(燕), 조(赵), 위(魏), 한(韩) 등 7개 국가로 흡수 통합되었다.

동주시대 전국칠웅

분열의 전국시대는 결국 진(秦, 기원전 221~기원전 206)나라의 시황제(始皇帝)가 통일했으나 진시황은 갑작스러운 죽음을 맞이하게 된다. 항우(項羽)를 꺾고 등장한 유방(刘邦)은 한(汉, 기원전 202~기원후 220)나라를 세우고 장안(长安 Cháng'ān 창안, 현재의 시안)에 도읍을 정했다. 한나라는 무제(武帝)에 이르러 서역을 개척하는 등 지속적인 정복사업을 벌여 동북방 및 서역의 둔황(敦煌) 지역을 아우르는 광범위한 영토를 지배했다.

진나라 영토

한나라 영토

서한과 동한을 합쳐 400여 년간 유지한 한나라는 우리에게도 익숙한 위(魏), 촉(蜀), 오(吳)의 삼국시대를 거친다. 삼국시대는 위와 진(晋)에 이르러 다시 통일을 이루지만, 진나라는 현재의 난징(南京)으로 수도를 옮기는 대이동을 감행한다. 이후 한족 중심의 남조(南朝)와 이민족 중심의 북조(北朝)로 나뉘게 되어 분열의 시기를 오래 겪는다.

삼국시대

위진남북조

분열된 위진남북조는 수(隋, 581~619)나라가 재통일했으나, 수는 무리한 대운하 공사와 고구려 정벌 등으로 멸망하게 된다. 당(唐, 618~907)나라는 태종(太宗)에 의해 기틀이 잡혔고 글로벌 대제국으로 발전하여 영토 역시 서역까지 넓어지게 된다.

당의 뒤를 이은 송(宋, 960~1279)나라는 지나친 숭문(崇文)정책을 펼친 결과 국방력이 크게 약화되었다. 여진족이 세운 금(金, 1115~1234)나라의 공격으로 송의 영토는 크게 줄어들었고, 남송시대에 이르러서는 지금의 항저우(杭州)를 수도로 삼아 강남 지역만 지배하게 된다.

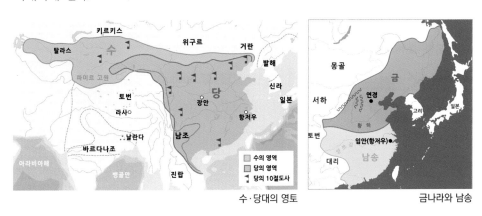

수·당대의 영토   금나라와 남송

남송은 결국 칭기즈칸이 세운 원(元, 1271~1388)나라에 멸망했고, 쿠빌라이는 지금의 베이징을 수도로 삼으며 중국 영토를 크게 확장했다. 한족의 염원을 담아 몽골족을 몰아낸 주원장(朱元璋)은 명(明, 1368~1644)나라를 세웠다. 주원장의 아들 영락제(永樂帝)는 수도를 난징에서 베이징으로 옮겼고, 활발한 대외정벌을 통해 중국의 서남 지역을 새로이 영토로 편입시켰다.

원나라와 몽골제국   명나라

청나라 영토와 현재의 중국

청(清, 1635~1912)나라는 명의 수도였던 베이징을 그대로 수도로 사용하며 강희(康熙), 옹정(雍正), 건륭(乾隆) 치세기에 최고 전성기를 맞는다. 강희제는 몽골과 타이완을 복속시켰고, 네르친스크조약으로 러시아와 국경선을 확정하였다. 옹정제는 칭하이성(青海省)을 복속시켰고, 건륭제에 이르러서는 신장위구르 지역과 티베트 지역을 복속시켜 현재의 중국 영토보다도 넓은 영토를 영위하게 되었다.

1949년 중화인민공화국은 베이징에 수도를 정하고, 제2차 세계대전 당시 독립을 선언했던 신장위구르 지역과 티베트 지역을 다시 무력으로 점령하였다. 1997년에는 영국이 홍콩을, 1999년에는 포르투갈이 마카오를 중국에 반환하면서 지금의 국경선과 일국양제(一国两制)가 확립되었다.

현재의 중화인민공화국

③ 명산과 대천, 사막과 초원

중국의 국토 면적은 약 9,600㎢로 러시아, 캐나다, 미국에 이어 네 번째로 넓다. 이는 한반도의 약 48배에 해당하는 것으로, 22개 성(省), 5개 자치구, 4개 직할시, 2개 특별행정구를 두고 있다.

(1) 서고동저

중국 영토에는 산지, 고원, 구릉, 분지, 평원, 사막 등 육지에서 볼 수 있는 거의 모든 종류의 지형이 펼쳐져 있다. 전체적으로 땅은 서쪽이 높고 동쪽이 낮은 서고동저(西高東低) 형태를 띠는데, 그 높이에 따라 크게 세 구역으로 나눌 수 있다. 가장 서쪽의 제1구역은 해발 4,000m 이상 지역으로 '세계의 지붕'이라 불리는 칭짱고원(青藏高原 티베트고원)이 위치한 곳이다. 제2구역은 해발 1,000~2,000m 지역으로 쓰촨(四川)분지, 윈구이(云贵)고원, 네이멍구(内蒙古)고원, 황투(黄土)고원 등을 포함한다. 제3구역은 해발 500~1,000m 정도의 지역으로 둥베이(东北)와 화베이(华北) 및 창장(长江)강 중하류 평원을 포함하는 지역이다. 중국에서 제3구역의 인구밀도가 가장 높다.

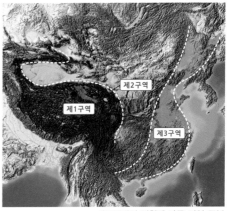

서고동저의 지형에 따른 지역 구분

(2) 산맥과 사막

중국의 뼈대라고 할 수 있는 산맥은 7개가 있다. 이 가운데 히말라야산맥, 톈산(天山)산맥, 알타이산맥, 다싱안링(大兴安岭)산맥 등 네 산맥은 국경선에 있다. 나머지 세 산맥 가운데 영생불사한다는 서왕모(西王母)가 사는 쿤룬산(崑崙山)이 있는 쿤룬산맥은 아시아에

중국의 산맥과 사막, 고원

서 가장 긴 산맥이다. 화이허(淮河)강과 더불어 중국의 남방과 북방을 가르는 경계선이 되는 친링(秦嶺)산맥에는 해발 3,767m의 타이바이산(太白山)이 있다. 이밖에 남부에 위치한 난링(南嶺)산맥은 화중(华中)과 화난(华南) 지역을 가르는 경계가 된다.

중국에는 거대한 사막이 두 개 있다. 타클라마칸사막은 위구르어로 '들어가면 나올 수 없다'는 뜻에서 그 이름이 유래하였다. 타클라마칸사막 동쪽에는 실크로드의 주요 거점 중 하나인 둔황(敦煌)이 있고, 사막의 북쪽과 남쪽 경계선을 따라 실크로드가 연결된다. 다른 하나는 몽골어로 '거친 땅'을 뜻하는 고비(Gobi 戈壁)사막으로, 아시아에서 가장 큰 사막이다. 고비사막은 중국과 몽골에 걸쳐 있으며, 북쪽으로는 알타이산맥, 남쪽으로는 티베트고원, 동쪽으로는 허베이(河北)평원으로 이어져 있다. 봄철 황사의 주요 근원지이기도 하다.

(3) 오악과 명산

중국에는 이른바 오악(五岳 우웨)으로 불리는 명산(名山)이 다섯 개 있다. 동으로는 타이산(泰山), 남으로는 헝산(衡山), 서로는 화산(华山), 북으로는 헝산(恒山)이 있으며, 중앙에는 충산(崇山)이 있다. 신선이 산다고 믿었던 이 오악의 산에는 역대로 제왕들이 찾아와 제사를 지냈다.

이와는 별도로 5대 명산을 꼽기도 한다. "태산이 높다 하되 하늘 아래 뫼이로다"라는 시조에 등장하는 태산은 동악인 타이산이다. "황산을 보고 나면 오악이 보이지 않

중국의 오악과 명산

는다"라는 말을 듣는 황산(黄山)은 천하의 절경으로 유명하다. 시인 이태백이 "내리꽂는 물줄기는 길이가 삼천 척인데"라고 노래한 루산(庐山 여산)은 역대 수많은 문인이 시로 노래한 명산이기도 하다. 송대 주자(朱子)가 은거하며 학문에 전념했던 무이정사(武夷精舍)가 있는 우이산(武夷山)은 푸젠성(福建省)에 있다. 해발 3,098m를 자랑하며 불교와 도교의 성지로 이름 높은 어메이산(峨嵋山)은 쓰촨성(四川省)에 있다.

(4) 강과 하천

중국은 땅이 넓은 만큼 강과 하천도 많다. 쿤룬산맥에서 발원하는 황허강은 중국 문명의 발상지이며, 그 하류 지역은 이른바 중원(中原) 지역에 해당한다. 중국에서 가장 긴 강인 창장(长江)강은 티베트고원에서 발원하며 하류 지역인 강남 지역은 곡창지대로 벼농사를 주로 짓는다. 중국에서 세 번째로 긴 주장(朱江)강은 남부의 젖줄로, 하류에서는 주장강삼각주를 형성하며 홍콩과 마카오 사이를 지나 남중국해로 흘러든다.

중국의 하천

중국의 북동쪽 가장자리를 흐르는 헤이룽장(黑龙江)강은 러시아어로 아무르(Amur)강이라고도 하며, 중국과 러시아의 국경을 이룬다. 이밖에 황허강, 창장강과 더불어 중국의 3대 강으로 불리는 화이허(淮河)강은 중국 동부의 중심 지역을 관통한다. 화이허강은 서부 내륙의 친링산맥과 함께 북방과 남방을 구분하는 자연 경계선을 이룬다. 실제로 화이허강 북쪽은 밀 중심의 밭농사 지대이고, 남쪽은 쌀 중심의 논농사 지대이다.

황허강

④ 길의 역사와 영토 갈등

(1) 실크로드 그리고 해양 진출

고대 중국인은 세상의 중심에는 중국이 있고 사방에는 미지의 황폐한 공간인 '사황(四荒)'이 있다고 보았으며 그 너머에 또 다른 문명이 있을 거라고는 상상조차 하지 않았다. 이러한 세계관을 깬 것이 바로 한 무제(汉武帝) 시기의 장건(张骞, ?~기원전 114)이다. 장건은 한 무제의 명을 받고 서역의 대월지국(大月氏国)과 동맹을 맺기 위해 부하 100여 명을 이끌고 여정을 떠났다. 도중에 흉노에게 붙잡힌 장건은 10여 년 동안 억류당하기도 했지만 끝내 월지국에 도착했고, 다시 천신만고 끝에 1년여 만에 한나라로 돌아왔다. 비록 동맹의 임무는 완수하지 못했지만, 그가 한나라로 돌아와 소개한 경험과 새로운 자료로 중국인은 비로소 서역의 존재와 함께 미지의 세계에 큰 호기심을 갖게 되었다. 결과적으로 장건의 서역 원정은 본래 의도와는 다르게 동서교역의 문화 교통로인 실크로드 개척을 이끌어낸 것이다.

장건 이후 실크로드는 갈수록 발달하여 때로는 스님들이 경전을 구하러 인도로 들어가는 길이 되었고, 때로는 중국의 비단과 종이가 유럽에 전달되는 길목이 되어 주기도 했으며, 또 때로는 반대로 아라비아나 유럽의 유리와 향료 같은 여러 문물이 중국으로 유입되는 중요한 통로가 되어 주기도 하였다. 특히 당나라는 실크로드를 이용한 활발한 문화 교류를 바탕으로 글로벌 제국으로 성장했다.

중국의 해양로 개척은 실크로드의 개척에 비해 한참 뒤에 일어난다. 바닷길이 본격적으로 개척된 것은 명대 영락제(永乐帝, 재위 1402~1424)에 이르러서다. 영락제는 정화(郑和)에게 거대한 함대를 이끌고 바다로 나가 명나라의 국위를 선양하는 한편 조공의 예를 받아 오도록 했다. 정화는 길이 약

당대 실크로드

135m, 너비 약 55㎡ [02] 의 당시로서는 세
계 최대 규모인 함선을 이끌고 일곱 차례
에 걸쳐 말레이시아, 자바섬, 인도, 페르
시아 남부, 아라비아반도 및 동아프리카
에 이르는 방대한 지역을 원정하게 된다.
이 대원정에서 아프리카의 기린을 끌고
오는 등 새롭고 신기한 각종 이국 문물
을 중국에 소개하였을 뿐만 아니라, 동남

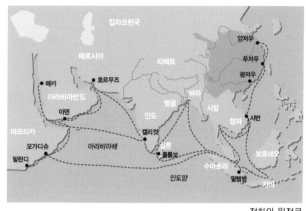

정화의 원정로

아시아와 아라비아의 많은 나라에 중국의 존재를 확실히 각인시켰다. 다만 정화가 7차
원정을 끝으로 세상을 떠난 후 대원정은 그 뒤를 잇지 못했다. 영락제가 함대를 폐기하
고 해금령(海禁令)을 내리는 등 중국은 이제 더는 바닷길을 통한 발전을 도모하지 않게
됐다. 물론 바로 뒤따르는 대항해시대는 서구 유럽에서 본격적으로 막을 올리게 된다.

⑵ 21세기 新실크로드 일대일로

2014년 11월 중국에서 개최된 아시아·태평양 경제협력체 정상회의에서 시진핑(习近

平) 주석이 21세기 실크로드 경제벨트와
해상 실크로드를 아우르는 새로운 경제
권인 일대일로(一帶一路 Yídài yílù, One
Belt and One Road, OBOR, Belt and Road
Initiative, BRI)를 제창한 데서 시작된다.
구체적으로 보면, 중국 서부 지역에서 출
발하여 중앙아시아를 거쳐 유럽으로 이
어지는 '실크로드 경제벨트('일대'의 의미')

중국 육상·해상 실크로드 '일대일로'

와 중국 연안에서 동남아, 스리랑카, 아라비아반도의 해안, 아프리카 동해안을 잇는
'21세기 해상 실크로드('일로'의 의미)'의 두 지역에서 인프라 정비, 무역 촉진 및 자금의
왕래를 촉진하겠다는 계획을 포함하고 있다. 이러한 일대일로 계획에는 지구상 인구
의 63%에 해당하는 44억 인구가 참여하게 되고, 이와 관련된 GDP는 전 세계 GDP의
29%인 21조 달러에 이를 것으로 추산한다. 현재까지 이 계획에 참여하는 나라는 60개
대상국 외에 ASEAN, EU, 아랍연맹, 아프리카연합, 아시아협력대화(Asia Cooperation
Dialogue, ACD) 등의 국제기구들이 지지를 표명하고 있다.

중국에서 본 히말라야

(3) 중국의 영토 갈등

중국과 육지로 국경을 맞대고 있는 나라는 몽골, 러시아, 미얀마, 인도, 카자흐스탄, 네팔, 베트남, 북한, 키르기스스탄, 부탄, 파키스탄, 라오스, 타지키스탄, 아프가니스탄 등 총 14국에 이른다. 이렇듯 인접한 국가가 많은 만큼 과거에서 현재에 이르기까지 국경문제를 놓고 크고 작은 분쟁이 끊이지 않았다.

먼저 러시아와는 청나라 시기인 1689년 네르친스크조약 **03** 을 맺어 러시아의 남하를 막으며 국경선을 정한 바 있다. 이후 러일전쟁의 결과로 러시아는 중국 동북쪽에 위치한 상당한 규모의 지역을 자국에 편입했으며, 아무르강의 한 섬인 전바오다오(珍宝島)의 영유권을 놓고 1969년 이른바 전바오다오사건(珍宝島事件)이 일어난다. 양국 국경수비

대의 충돌로 일어난 이 사건은 핵전쟁을 우려할 정도로 큰 분쟁이었다. 다행히 2005년에 중·러 조약을 통해 양국이 50:50의 비율로 영유한다는 평화적인 해법을 찾기에 이른다. 베트남과는 1979년 일어난 한 달간의 전쟁 이후 1980년대에도 수차례 국경문제를 놓고 국지전을 벌였다. 결국 1999년 수년간 협상을 벌인 끝에 마침내 중국과 베트남은 국경조약을 체결했다.

하지만 지금도 계속 영토 분쟁이 벌어지는 지역이 있다. 히말라야산맥의 국경선에서는 인도와 분쟁이 끊임없이 일어나고 있으며, 남중국해에서는 베트남·필리핀, 센카쿠 열도에서는 일본과 크고 작은 긴장 상태를 유지하고 있다.

---

03 네르친스크조약: 1689년 청나라가 유럽 국가와 최초로 대등하게 체결한 국제조약이다. 17세기 중엽부터 러시아는 꾸준하게 헤이룽장강 일대로 국경을 넓혀왔다. 이에 따라 청나라는 러시아와 크고 작은 영토 분쟁을 겪기 시작했으며, 마침내 1689년 러시아가 헤이룽장강 일대로 본격적으로 진출해 오자 청군이 러시아가 구축한 아르바진성(城)을 공격한 것을 계기로 이 조약이 맺어지게 된다. 청나라는 이 조약으로 러시아와 손잡고 몽골을 견제하고자 했으며, 러시아는 청과의 교역을 더욱 확대하고자 했다. 이 조약을 계기로 러시아는 중국 영토에 접근하지 않게 된다.

Chapter
02

정치 수도 베이징과 경제 수도 상하이

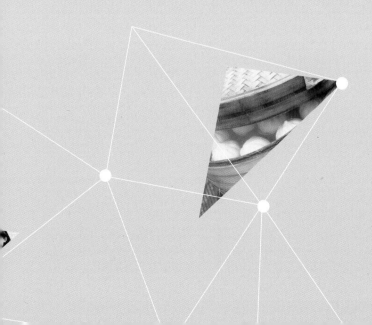

① 격변의 현대사를 상징하는 베이징

　　중국 현대문학의 아버지 루쉰(魯迅 Lǔxùn, 1881~1936)의 「북쪽 사람과 남쪽 사람(北人与南人)」을 보면 "북쪽 사람의 장점은 중후한 것이고 남쪽 사람의 장점은 기민한 것"이라는 글귀가 있다. 이와 같은 표현은 중국의 문화를 크게 '북방권'과 '남방권'으로 여기는 중국인의 생각을 반영한 것이다. 세부적으로 들어가면 북방과 남방의 경계선을 무엇으로 하면 좋을지에 대한 이견이 있지만, 큰 틀에서 중국 문화권을 남북으로 나누어 생각하는 데 이견을 제기할 사람은 많지 않을 것이다.

　　이렇게 중국 문화권을 남북으로 나누어 보았을 때, 북방 문화권의 핵심에는 베이징(北京 Běijīng)이 있다. 면적 1만 6,412㎢, 상주인구 2,143만 명을 자랑하는 이 도시는 규모만 보더라도 중국 최대 도시 중 하나이다. 1만 6,412㎢가 얼마나 큰지 감이 오지 않는다면, 이것이 서울의 약 28배, 경기도의 약 1.6배에 해당하는 면적이라고 보면 된다. 여기에 인구는 서울의 약 2배에 해당한다.

　　규모뿐만 아니라 현대 중국에서 베이징의 정치적 위상은 타 도시에 비해 남다르다. 인민대회당과 같은 핵심 권력 기구들이 자리 잡고 있으며, 정치·행정의 수도로 오늘날 중국의 심장과도 같은 곳이라 할 수 있다. 역사적으로도 원·명·청으로 이어지는 중국 왕조의 수도였으니 중국 근현대사를 논할 때 절대로 빠뜨릴 수 없는 도시이다.

베이징 지도

⑷ 강과 하천

중국은 땅이 넓은 만큼 강과 하천도 많다. 쿤룬산맥에서 발원하는 황허강은 중국 문명의 발상지이며, 그 하류 지역은 이른바 중원(中原) 지역에 해당한다. 중국에서 가장 긴 강인 창장(长江)강은 티베트고원에서 발원하며 하류 지역인 강남 지역은 곡창지대로 벼농사를 주로 짓는다. 중국에서 세 번째로 긴 주장(朱江)강은 남부의 젖줄로, 하류에서는 주장강삼각주를 형성하며 홍콩과 마카오 사이를 지나 남중국해로 흘러든다.

중국의 하천

중국의 북동쪽 가장자리를 흐르는 헤이룽장(黑龙江)강은 러시아어로 아무르(Amur)강이라고도 하며, 중국과 러시아의 국경을 이룬다. 이밖에 황허강, 창장강과 더불어 중국의 3대 강으로 불리는 화이허(淮河)강은 중국 동부의 중심 지역을 관통한다. 화이허강은 서부 내륙의 친링산맥과 함께 북방과 남방을 구분하는 자연 경계선을 이룬다. 실제로 화이허강 북쪽은 밀 중심의 밭농사 지대이고, 남쪽은 쌀 중심의 논농사 지대이다.

황허강

④ 길의 역사와 영토 갈등

(1) 실크로드 그리고 해양 진출

고대 중국인은 세상의 중심에는 중국이 있고 사방에는 미지의 황폐한 공간인 '사황(四荒)'이 있다고 보았으며 그 너머에 또 다른 문명이 있을 거라고는 상상조차 하지 않았다. 이러한 세계관을 깬 것이 바로 한 무제(汉武帝) 시기의 장건(张骞, ?~기원전 114)이다. 장건은 한 무제의 명을 받고 서역의 대월지국(大月氏国)과 동맹을 맺기 위해 부하 100여 명을 이끌고 여정을 떠났다. 도중에 흉노에게 붙잡힌 장건은 10여 년 동안 억류당하기도 했지만 끝내 월지국에 도착했고, 다시 천신만고 끝에 1년여 만에 한나라로 돌아왔다. 비록 동맹의 임무는 완수하지 못했지만, 그가 한나라로 돌아와 소개한 경험과 새로운 자료로 중국인은 비로소 서역의 존재와 함께 미지의 세계에 큰 호기심을 갖게 되었다. 결과적으로 장건의 서역 원정은 본래 의도와는 다르게 동서교역의 문화 교통로인 실크로드 개척을 이끌어낸 것이다.

장건 이후 실크로드는 갈수록 발달하여 때로는 스님들이 경전을 구하러 인도로 들어가는 길이 되었고, 때로는 중국의 비단과 종이가 유럽에 전달되는 길목이 되어 주기도 했으며, 또 때로는 반대로 아라비아나 유럽의 유리와 향료 같은 여러 문물이 중국으로 유입되는 중요한 통로가 되어 주기도 하였다. 특히 당나라는 실크로드를 이용한 활발한 문화 교류를 바탕으로 글로벌 제국으로 성장했다.

중국의 해양로 개척은 실크로드의 개척에 비해 한참 뒤에 일어난다. 바닷길이 본격적으로 개척된 것은 명대 영락제(永乐帝, 재위 1402~1424)에 이르러서다. 영락제는 정화(郑和)에게 거대한 함대를 이끌고 바다로 나가 명나라의 국위를 선양하는 한편 조공의 예를 받아 오도록 했다. 정화는 길이 약

당대 실크로드

(1) 역사의 중심 베이징

"나는 연인 익덕 장비다. 누가 감히 나와 더불어 사생결단을 내겠느냐?(我乃燕人张翼德也, 谁敢与我决一死战?)"

이는 수많은 사람의 사랑을 받아온 나관중(罗贯中)의 소설 『삼국지연의(三国志演义)』에서 장비(张飞)가 장판파(长坂坡)에서 외치는 대사이다. 이 대목에서 장비가 자신을 '연인(燕人)'이라고 칭하는데 이는 문자 그대로 '연나라 사람'을 뜻한다. 연나라는 춘추전국시대 전국칠웅(战国七雄)이라고 불리던 일곱 나라 중 하나로, 오늘날의 행정구역으로 치면 황허강 이북인 허베이성(河北省)에 근거지를 두고 있었다. 연나라 수도는 계(蓟 Jì) 혹은 연경(燕京 Yānjīng)이라 하였는데 2,000년이 지난 지금 '연경'이라는 이름은 베이징으로 바뀌었다. 현대식으로 바꿔 말하면 장비는 "내가 베이징 사람 장비다!"라고 외친 것이다. 장비가 2,000년 늦게 태어났으면 요즘 취득하기 그렇게 어렵다는 베이징 호적을 갖고 있다고 과시할 수 있었을 것이다.

연나라가 멸망한 이후에도 연경은 한동안 북방의 요충지 역할을 하였다. 그리고 1152년, 여진족이 건국한 금(金)나라의 4대 황제 해릉왕(海陵王, 재위 1149~1161)이 연경으로 천도하며 다시금 수도로 위상이 격상되었다. 이어지는 몽골족의 원(元)나라 역시 수도를 연경으로 옮기며 대도(大都 Dàdū)라 명명하였고, 원나라의 뒤를 이은 명나라도 3대 황제인 영락제가 1421년 난징(南京)에서 베이징으로 천도하였다. 여진족(만주족)의 청나라도 1644년 중원을 점령한 후 베이징을 수도로 삼았기에 중간에 다소 공백이 있다 하더라도 베이징은 지난 800여 년간 수도 역할을 한 셈이다. 장비가 '연나라 사람'임을 자칭할 당시에는 몰랐겠지만 자신의 고향이 중국 800년 역사를 가로지르는 핵심 도시로 거듭났다는 사실을 알았다면 느낌이 어떠했을까?

(2) 베이징의 문화 상징 후통

현대 작가 왕쩡치(汪曾祺, 1920~1997)는 『후통문화(胡同文化)』에서 베이징의 길이 동서남북 정방형으로 나 있어 마치 '큰 두부(大豆腐)' 같다고 밝힌 바 있다. 베이징의 지도를 들여다보면

베이징의 후통

쓰허위안의 내부 정원과 외부

큰길과 작은 골목인 '후퉁(胡同 hútòng)'이 베이징성을 크고 작은 사각형으로 잘라놓고 있음을 알 수 있다. 왕쩡치는 이러한 정방형 도시 형태가 베이징 사람의 생활과 사고방식에 영향을 미쳤다고 이야기한다. '사각형'을 기초로 한 베이징 사람의 생활습관을 잘 보여주는 것이 바로 중국의 전통 건축 양식 중 하나인 쓰허위안(四合院 Sìhéyuàn 사합원)이다.

그러면 현대 중국어에서 골목길을 뜻하는 '街巷(jiēxiàng)'과는 거리가 먼 이 '후퉁'이라는 단어는 어디에서 비롯했을까? 중국은 56개 민족으로 이루어진 다민족 국가다. 그 중 대다수는 한족(汉族)이고, 55개 소수민족은 전체 인구의 8%가 채 되지 않는다. 중국 역사상 대부분은 한족이 지배했으나 이민족의 통치를 받은 시기도 꽤 길었다. 특히 1271년부터 1368년까지는 몽골족의 원나라가 지배했다. 원나라 수도는 대도, 즉 지금의 베이징이었다. 이러한 이유로 아직도 베이징에는 몽골의 흔적이 곳곳에 남아 있는데 그중 하나가 '후퉁'이다.

'후퉁'이라는 용어의 기원을 두고 여러 가지 설이 있다. 골목길을 뜻하는 몽골어 'gudum'에서 비롯되었다는 설, 우물을 뜻하는 몽골어 'xuttuk'의 음역이라는 등의 설이 있다. 또 원나라시기에 후퉁과 우물은 모두 '도시(市)'를 뜻하기도 했고 동시에 큰길을 뜻하기도 했다. 그렇기에 베이징의 골목길 후퉁의 이름은 현대 한어로 읽었을 때 무슨 뜻인지 알 수 없는 경우가 많다. 이럴 때는 몽골어로 번역해보면 그 뜻을 이해할 수 있다. 예를 들어 스커랑후퉁(屎壳郎胡同)은 몽골어로 '물이 달콤한 우물(甜水井)'이라는 뜻이다.

베이징의 후퉁은 베이징의 고도(古都)문화를 잘

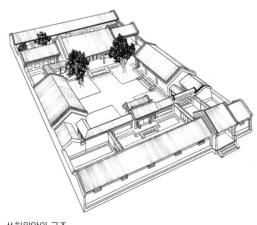

쓰허위안의 구조

드러내주는 특징적인 요소라 할 수 있다. 이 고도문화는 곧 '쓰허위안(사합원)문화'로 요약된다. 쓰허위안은 정원(庭院)이라는 이름의 마당을 가운데 두고 동서남북으로 건물이 늘어서 있는 구조다. 격자구조의 쓰허위안이 모여 후퉁을 만들고 이러한 후퉁과 쓰허위안이 모여 네모난 모양의 베이징을 만든 것이다. 쓰허위안은 사방이 건물로 둘러싸여 있어 그 내부는 폐쇄적이고 권위적인 분위기를 띤다. 격자형의 폐쇄적이며 권위적인 쓰허위안의 구조는 가부장제, 남존여비 등 중국의 위계질서를 공고히 하는 데 기여했다는 평가를 받고 있다.

(3) 역사와 정치의 심장 톈안먼광장

매일 아침 해가 뜰 무렵이면 새벽 공기를 뚫고 톈안먼광장(天安门广场)의 중심을 향해 발맞추어 행진하는 인민해방군 국기반(国旗班) 36명을 마주하게 된다. 마오쩌둥(毛泽东)의 초상화가 걸려 있는 톈안먼 앞의 진수이차오(金水桥 금수교)를 지나 국기 게양대까지는 총 138보. 매일 수많은 사람이 의용군행진곡(义勇军行进曲) [01]

국기 게양식

을 들으며 힘차게 오성홍기(五星红旗) [02] 를 게양하는 국기반을 보기 위해 이곳에 모여든다.

매일 해가 뜰 때 국기를 게양하고 해가 질 때 하강하는 이곳이 바로 중국 정치의 심장부인 톈안먼광장이다. 톈안먼광장은 중국을 상징하는 건축물들로 둘러싸여 있다. 북쪽으로는 쯔진청(紫禁城 자금성)으로 불리는 고궁박물원

쯔진청

---

01 의용군행진곡: 중국 국가. 톈한(田汉)이 작사하고 니에얼(聂耳)이 작곡했다. 1935년에 상영된 영화 〈풍운아녀(风云儿女)〉의 삽입곡으로, 항일전쟁 시기 일제에 항거하는 정신을 담은 곡이다. 이후 많은 중국 인민의 사랑을 받았고 1982년 정식으로 중국 국가로 지정되었다.

02 오성홍기: 중국 국기. 빨간색 바탕은 중국 혁명 정신을 상징하며, 가장 큰 별은 중국 공산당을, 작은 별 네 개는 노동자, 농민, 소자산계급, 민족자산계급을 상징한다. 작은 별 네 개는 큰 별의 중심부를 향하도록 설계되어 있는데, 이는 중국 공산당 지도하에 인민을 단결시킨다는 의미를 담고 있다.

(故宮博物院), 남쪽으로는 마오주석기념당(毛主席纪念堂), 서쪽으로는 인민대회당(人民大会堂), 동쪽으로는 중국국가박물관(中国国家博物馆)이 자리 잡고 있다.

광장의 북쪽 톈안먼 너머에는 1421년 명나라 영락제 때부터 1924년 청나라 마지막 황제 선통제(宣统帝)까지 명·청대 황제 24명이 기거했던 쯔진청이 그 위용을 자랑하고 있다. 프랑스 베르사유궁, 영국 버킹엄궁, 러시아 크렘린궁 그리고 미국 백악관과 함께 세계 5대 궁전 중 하나로 꼽힌다. 1924년 선통제가 자금성에서 쫓겨난 뒤 1925년 10월 10일 고궁박물원이라는 명칭으로 일반 대중에게 개방되었다.

고대 중국의 천문학자들은 북극성이 보랏빛으로 빛난다고 여겼다. 모든 별이 북극성을 중심으로 돌 듯 황제가 머무는 궁도 세상의 중심이 되어야 한다고 생각했다. 이에 궁궐의 중심축이 자오선 그리고 북극성과 일직선에 놓일 수 있도록 설계하였다. 또 북극성이 자색을 띠듯 황제 궁에도 보라색을 뜻하는 '쯔(紫 자)'자를 붙여넣었다. 여기에 황제 이외에는 출입을 금한다는 '진(禁 금)'자를 붙여 '쯔진청'이라 불렀다. 이곳은 아무나 발을 들일 수 없는 신성한 장소이자 세계의 중심인 '중국'의 중심축이 놓인 장소였다. 현재의 명칭 '고궁'은 말 그대로 '옛 궁전'이라는 뜻이지만, 중국에서 '고궁'은 일반적으로 베이징의 쯔진청을 가리키는 말이다.

쯔진청 맞은편 남쪽으로는 마오주석기념당이 있다. 1976년 중화인민공화국 초대 주석인 마오쩌둥이 사망하자 그 이듬해인 1977년 마오쩌둥의 유해를 영구히 보존하기 위해 마오주석기념당을 지었다. 중국인에게 마오쩌둥은 중국 공산당을 승리로 이끌어 중화인민공화국을 건국한 위대한 지도자다. 마오쩌둥이 일으킨 문화대혁명(文化大革命)으로 1966년부터 1976년까지 10년이라는 긴 시간 동안 중국은 일대 혼란에 빠지기도 했다. 그러나 중국 사람은 마오쩌둥의 정치적 성과를 '70%의 공로와 30%의 과오(七分功三分过)'로 평가한다. 마오쩌둥은 여전히 중국에서 가장 존경받는 지도자로 꼽히고 있다.

서쪽으로는 중국 정부와 공산당의 주요 정치회의가 열리는 인민대회당이 자리 잡고 있다. 중국 화폐 중 가장 큰 액수인 100위안(元) 지폐 뒤에 그려져 있는 것이 바로 인민대회당이다. 이 건물에서 중국 정부의 가장 큰

인민대회당

연례행사인 중국인민대표대회 그리고 중국공산당전국대표대회 등 다양한 정부 행사가 열린다. 이 행사들이 열리는 만인대례당(万人大礼堂) 외에 우리 눈길을 사로잡는 것은 바로 지방청(地方厅)이라는 명칭의 방 34개다. 중국의 22개 성(省)과 타이완, 베이징·상하이·충칭·톈진 4개 직할시, 광시좡족·네이멍구·닝샤후이족·티베트·신장위구르의 5개 자치구, 홍콩과 마카오 2개 특별행정구를 더한 숫자가 바로 34다. 이는 중국 정부가 상정하는 중국 전역을 상징한다. 인민대회당의 지방청은 중국의 드넓은 영토와 이를 영유하는 다양한 민족을 아우르고자 하는 중국 정부의 의도를 드러낸 것이라 할 수 있다.

톈안먼과 톈안먼광장

이외에도 광장 동쪽에는 중국 역사박물관과 혁명박물관으로 구성된 중국국가박물관이 있으며 광장 중심에는 인민영웅기념비가 우뚝 서 있다. 톈안먼광장은 1919년 5·4운동, 1966년 문화대혁명이 본격화된 홍웨이빙 집회, 1989년 6월 4일 톈안먼사건 등 다양한 사건이 발생한 곳이다. 또 1949년 10월 1일 마오쩌둥은 톈안먼에 올라 중화인민공화국의 건국을 선포했으며, 2019년 10월 1일 건국 70주년을 맞이하여 시진핑 주석도 톈안먼 망루에 올라 기념 연설을 했다. 중국의 과거와 현재를 잇는 곳, 중국 역사와 정치의 중심지, 그곳에 톈안먼광장이 있다.

(4) 구겨진 청 황실의 자존심 위안밍위안과 이허위안

베이징 서쪽 외곽으로 눈길을 돌리면, 청나라 황실 정원이었던 위안밍위안(圆明园 Yuánmíngyuán 원명원)이 있다. 위안밍위안과 창춘위안(长春园 장춘원), 그리고 후에 완춘위안(万春园 만춘원)으로 명칭이 바뀐 치춘위안(绮春园 기춘원) 세 정원을 통틀어 '위안밍싼위안(圆明三园 원명삼원)'이라 칭한다.

1725년 옹정제는 강희제에게서 하사받은 정원을 증축

위안밍위안

하여 황궁의 정원으로 조성하였다. 그 후 건륭제 때 한번 더 확장하는데, 예수회 선교사였던 브노와, 카스틸리오네 등이 설계에 동참하면서 바로크식 건축물이 들어서게 된다. 특히 북쪽 끝에 위치한 시양러우(西洋楼 서양루)는 중국 최초의 유럽식 건축물로, 프랑스 로코코 양식의 영향을 받았다. 위안밍위안은 서태후와 함풍제가 사랑을 속삭이던 곳으로 알려져 있다.

위안밍위안은 1860년 제2차 아편전쟁으로 영프 연합군이 베이징을 점령하는 과정에서 폐허가 된다. 이후 지금까지도 복원하지 않아 중국 근대사의 아픈 흔적을 고스란히 간직하고 있다. 위안밍위안 곳곳에 쓰러져 있는 건물 잔해를 보며 위풍당당했던 청 황실의 옛 모습과 근대를 거치며 구겨진 자존심을 짐작해볼 수 있다.

이허위안

톈안먼 북서쪽으로 눈길을 돌리면, 현재까지 남아 있는 중국 황실 원림 중 가장 큰 규모를 자랑하는 이허위안(颐和园 Yíhéyuán 이화원)이 있다. 이허위안은 아름다운 호수 쿤밍후(昆明湖 곤명호)를 내려다보고 있는 완서우산(万寿山 만수산)뿐만 아니라 전각, 탑, 누각 등 다양한 건축양식을 포함하고 있어 '황실 원림 박물관'이라 불리기도 한다. 이허위안의 원래 명칭은 칭이위안(清漪园 Qīngyīyuán 청의원)으로 1750년 청나라 건륭제가 어머니 효성헌황후(孝圣宪皇后)를 위해 지은 것이었다. 칭이위안 역시 제2차 아편전쟁 때 영프 연합군에 의해 폐허가 된다. 1902년, 청나라 말기에 중국을 호령했던 서태후가 권력을 잡으면서 막대한 자금을 들여 칭이위안을 중건하고 이름을 '이허위안'으로 바꾸었다. 이후 서태후는 이허위안에서 시간을 보냈고 또 이곳에서 죽음을 맞이했다.

이허위안은 호수와 아름다운 건축물 그리고 주변 경관이 어우러지는 동양적인 풍경을 감상하기에 알맞은 곳이다. 서태후가 침소로 사용하던 러서우탕(乐寿堂 낙수당)은 중국 최초로 전등이 켜진 곳이다. 이 러서우탕에서 포샹거(佛香阁 불향각)까지 723m, 273칸으로 이루어진 창랑(长廊 장랑) 곳곳에는 『삼국지연의』, 『홍루몽(红楼梦)』, 『요재지이(聊斋志异)』 등 소설에 등장하는 1만 4,000여 장면이 그림으로 그려져 있다. 또 징쥐(京剧 경극)를 매우 좋아했던 서태후는 이허위안에 이러뎬(颐乐殿 이락전)이라는 3층짜리 극장을 짓기도 했다.

청말 황실의 주요 인물들

- 강희제: 중국 역사상 최고 황제로 손꼽히는 인물. 61년간 청나라를 통치했는데, 이는 중국 역사상 가장 긴 통치기간이라 할 수 있다.
- 건륭제: 강희제의 손자로, 청나라 전성기를 이끌었던 황제. 건륭제 재위 기간에 청나라는 경제·문화·군사 방면에서 절정기를 맞이하게 된다.
- 함풍제: 몰락해가는 청나라의 안정을 유지하고자 노력했던 황제. 1850년부터 14년간 태평천국의 난으로 나라가 혼란에 빠지자 이를 극복하고자 다양한 방면으로 노력하였다.

(5) 베이징올림픽 주경기장 냐오차오

2008년 8월 8일 중국 시간 8시 정각. 베이징올림픽의 개막식이 거행되었다. 그리고 전 세계의 이목이 베이징올림픽 주경기장인 냐오차오(鸟巢 Niǎocháo)에 집중되었다.

냐오차오의 공식 명칭은 베이징국가체육장이다. 냐오차오의 외관은 철골구조로 이루어져 있는데, 이 철골이 얽혀 있는 모습이 마치 새 둥지를 닮았다 해서 중국어로 '새 둥지'를 뜻하는 '냐오차오(Bird's nest)'라는 별명이 붙게 되었다. 크기는 25만 8,000㎡에 달하며 약 9만 명을 수용할 수 있다. 냐오차오 설계는 공모전에서 당선된 스위스의 헤르조크 드뮈롱사(Herzog & DeMeuron)와 중국건축디자인연구소(China Architecture Design Institute)가 담당했다. 특히 중국의 유명한 시인 아이칭(艾青)의 아들 아이웨이웨이(艾未未)가 설계에 참여하여 큰 화제가 되었다. 냐오차오는 마오주석기념당, 인민영웅기념비, 톈안먼, 쯔진청을 잇는 베이징 중축선(中轴线) [03] 의 북쪽 끝에 있다. 이를 통해 한때 세계의 중심에 있었던 중국의 국가적 위상을 다시 한번 높이고자 한 중국의 국가적 야망을 엿볼 수 있다.

냐오차오

03 중축선: 문자 그대로 해석하면 '중앙의 축이 되는 선'을 말한다. 중국 고대 건축학에서는 여러 건축물의 평면상 전체 형세를 중앙에서 관통하는 동서 대칭의 세로축을 가리키는 말로 쓰였다.

이는 올림픽 개막식에도 잘 드러나 있다. 2008년 베이징올림픽 개막식은 1988년 베를린국제영화제에서 〈붉은 수수밭(Red Sorghum 红高粱)〉으로 황금곰상을 수상한 영화감독 장이머우(张艺谋)[04]가 총감독을 맡았다. 개막식은 총 11개 파트로 구성되었으며, 기존의 유구한 역사와 전통을 계승하고 이로써 새롭게 세계를 향해 뻗어나가는 중국의 모습을 보여주는 것에 초점을 맞추었다. 또 제지법과 한자의 창제 등 중국 문명의 발생을 보여주었고, 만리장성과 정화의 대원정 **TIP** 같은 역사적 사건, 징쥐와 쿤쥐(昆剧), 태극권, 수묵화 등으로 중국의 전통문화를 보여주었다. 그리고 56개 민족이 중국이라는 국가의 테두리 내에서 조화를 이룬 모습을 전면에 내세움으로써 '하나의 세계, 하나의 꿈(同一个世界, 同一个梦想)'이라는 베이징올림픽의 목표를 구체화했다. 이는 중국이 내부적으로 조화로우며 외부적으로도 세계와 화합을 이룰 수 있음을 보여주는 것이었다. 이러한 의미에서 봤을 때 베이징올림픽은 꼭꼭 걸어 잠그고 있던 베이징의 문이 세계라는 무대를 향해 활짝 열린 사건이었다고 할 수 있다.

TIP

정화의 대원정

명의 영락제는 중국 역사에서 팽창정책을 펼친 대표적 군주이다. 정화는 영락제 때 중용되어 1405년부터 1433년까지 전후 일곱 차례에 걸친 대원정을 감행하여 동남아시아, 인도 남해안, 서남아시아의 여러 지역을 원정하였다. 정화의 함대는 역사 이래 최대의 선단으로 평가된다. 이로부터 조공 무역이 융성하고, 중국인의 남해에 대한 지식이 확대되었으며, 중국인의 해외 진출이 촉진되었다. 하지만 일반 백성들의 자유 무역 활동이 금지되었다는 점에서 분명한 한계가 있었다.

② 서구적 발전의 상징이 된 상하이

동방의 파리라 불리는 상하이(上海 Shànghǎi)는 옛것과 새로운 것, 서양과 동양의 문화를 모두 품고 있다. 상하이 중심에는 황푸장(黃浦江 Huángpǔjiāng)강이 남북으로 굽이친다. 이 황푸장강을 사이에 두고 서쪽으로는 고풍스러운 서양식 건축물이 강을 따

---

04 장이머우: 〈붉은 수수밭〉, 〈귀주 이야기〉, 〈영웅〉 등 다수 작품으로 국제적으로 널리 알려진 중국의 대표적인 영화감독이다. 장이머우의 작품은 주로 시각적인 면에서 뛰어나며, 중국적이면서 동시에 세계적인 영화를 지향하고 있다는 평가를 받는다.

라 빼곡히 늘어선 와이탄이 있고, 동쪽으로는 현대식 고층 건물들이 높이를 겨루듯 솟아 있다. 와이탄은 1842년 청나라가 아편전쟁에서 패하며 상하이를 개항한 후 100년간 상하이가 겪어온 역사를 증언하고 있다.

상하이의 약칭 후(沪 Hù)는 과거 우쑹장(吳淞江 지금의 황푸장)강 하류 쪽 바다 인근 지역을 '후두(沪渎 Hùdú)'라 칭했던 데서 유래한다. 지금은 중국 4개 직할시 중 하나이며, 면적은 약 6,300㎢로 서울의 10배 정도 되는 크기다. 상하이에는 약 2,400만 명이 거주한다. 단일 도시 기준으로 상하이는 세계에서 가장 많은 인구가 사는 도시이기도 하다. 청나라 말기까지도 상하이는 크게 주목받지 못했지만, 개항 이후 중국의 주요 무역항으로 성장하기 시작했다. 이후 중국 근대화의 중심에 서서 중요한 공업기지이자 무역·과학기술·금융의 중심지로 우뚝 성장하였다.

상하이 지도

⑴ 서양 문화를 꽃피운 조계

상하이 역사는 조계(租界)의 역사로 요약된다. 1842년 8월 아편전쟁에서 패한 청은 영국과 난징조약(南京条约)을 맺게 된다. 영국이 개항을 요구한 5개 항구 중 한 곳이 바로 상하이였다. 1843년 11월 상하이는 정식으로 개항하였다. 1845년 영국은 '상하이토지장정(上海土地章程)'을 체결하였으며, 1846년 영국 조계가 최초로 들어섰다.

'조계'의 뜻은 '세 들어 사는 땅' 정도로 해석할 수 있다. 의미상 영국이 중국 땅에 '세

들어 사는 지역'이라고 볼 수 있다. 사실 조계는 외국인이 자유롭게 거주하며 치외법권을 누릴 수 있는 지역이었다. 청나라는 영국에 황푸장강 서쪽에 자리 잡았던 고성(古城) 밖 북쪽 땅을 내주었다. 영국은 황푸장강변에 최초로 조계를 설치했고 이 지역을 중심으로 미국·프랑스·일본 등이 자국의 조계를 설치했다. 상하이 조계는 황푸장강변에서 시작하여 서쪽으로, 또 북쪽으로 확장을 거듭하며 '십리양장(十里洋场)'[05]의 풍경을 조성해 나갔다.

1930년대 난징루

조계는 '화양별거(华洋分居)', 즉 중국인과 서양인의 거주 지역을 구분하려고 설치한 것이다. 이는 서양의 중국 침략이 미치는 영향을 최소화하고자 하는 전략이기도 했다. 조계에는 서양식 고층 건물이 들어서고 전기와 상하수도 등이 갖추어졌으며 자동차, 전차, 오토바이 등 최신 교통수단이 이 지역을 누비기도 했다. 또한 서양인은 담배와 위스키를 즐기고 댄스홀에서 재즈를 들으며 유흥을 즐겼다. 조계가 점차 확장되고 장기화되면서 중국인은 조계를 통해 서양의 근대문물을 가까이에서 접하게 되었다. TIP

(2) 치욕과 영광의 와이탄

와이탄(外滩 Wàitān)은 황푸장강변을 따라 서양식 건축물이 늘어서 있는 지역을 가리킨다. 대개 1900년대 초에 지어진 건물로 영국식, 프랑스식, 미국식 건물이 나란히 들어서 있다. 이들 건물에는 각국 건축의 독특한 분위기가 잘 반영되어 있어 상하이가 '건축박물관'이라고 불리는 이유를 알게 해준다.

와이탄 12호와 13호

와이탄의 건물에는 각기 고유 번호가 붙어 있는데 그중 가장 눈에 띄는 건물이 와이탄 13호 건물이다. 상하이 해

---

05 십리양장: 10리에 걸쳐 서양식 풍경이 펼쳐진다는 뜻이다. 조계의 도로는 와이탄에서 시작하여 서쪽으로 뻗어나가는 형태로 조성되어 있었는데, 그중 가장 번화한 길이 현재의 난징루(南京路)였다. 당시 명칭은 '큰길'을 뜻하는 다마루(大马路)였다. 이 다마루에는 백화점과 댄스홀 등 각종 편의시설이 들어섰고, 길 끝에 규모가 거대한 경마장이 있었다. 이 경마장이 있던 자리가 오늘날 인민광장이 되었다.

아편전쟁(鸦片战争)

아편전쟁은 두 차례에 걸쳐 일어났는데, 일반적으로는 1840~1842년까지의 제1차 아편전쟁을 일컫는 말이다. 2차 아편전쟁은 1860년 애로호 사건을 빌미로 영국이 일으켰으며, 영국과 프랑스 연합군이 베이징까지 진격해서 위안밍위안 등을 파괴한 전쟁이다.

18세기부터 청나라와 무역을 시작한 영국의 주된 수입품은 차, 비단, 도자기였다. 영국은 이 물품들을 수입하기 위해 막대한 양의 은을 청나라에 지불할 수밖에 없었다. 무역 적자가 걷잡을 수 없는 지경에 이르자 영국은 당시 식민지 인도에서 아편을 대량 생산하여 청나라에 불법적으로 수출했다. 양귀비꽃에서 추출한 유액을 굳혀서 만든 아편은 중독성이 강했기 때문에 청나라는 나라 전체가 아편굴로 전락하고 말았다.

이러한 상황이 지속되자 청 황실은 아편을 대대적으로 단속하기 시작했다. 1839년 도광제(道光帝)는 린쩌쉬(林则徐 임칙서)를 광둥(广东) 지역에 특사로 파견했다. 광저우(广州)에 도착한 린쩌쉬는 2만 1,306상자, 약 1,425톤에 달하는 영국 상인의 아편을 몰수해 불태웠다. 영국은 청나라의 이러한 조치를 영국 정부의 재산과 영국인에 대한 위협으로 인식하고 전쟁을 일으켰는데 이것이 바로 1차 아편전쟁이다.

전쟁에서 패한 청나라는 1842년 8월 난징에서 영국과 조약을 맺었다. 그 주된 내용은 홍콩을 영국에 할양한다는 것과 광저우, 샤먼(厦门), 푸저우(福州), 닝보(宁波), 상하이 등 5개 항구를 개항한다는 것이었다. 물론 막대한 전쟁배상금도 지불하였다.

아편에 빠진 중국인의 모습

아편전쟁을 묘사한 전시

린쩌쉬(홍콩역사박물관)

관(海关)이 있는 이 건물의 현재 모습은 1927년 중건한 것이다. 무엇보다 건물 상단 시계탑이 인상적이다. 이 시계탑은 4면에 모두 시계가 있는 런던의 빅벤(Big Ben)을 모방하여 빅칭(Big Qing)이라 불린다. 이 시계탑은 아시아에서 최초로, 세계에서 세 번째로 지어졌다. 조계 시절에는 시간을 알리기 위해 '웨스트민스터 차임'이 흘러나왔으나 지금은 15분마다 중국의 혁명곡 「둥팡훙(东方红 동방홍)」이 흘러나온다. [06]

와이탄 13호 바로 옆에 있는 와이탄 12호는 고대 그리스 로마풍의 신고전주의 양식으로 지어졌다. 이 건물은 과거에는 HSBC은행 본점으로 사용되었고, 오늘날에는 상하이푸둥발전은행(上海浦东发展银行)이 사용하고 있다.

1930년대의 와이탄과 오늘날의 와이탄

---

06 둥팡훙: 산베이(陕北) 지역 민요를 원곡으로 한다. 항일전쟁 시기 민요 가락에 마오쩌둥과 공산당을 주제로 한 가사를 붙여 현재 형태로 거듭났다. 1964년 저우언라이(周恩来)가 총감독을 맡았던 영화 〈둥팡훙〉의 삽입곡으로도 쓰였다. 1966년부터 1978년까지 중화인민공화국의 비공식 국가였다.

외관도 웅장하고 화려하지만 내부 역시 외관 못지않게 섬세하고 아름답게 장식되어 있다. 특히 내부 돔 부분 모자이크는 보는 사람의 탄성을 자아낸다. 가운데에는 전차를 모는 아폴로와 대지의 여신 세레스가 새겨져 있다. 그 주변의 여덟 면에는 HSBC은행 분점이 있던 상하이, 홍콩, 런던, 파리, 뉴욕, 도쿄, 방콕, 콜카타(Kolkata, 옛 명칭은 캘커타 Calcutta)의 풍경을 모자이크로 재현했다.

화려한 건물이 늘어선 와이탄은 청나라를 침략했던 서구 열강이 남긴 치욕스러운 역사지만, 오늘날 상하이의 눈부신 경제발전이 더해지며 중국이 자랑하는 명소로 거듭났다.

(3) 골목에 스며든 동양과 서양의 조화

상하이 룽탕

베이징의 골목을 '후퉁'이라고 한다면 상하이의 골목은 '룽탕(弄堂 lòngtáng)'이라고 한다. 좁은 골목길 한쪽으로 2~3층 정도의 좁은 주거공간이 벽을 맞댄 채 늘어서 있다. 한 골목에 여러 세대가 함께 생활하는 곳인 룽탕은 오랜 세월 라오상하이(老上海, 상하이 토박이를 이르는 말)의 생활 터전이었다. 건물 구조상 내부에 햇빛이 잘 들지 않아 겨울이 되면 주민들이 삼삼오오 짝을 지어 룽탕으로 나온다. 각자의 집 앞에 놓인 대나무로 엮어 만든 앉은뱅이 의자에 앉아 뜨개질하며 담소를 나누는 모습은 룽탕의 정겨운 풍경으로 남아 있다. 아이들은 룽탕을 누비며 각종 놀이를 즐기고, 어른들은 상인이 손수레를 끌고 와서 물건을 팔기 시작하면 그 주변으로 몰려와 왁자지껄 흥정을 벌인다. 작가 왕안이(王安忆)[07]는 이러한 풍경을 두고 "룽탕의 풍경은 각양각색이며 그 안에 사는 사람도 천태만상이지만 그 마음만은 하나"라고 표현했다.

---

07 왕안이: 중국의 소설가. 룽탕을 배경으로 한 『장한가(长恨歌)』의 저자다. 왕안이는 상하이에서 평생을 살았으며 이 도시에 각별한 애정이 있다. 룽탕의 풍경을 세밀하고 정감 넘치게 그리는 것으로 정평이 나 있다. 왕안이의 작품으로는 『기실과 허구(纪实与虚构)』(1993), 『장한가』(1996), 『푸핑(富萍)』(2000)이 있는데, 이를 '상하이 삼부작'이라 일컫는다.

상하이만의 독특한 건축양식인 스쿠먼(石库门 shíkùmén 석고문)은 돌로 문틀을 세우고, 나무로 문을 만든 것이 특징이다. 스쿠먼 양식은 1870년대부터 있었는데 1910년대 이후 상하이 조계 지역을 중심으로 널리 퍼진 서양 건축양식의 영향을 받았다. 이때부터 돌로 세운 문틀에 삼각형, 반원형, 호형(弧形), 장방형의 화려한

스쿠먼

무늬가 더해졌다. 문을 지나 내부로 들어가면 자그마한 마당인 톈징(天井)을 지나 2~3층 정도 높이의 주거공간이 등장한다. 1층에는 일반적으로 거실이 있고 안쪽에는 부엌이 있다. 거실과 부엌 사이에 2층으로 올라가는 계단이 있으며 거실 바로 위에는 안락한 내실(内室)이 있고 계단 건너편에는 자그마한 방인 팅쯔젠(亭子间 정자간)이 있다. 스쿠먼 양식 건물에는 원래 한 건물당 한 세대가 살았으나, 상하이 인구가 기하급수적으로 늘면서 한 건물에 여러 세대가 사는 형태로 바뀌었다.

(4) 신톈디

스쿠먼 양식을 활용하여 외양은 그대로 유지한 채 내부를 현대적 인테리어로 개조한 뒤 레스토랑, 술집, 카페 등으로 활용하는 지역이 등장했다. 바로 신톈디(新天地 Xīntiāndì 신천지)다. 신톈디는 프랑스 조계지였던 마당루(马当路 마당로) 일대에 자리잡은 관광 명소. 이곳에서는 우리에게도 익숙한 프랜차이즈

신톈디

커피점이나 디저트 판매점을 만날 수 있다. 리모델링을 하면서도 스쿠먼 양식에서 흔히볼 수 있는 벽돌로 지은 외관과 내부의 나무 바닥을 그대로 두어 상하이의 옛 정취와세련된 도시 풍경을 함께 느낄 수 있다.

이러한 스쿠먼은 우리에게도 낯설지 않다. 대한민국 임시정부가 바로 이러한 스쿠먼 양식 건물에 들어서 있었기 때문이다. 당시 임시정부는 일제의 감시를 피해 프랑스 조계지로 숨어들어 갔다. 상하이 사람이 거주하는 룽탕의 집 한 채에 임시정부를 마련하고 중국인과 한데 어울려 비밀리에 활동한 것이다. 흥미로운 사실은 대한

상하이에 있는 대한민국 임시정부

민국 임시정부에서 그리 멀지 않은 곳에서 1921년 7월 31일 중국 공산당 제1차 전국대표대회가 열렸다는 점이다. 이 자리에 참석한 사람은 총 13명인데, 후에 중화인민공화국 초대 주석 자리에 오른 마오쩌둥도 그중 한 명이었다.

신톈디와 대한민국 임시정부, 중국 공산당 제1차 전국대표대회가 열린 곳은 모두 같은 공간에 있다. 거대 자본과 식민지를 극복한 민주주의 국가의 뿌리와 중국공산당의 출발을 신톈디라는 한 공간에서 모두 확인할 수 있는 것이다. 그 이유는 이 지역이 프랑스 조계지였기 때문이다. 조계가 상하이 룽탕의 풍경을 바꿔놓은 동시에 임시정부와 공산당에 정치적 우산 역할을 한 것이다.

제1차 전국대표대회가 열린 곳

(5) 푸둥의 랜드마크 둥팡밍주

서울에 남산 N타워가 있다면 상하이에는 둥팡밍주(東方明珠 Dōngfāng Míngzhū 동방명주)가 있다. 황푸장강을 사이에 두고 강 서쪽을 푸시(浦西), 동쪽을 푸둥(浦東)이라 하는데, 푸시의 상징이 와이탄이라면 둥팡밍주는 푸둥 지구의 랜드마크라고 할 수 있다.

푸시와 푸둥

둥팡밍주

명실상부 상하이 경제발전을 상징하는 이정표인 둥팡밍주는 1994년에 완공되었다. 둥팡밍주의 뾰족한 탑은 방송 수신탑으로 전체 높이는 468m이며, 구슬 3개를 세로로 꿰어놓은 듯한 외관을 하고 있다. 이 구슬 3개에 전망대가 있는데 각각 93m, 263m, 350m 지점에 있다. 특히 최고층 전망대까지 40초밖에 걸리지 않는 초고속 엘리베이터가 설치되어 있다. 한때 세계에서 가장 빠른 엘리베이터로 기네스북에 오르기도 했다. 지하에 '상하이 도시 역사 발전 진열관(上海城市歷史发展陈列馆)'이 있어 상하이 역사를 살펴볼 수 있다. 1996년부터 새해가 되면 둥팡밍주 입구에서부터 263m 전망대까지 뛰어 올라가는 '등고(登高)'[08] 이벤트가 열리고 있다.

오늘날 푸둥 지구에는 둥팡밍주의 높이를 뛰어넘는 고층 건물이 빽빽하게 들어서 있다. 그 틈에서 둥팡밍주가 초라해 보일 때도 있다. 하지만 둥팡밍주는 상하이 경제발전의 신호탄 역할을 했던 상징적 건축물이었다는 점에서 여전히 중요한 의미를 지니고 있다. TIP

베이징 요리와 상하이 요리

베이징카오야

베이징과 상하이는 도시의 특징이 다른 만큼 요리도 큰 차이를 보인다. 베이징 요리는 '징차이(京菜)'라고도 하는데 산둥 지역 요리까지 포함한다. 베이징 요리는 북쪽의 한랭 기후를 견디기 위한 고열량 음식과 궁중요리 같은 고급요리가 발달했다. 징차이 중에서 우리나라에 잘 알려진 요리로는 베이징카오야(北京烤鸭)가 있다. 베이징카오야는 오리를 통째로 화덕에 넣어 굽는 전형적인 '겉바속촉' 요리로, 겉은 바삭하고 속은 촉촉하며 부드럽다. 바삭한 껍질과 얇게 썬 고기를 파와 소스를 곁들여 전병에 싸서 먹는다.

다자셰

상하이 요리는 '후차이(沪菜)'라고 한다. 풍부한 해산물과 곡물을 재료로 하며 대체로 달고 기름기가 많은 것이 특징이다. 후차이 중에서는 '다자셰(大闸蟹 대갑게)'라고 하는 민물 털게 요리가 유명하다. 가을이 제철이라 이 시기에만 즐길 수 있는 고급 음식이다. 상하이 민물 게는 집게다리와 가슴에 털이 나 있으며 크기가 일반 게보다 약간 작다. 색, 향, 맛, 형태, 질 측면에서 진미(珍味)의 특징을 고루 갖추어 식도락가가 최고로 꼽는 음식이다.

---

08 등고: 중국에서 음력 9월 9일 중양절(重阳节)에 조상에게 차례를 지내고 높은 곳에 올라 국화주를 마시며 수유를 머리에 꽂아 액땜하던 행사를 말한다. 지역에 따라 음력 정월 7일과 15일에 등고를 하기도 한다.

중원을 호령한 이민족의 고향,
만주벌판과 몽골초원

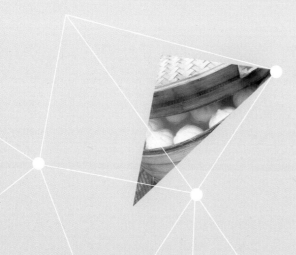

중국은 하나라부터 청나라까지 5,000여 년 역사 속에서 수많은 나라가 흥망성쇠를 반복했다. 그 수많은 나라 중 이민족이 중국 영토 전역을 통치한 예는 몽골족이 세운 원나라와 만주족이 세운 청나라이다. 만주족과 몽골족의 마음의 고향은 만주벌판과 몽골초원, 즉 동북삼성(东北三省)으로 불리는 헤이룽장성(黑龙江省), 지린성(吉林省), 랴오닝성(辽宁省)과 네이멍구자치구(内蒙古自治区)이다.

동북삼성은 전체 면적 78만 7,300㎢(중국 전체의 8.2%)에 인구 1억 800만 명(2019년 통계)으로 거대한 경제권을 형성하고 있다. 천연자원 또한 풍부하고 지리적으로는 러시아·몽골·북한과 인접한 천혜의 교통요지이기도 하다. 1차 경제개발계획(1956~1960) 때 중국 정부가 선양(沈阳)·창춘(长春)·하얼빈(哈尔滨)·다롄(大连)·지린(吉林) 등의 공업도시를 앞세워 경제성장을 주도하였기 때문에 이 지역은 중국 공업발전의 요람이 되었다. 그러나 1978년 시작된 개혁개방의 거센 변화에 제대로 대응하지 못해 도태되고 말았다.

2002년 중국공산당 16차 당대회에서 동북삼성을 중국 제4의 경제지구로 집중 육성하겠다는 동북진흥정책을 발표했다. 랴오닝 연해 경제벨트와 선양 경제구, 하얼빈–다칭(大庆)–치치하얼(齐齐哈尔) 공업 회랑(回廊), 지린성의 창춘과 지린·투먼(图们) 경제구 조성이 핵심이다. 금융과 IT 정보기술, 바이오 등 첨단산업을 육성해서 동북 지역을 국가의 신(新)성장축으로 만들겠다는 정책이다. [01]

동북삼성

2013년에는 일대일로 전략을 발표하면서 거점 지역으로 선포하기도 했다. 또 '차항출해(借港出海, 항구를 빌려 바다로 진출)' 실현을 강조하며 러시아·북한과 다양한 경제협력을 추진하기도 하였다. 그러나 치치하얼을 비롯해 몇몇 도시에서는 인구감소 현상이 나타났고 현재까지 눈에 띄는 성과도 없다. 하지만 체제와 구조를 정비하여 경쟁력을 높이고 주변 국가와 경제협력을 잘 추진하면 중국 정부가 목표한 동아시아의 교통·금융·IT 산업 허브로 성장하여 옛 명성을 되찾을 수 있을 것이다.

---

01 중국 4대 핵심 경제축: 창장강삼각주, 주장강삼각주, 환보하이 지역, 동북삼성을 말한다.

네이멍구자치구는 중국에서 세 번째로 큰 행정구역으로 면적은 118만 3,000만 ㎢(중국 전체의 11.8%)다. 목축업과 희토류·석탄·천연가스 등 다양한 지하자원으로 중국에서 중요한 지역이다. 또 초원과 고원·사막·호수 등 아름다운 자연환경 덕분에 레저와 휴식이 결합된 관광산업이 빠르게 발전하고 있다.

① '천하제일 관문' 너머의 랴오닝성

랴오닝성(辽宁省 Liáoníngshěng)은 만리장성의 동쪽 시작점으로 '천하제일 관문'으로 불리는 산하이관(山海关 Shānhǎiguān) 너머 만주 서부에 위치한다. 예부터 중원으로 진출하고자 한 세력과 중원을 지키려던 세력 사이에 전투가 많았던 지역이다. 고조선과 고구려·발해를 비롯해 요(辽)·금(金)·원(元) 등이 통치했던 곳으로, 변방이라는 이미지가 강한 곳이다. 중원과 북방 이민족과의 관계에서 아주 중요한 전략적 요충지였다. 그래서 명칭도 '랴오허(辽河)강 지역의 안녕(安宁)을 바란다'는 의미에서 유래했다. 약칭은 '랴오(辽)'이고 성도는 선양(沈阳 Shěnyáng)이다.

이 지역은 약 25만 년 전 구석기시대와 기원전 5000년경 신석기시대의 홍산(红山)문화 유적이 나오는 곳이기도 하다. 랴오닝성 출신으로 산하이관을 거쳐 중원으로 진출해 이름을 날린 사람들로는 청나라를 세운 만주족의 누르하치(Nurhachi 努尔哈赤), 소설 『홍루몽(红楼梦)』을 지은 조설근(曹雪芹), 『홍루몽』 속편을 지은 고악(高鹗) 등이 있다.

랴오닝성

(1) 청나라의 옛 수도 선양

선양은 동북삼성에서 가장 큰 도시로 경제와 문화·교통·군사의 중심지다. 옛 이름은 펑톈(奉天 봉천)이고, 만주어로는 무크덴(Mukden)이라고 한다. 선양이라는 지명은 랴오허 지류인 "선쉐이(沈水, 현재의 훈허浑河)강 북쪽에 있다"는 뜻인 '심수지양(沈水之阳)'에서 유래했다.

전국시대 연(燕)나라 영토로 요동군(辽东郡)에 속했다가 고구려 영토에 편입되었다. 그리고 다시 당나라 영토로 편입되어 심주(沈州)가 되었다가 이후 발해, 요, 금의 통치를 받았다. 명나라 때는 변경의 요지로 중요시했다.

1625년 만주족인 누르하치 **TIP** 는 선양을 점령한 뒤 후금(后金)을 건국하고 이곳을 수도로 정했다. 1634년에는 이름이 성경(盛京)으로 바뀌었다. 청나라 초대 황제 누르하치와 2대 황제 태종은 이곳에 황궁을 건설하였다. 궁전의 서로(西路)에 『사고전서(四库全书)』가 수장된 문소각(文溯阁)이 있다. 청나라는 1644년 명나라를 멸망시키고 수도를 베이징으로 정한 후 선양을 제2의 수도로 삼아 '봉천승운(奉天承运, 하늘의 뜻을 받든다'의 의미로 펑톈부(奉天府)를 설치했다. 선양고궁(沈阳故宫)[02]은 베이징의 쯔진청(자금성)에 비해 12분의 1 정도밖에 안 되는 규모이지만, 청나라 황제들이 동북 지역을 순회할 때마다 행궁으로 사용할 정도로 중시되었다. 선양고궁은 2004년 베이징고궁박물원에 포함되어 유네스코 세계문화유산으로 등재되었다.

TIP

누르하치

누르하치(1559~1962, 재위 1616~1626)는 여진 부족의 귀족인 아이신기오로(Aisin-gioro 爱新觉罗 애신각라) 가문 출신으로 후금의 초대 황제이자 청나라 태조이다. 그의 이름은 '멧돼지 가죽'이라는 뜻으로, 멧돼지 가죽만큼 질기고 뜨거움과 차가움을 잘 이겨내라는 의미로 조부가 지어주었다고 한다. 명나라는 여진족 분열책을 추진하며 누루하치가 수장으로 있는 건주여진(建州女眞) 세력을 후원했다. 누루하치는 임진왜란으로 명나라의 감시가 소홀해진 틈을 타 세력을 넓히고 분열된 부족을 통일하여 후금을 건국하였다. 그리고 여진족 이름을 '만주(Manju 满洲)'로 고치고, 몽골문자를 개량하여 여진문자를 만들었다. 또 씨족제에 입각한 팔기(八旗)제도를 기반으로 군사·행정조직을 정비했다.

청 태조 누르하치

선양고궁

---

02 선양고궁의 대정전과 십왕전(十王亭): 대정전은 궁정의식에 사용되는 정전으로, 만주족 특유의 제천의식을 행하는 곳이다. 십왕전은 팔기의 수장들이 선양에서 일을 처리하던 8개 건물, 그리고 군사와 민사를 관장하던 좌우 익왕(翼王) 건물 2개를 말한다.

⑵ **북방의 홍콩 다롄**

"학업은 베이징에서, 일은 상하이에서, 노후는 다롄(大连 Dàlián)에서"라는 말이 유행할 정도로 중국인에게 다롄은 선망의 도시이다. 푸른 바다와 다채로운 해안선, 80여 개에 달하는 도심 광장에 인구밀도는 낮아 생활환경이 아주 쾌적하다.

19세기까지 다롄은 작은 어촌에 불과했지만 청일전쟁과 러일전쟁 후 러시아와 일본에 의해 랴오둥반도의 중심지가 되었다. 청일전쟁 후 러시아는 다롄과 뤼순을 조차하고 둥칭(东清)철도[03]의 종착역이자 무역 거점 항구로 개발했는데, 이때 파리를 모델로 도시를 조성했다고 한다. 러일전쟁 후에는 일본이 조차권을 양도받아 자유항으로 육성했고, 남만주철도 본사를 설치해 만주 경영의 거점으로 삼았다. 당시 러시아가 건설한 건축물과 일본식 전차가 지금까지 그대로 보존되어 이국적인 분위기가 물씬 풍긴다.[04]

다롄 싱하이광장

러시아 지배 시절의
다리니(达里尼) 시청 청사

러시아 거리

지금도 다롄 거리를 주행하는
일제강점기 전차

---

03 둥칭철도: '청나라 동부 철도'라는 의미로 영어로는 Chinese Eastern Railway(CER)라 한다. 하얼빈을 중심으로 만저우리(满洲里), 쑤이펀허(绥芬河), 다롄을 잇는 철도 노선이다. 중화민국 성립 후에는 '중국 동부 철도'라는 의미의 중동철도(中东铁道)로 불리고 있다.

04 다롄 싱하이(星海)광장: 다롄 개발 100주년을 기념해 1997년 조성한 것으로, 세계에서 가장 큰 광장이다. 발달된 도심과 바다로 다롄은 북방의 홍콩이라고 불린다.

안중근 의사가 최후를 맞은 뤼순(旅順)감옥

러시아 정책에 반대하는 중국인을 가두기 위해 러시아가 만든 뤼순감옥은 러일전쟁 이후 일본이 점령하면서 지금의 형태로 증축되었다. 현재 남아 있는 뤼순감옥은 러시아가 지은 회색 벽돌 건물과 일본이 증축한 붉은 벽돌 건물이 병존한다. 1906년부터 1936년까지 항일운동을 하던 2만여 명의 한국인은 물론 중국인, 러시아인이 투옥되었다. 1909년 10월 26일 하얼빈역에서 이토 히로부미를 사살한 안중근 의사가 수감되었던 곳이기도 하다. 안중근 의사는 수감되어 있는 동안 동양평화 실현을 위해 『동양평화론』이라는 책을 집필하였다. 책을 집필하도록 사형집행 날짜를 연기해주겠다는 약속을 믿고 공소권 청구를 포기했지만, 서와 전감을 쓴 직후인 3월 26일 형이 집행되었다.

안중근 의사가 갇혀 있던 뤼순감옥

태평양전쟁 발발 이후에는 한국과 중국의 항일운동가와 사상범이 이곳에 수용되어 온갖 고문을 당했고, 1945년까지 수감자 약 700명이 처형당했다. 우리나라의 독립운동가 신채호, 이회영 선생도 이곳에 수감되었다가 옥사했다. 1998년 항일운동 주요 국가 문화재로 지정되었지만 외국인 방문을 허용하지 않다가 2009년 한국 정부와 함께 '국제항일열사전시관'을 만들고 외국인에게 개방하기 시작했다.

신채호 선생이 갇혀 있던 감방

② 천년을 흐르는 해란강을 끼고 있는 지린성

지린성

지린성(吉林省 Jílínshěng)은 동북 지역 중심부인 쑹화(松花)강 양안에 위치한다. 7세기까지는 고구려가, 고구려가 멸망한 뒤에는 발해가 통치했던 지역이다. 이후에는 요나라와 금나라, 원나라의 통치를 받았다. 청나라 강희제 때 지린성을 축조하고 '지린우라(吉林烏拉)'라고 이름한 데서 명칭이 유래했다. 지린우라는 만주어로 '강을 끼고 있는 도시'라는 뜻이다. 현재 약칭은 '지(吉 Jí)'이고 성도는 창춘(长春 Chángchūn)이다. 2010년 노벨평화상을 수상한 인권운동가이자 작가인 류샤오보(刘晓波)가 지린성 창춘 출신이다.

(1) 마지막 황제 푸이의 만주국 창춘

1931년 일본은 '만주사변'이라 칭해지는 '9·18사변'을 일으켜 만주를 중국 침략을 위한 병참기지로 만들고 식민지화하였다. 그리고 1932년 3월 1일 청나라 마지막 황제였다가 퇴위한 선통제(宣統帝) 푸이(溥仪)를 황제로 내세웠다. 만주국은 만주족, 한족, 몽골족, 한민족, 일본인 이민자들인 야마토(大和) 민족을 하나로 묶은 '만주인'에 의한 민족자결의 원칙에 기초한 국민국가를 표방했다. 그러나 실제 통치는 일본의 관동군(关东军)이 주도하였고, 경제는 만철(满铁) 즉, 일본의 남만주철도주식회사가 맡았다. **TIP**

1934년 만주국 황제로 즉위한 푸이 ｜ 『타임』 표지에 등장한 푸이 (오른쪽 위, 1936년 2월 24일) (위키백과 제공)

만주국 수도 창춘(长春)은 '새로운 국가의 수도'라는 뜻을 지닌 신징(新京)으로 불렸다. 신징은 계획도시로 건설되어 넓은 도로와 현대화된 공공시설이 있었다. 만주국은 일본의 지원 아래 대규모 건설 사업을 전개하면서 단기간에 발전했다. 또 일본인과 조선인·한인(汉人)의 이주로 인구도 급격히 늘었다. 그러나 일본제국에 종속된 괴뢰국가였던 만주국은 1945년 태평양전쟁으로 일본이 패전하고 8월 18일 푸이가 퇴위하면서 멸망했다. 신징은 소련군에 점령된 뒤 원래 이름인 창춘을 되찾았고, 이듬해 국민당의 점령을 거쳐 1947년에는 인민해방군을 맞이했다. 창춘은 1954년에 지린성 성도가 되었고, 중국 자동차 산업의 중심지로 지정되었다. 2007년에는 동계 아시안게임을 개최했다.

TIP

만철

만철은 남만주철도주식회사의 약칭이다. 1906년 러일전쟁 이후 포츠머스강화조약을 통해 러시아로부터 양도받은 철도와 부속지를 기반으로 일본이 만주에 설립한 국책회사이다. 1945년 제2차 세계대전의 종결로 일본제국이 패망할 때까지 존재한 만주 식민화의 핵심 기관이다. 철도 사업에 주력했지만 광업과 제조업 등 광범위한 분야에 걸쳐 다양한 사업을 전개했다. 일본 최고의 두뇌집단이 모인 만철 연구기관들은 일본제국의 번영을 뒷받침했다. 번성기에는 광산과 항만·화물 보관 창고·호텔·정유·학교·병원 등 80여 개 관련 기업을 거느렸고, 종업원이 40만 명에 이르러 만철왕국이라고도 불렸다. 일본이 이 회사 이름으로 식민 찬탈을 자행해 중국 내의 일본식 동인도회사라고 불렸다. 초기에는 다롄, 나중에는 만주국 수도인 신징에 본사를 두었고, 만주 지역의 정치·군사·경제·문화 등 각 방면에 걸쳐 큰 영향을 미쳤다. 만철은 식민지 조선의 철도도 관리하였으며, 조선호텔과 평양철도호텔, 용산철도병원도 설립했다.

'은하철도 999'의 모델이 된 C62형 증기기관차가 새겨진 만철의 주권

다롄 옛 만철 본사 사옥

리샹란(李香兰)

만주에서 출생한 가수 겸 배우로 1940년대 중국 칠대 가성(歌星) 가운데 한 사람이다. 일본인인 리샹란의 원래 이름은 야마구치 요시코(山口淑子)인데, 부친의 친구가 지어준 중국식 이름으로 가수가 되었다.

만주국이 설립한 만주영화협회에 소속되어 히트곡을 많이 발표하였고, 중일전쟁의 정당성을 선전하는 영화에도 출연했다. 대표작으로는 대륙 3부작이라고 하는 〈백란의 노래(白兰之歌)〉(1936), 〈지나의 밤(支那之夜)〉(1940), 〈열사의 맹서(热砂的誓言)〉(1940)가 있다. 그녀가 연기한 이국적이고 신비로운 식민지 여성을 통해 식민지 관객들은 환상을 품고 일본제국의 위기를 자신의 위기로 인식하게 되었다. 리샹란은 일본과 만주의 친선관계를 상징하는 아이돌로, 일제의 동아시아 문화침략의 상징적 아이콘이었다. 그녀의 독창회는 도쿄·상하이·경성·타이베이 등 동아시아 주요 도시에서 성황리에 열렸다. 1944년에 발표한 〈예라이샹(夜来香 야래향)〉이 대표곡인데, 이후 덩리쥔(邓丽君)이 리메이크하여 인기를 끌었다. 만주국을 찬양하고 군국주의를 미화한 죄목으로 매국노로 몰려 사형에 처해질 뻔했지만 일본인인 것이 밝혀져 일본으로 돌아갔다. 리샹란의 자서전 『두 개의 이름으로-리샹란과 야마구치 요시코』(소명출판)가 2020년 우리나라에서 출판되었다.

(2) 눈이 녹지 않는 영산 창바이산

우리에게 민족의 영산으로 숭상되는 백두산은 북한과 중국 국경에 있는 화산이다. 환웅이 3,000명을 이끌고 제사를 지냈고 단군이 태어난 곳이라 하여 신성시되고 있다.

백두산 천지

높이가 2,744m로 우리나라에서 가장 높은 산이다. 산머리가 1년 중 8개월 동안 눈으로 덮여 있어 백두산이라고 한다. 1962년 북한과 중국이 체결한 '조중변계조약'과 의정서에도 백두산이라고 칭했다. 하지만 중국에서는 '오래도록 하얀 눈에 덮여 있다'는 의미로 '창바이산(长白山)'이라고 한다.

산 위에는 화산분출로 형성된 칼데라호수 천지(天池)가 있다. 10월 중순부터 5월 중순까지는 보통 눈과 얼음으로 덮여 있다. 천지에서 쏟아진 창바이폭포(비룡폭포)는 쑹화강의 발원지이다. 압록강과 두만강 또한 발원지가 백두산이다. [05]

(3) 압록강 건너며 흘린 눈물 아직 그칠 줄 모르노라, 옌볜조선족자치주

옌볜조선족자치주(延边朝鲜族自治州 Yánbiān Cháoxiǎnzú Zìzhìzhōu)는 지린성 옌지(延吉 Yánjí 연길)에 있다. 이 지역은 고대에 부여와 북옥저, 고구려, 발해의 영토였다. 조선 후기부터 조선족이 이주하여 개척한 곳으로, 중국에서 조선족이 가장 많이 거주하며 자치주 전체 인구의 35.8%가 조선족이다.(2016년 말 통계)

19세기 중반에 흉년으로 굶어 죽게 된 함경도 사람들이 두만강을 건너 이곳으로 이주하기 시작했다. 청나라는 처음에는 이들을 추방했지만, 이주민이 계속 늘어나자 1885년부터는 귀화한 이들에게 거주권과 토지 소유권을 주었다. 일제강점기에는 간도(间岛)라고 했으며, 일제의 정책에 따라 강제 이주가 행해졌다. 우리 독립운동의 근거지로 신흥무관학교가 있었으며, 봉오동전투와 청산리전투가 벌어진 곳이기도 하다. 중화인민공화국이 수립된 후인 1952년에 조선민족자치구가 설치되었고, 1955년에는 조선족자치주로 개편되었다.

옌볜조선족자치주에는 옌지와 룽징(龙井), 허룽(和龙), 투먼(图们), 훈춘(珲春), 둔화(敦化) 등 6개 시와 왕칭(汪清), 안투(安图) 등 2개 현이 있다. 특히 룽징시는 가곡 「선구자」

---

05 만주족 건국 설화: 만주족의 건국신화는 청나라 건륭제 때 편찬한 『만주원류고(满洲源流考)』에 나온다. 백두산 동쪽 부쿠리 산기슭 연못에서 선녀가 목욕하다가 까치가 물어다 준 붉은 과일을 먹고 임신하여 사내아이를 낳았다. 그 아이는 태어나자마자 말을 했는데, 선녀는 아이에게 아이신기오로(爱新觉罗)라는 성씨를 내려주고, 어지러운 나라를 평정시키라는 말을 남긴 뒤 하늘로 올라갔다. 아이는 후에 백두산 동쪽 오돌리성에 도읍을 정하고 만주라는 나라를 세웠다.

에 나오는 해란강(海兰江) ⁰⁶과 일송정(一松亭) ⁰⁷이 있으며, 시인 윤동주의 고향⁰⁸으로 그의 무덤이 있다.

해란강   일송정

조선족 출신의 명사들

1. 한락연(韩乐然, 1898~1947):
   중국의 첫 조선족 화가. 중국의 피카소라 불렸고 키질과 둔황 등 서역의 석굴을 본격적으로 연구하며 현지 소수민족의 일상을 그림으로 남겼다.

한락연의 자화상과 키질석굴 모사도

2. 김산(金山, 1905~1938):
   항일독립투사. 님 웨일스는 『아리랑』에서 '현대의 지성을 소유한 실천적 지성'이라며 격찬했다. 2005년 7월 KBS에서 다큐멘터리 '나를 사로잡은 조선인 혁명가 김산'을 방영했다.

김산과 님 웨일스의 『아리랑』

---

06 해란강: 두만강 지류인 해란강의 해란(海兰)은 느릅나무의 여진말을 한자어로 음차한 것이다. 또 강변에 살던 '해'와 '란'이라는 조선인 오누이가 가뭄 때 산기슭에서 샘물을 찾아 물길을 내어 해란강이라고 부르게 되었다는 설화가 전해온다.

07 일송정: 룽징시 서쪽 비암산(琵岩山) 정상에 있는 정자이다. 원래는 산 정상의 정자 모양을 닮은 소나무 이름으로 독립운동가들의 독립 의식을 고취하던 상징이었다.

08 윤동주와 대성중학교(大成中学校): 일제강점기 민족주의 교육의 산실로, 윤동주를 비롯한 수많은 독립운동가와 애국지사를 배출하였다. 윤동주는 원래 은진(恩真)중학교를 다녔는데 일제강점기에 은진중과 광명(光明)중, 광명(光明)여자중, 명신(明信)여자중, 동흥(东兴)중, 대성중 6개 민족학교가 1946년에 대성중학교로 통합되었고, 지금은 룽징(龙井)중학교로 이름이 바뀌었다.

x

3. 김염(金焰, 1910~1983):
   중국 상하이에서 활동한 영화배우. 독립운동
   을 하다 수배된 아버지(김필순)를 따라 만주
   퉁화(通化)로 이주하였다. 영화배우로 활동하
   며 영화 황제로 뽑히기도 했다.

김염과 그의 대표작
〈도화읍혈기(桃花泣血记)〉(1931)

4. 정율성(郑律成, 1914~1976):
   작곡가. 중국인민해방군 군가를 작곡했다.

정율성과 그의 일대기를 다룬 영화
〈태양을 향해 나가다(走向太阳)〉(2002)

5. 김학철(金学铁, 1916~2001):
   항일 독립운동가이자 소설가. 조선 의용군 분대장이었던 자
   신의 경험을 자전적 소설로 쓴 『격정시대』가 대표작이다.

김학철과 그의 대표작 『격정시대』

6. 최미선(崔美善, 1934~):
   무용가. 세계 10대 무용가의 한 사람이라는 평가를 받았던 최
   승희(崔承喜)의 제자이다.

최미선과 장고춤

7. 최건(崔健, 1961~):
   가수. 중국 로큰롤의 아버지라 칭해지며, 서구 언론은 중
   국의 엘비스 프레슬리, 중국의 밥 딜런, 중국의 브루스
   스프링스틴으로 소개한다. 대표곡 「이우쒀유(一无所有)」
   는 1989년 있었던 톈안먼사건 때 학생시위대가 민중가요
   로 불렀다.

최건과 「이우쒀유」 앨범 표지

③ 용틀임하는 검은 아무르강 헤이룽장성

헤이룽장성(黑龙江省 Hēilóngjiāngshěng 흑룡강성)은 중국 북동쪽 변방에 위치하며, 헤이룽장(러시아어 아무르강)강과 우수리장(乌苏里江)강을 경계로 러시아와 마주 보고 있

다. 서쪽은 네이멍구자치구, 남쪽은 지린성과 접해 있다. 서주 때는 숙신(肅愼)의 영토였고, 한나라 때는 부여(扶餘)의 영토였다. 명나라 때는 여진족의 거주지였는데, 청나라 말기에 성이 설치되었다. "강물이 검고 용처럼 구불구불하다"는 뜻의 헤이룽장강에서 명칭이 유래했다. 약칭은 '헤이(黑)', 성도는 하얼빈(哈尔滨 Hā'ěrbīn)이다.

헤이룽장성

(1) 맥주와 얼음의 도시 하얼빈

하얼빈은 헤이룽장강의 가장 큰 지류인 쑹화장(松花江)강 연변 둥베이(东北)평원 중앙에 위치한다. 하얼빈은 여진어로는 '영광, 명예'라는 뜻이고, 만주어로는 '그물 말리는 곳'이라는 뜻이다.[09] 또 겨울이 길고 추워 '얼음 도시'라는 별명도 있다. 과거 하얼빈은 작은 어촌에 불과했다. 하지만 19세기 말 러시아 둥칭철도의 철도기지가 되면서 상업

---

09 여진어와 만주어: 여진어는 여진족이 사용하던 만주어의 고어를 말한다. 금(金)나라 태조 때인 1119년 거란문자 체계를 모방하여 여진문자를 완성해 여진어를 표기하는 데 사용했다. 하지만 금나라가 몽골제국에 복속되면서 여진문자는 거의 사용되지 않고 주로 몽골문자가 차용되어 쓰였다. 여진어는 이 시기 단어와 문자 사용에서 몽골어의 영향을 크게 받는다. 하지만 몽골문자도 당시 여진어를 완전히 표기할 수 없었기 때문에 1599년 누르하치는 몽골문자를 개량한 만주문자를 새로이 창제하였다. 그 이후 여진문자는 완전히 사라졌다. 여진어는 조선시대 역관들이 필수적으로 배우던 언어 가운데 하나였다.

과 교통의 중심지로 발전했다. 현재 중국에서 열 번째로 큰 도시이고, 성도 중 면적이 가장 넓으며, 인구는 청두(成都) 다음으로 많다.

매년 1월 5일경 개막해서 한 달 정도 열리는 빙설제(冰雪节)[10]는 세계 3대 빙설제 중 하나로 꼽히는 축제이다. 눈과 얼음으로 이루어진 거대하고 섬세한 조각으로 유명하다. 얼음 조각 안에 조명을 넣어 밤이면 다채롭고 화려하게 빛난다. 12월 말부터 견학이 가능하고 음악회·영화제·겨울 스포츠 체험·눈 조각 경연대회 등 다양한 프로그램이 진행된다.

빙설제

하얼빈은 1900년 러시아 기술로 만들어진 중국 최초의 맥주인 하얼빈맥주로도 유명하다. 뮌헨, 모스크바와 함께 세계에서 맥주 소비가 많은 3대 도시 중 하나로, 매년 7~8월에 하얼빈맥주축제가 열린다. 또 하얼빈역은 1909년 10월 26일 안중근 의사가 이토 히로부미를 사살한 곳으로 우리에게도 의미가 깊은 곳이다.

하얼빈역 바닥에 있는 사각형이 안중근 의사가 이토 히로부미를 피격한 지점이다.

(2) 금나라의 심장부 아청

하얼빈시 남쪽에 위치한 아청(阿城)은 금나라 수도였다. 여진족은 1115년 금나라를 건국하고 아청을 수도로 삼았는데 당시에는 상경회령부(上京会宁府)라고 했다. 이곳은 금나라가 1153년 수도를 베이징으로 천도하기 전까지 금나라의 정치와 문화의 중심지였다. 1982년 아청은 AAAA급 풍경구로 금나라 문화 중점보전지역으로 지정되었다. 금나라 궁전 건축물이 비교적

금상경역사박물관

온전하게 보존되어 있으며, 금상경역사박물관(金上京历史博物馆)에는 금나라 출토 유

---

10 빙설제: 정식 명칭은 하얼빈궈지빙쉐제(哈尔滨国际冰雪节)로, 얼음조각 안에 조명을 넣어 빙덩제(冰灯节)라 고도 한다. 하얼빈의 1월 평균최저기온은 −23.9℃, 평균최고기온은 −12.3℃이다.

물들이 전시되어 있다. **TIP**

1988년에 아청시 쥐위엔향(巨源乡) 청즈춘(城子村) 쑹화장강 남쪽에서 제국왕(齐国王) 완안연(完颜宴) 부부의 능묘가 발견되어 대대적인 발굴이 진행되었다. 금나라 태위(太卫)였던 완안연 부부의 능묘는 북방의 마왕퇴라고 불릴 정도로 시신 보존 상태가 아주 좋았으며, 진귀한 장식품과 생필품 등의 유물도 발굴되었다.

(3) 화산폭발이 만들어낸 명경지수 징포후

무단장(牡丹江)강 상류에 위치한 징포후(镜泊湖 경박호)는 중국의 5대 호수 중 하나이다. 화산폭발로 흘러내린 용암이 굳어 만들어진 호수인데, 폭포의 낙차가 커서 수력발전소가 있을 정도다. 호수와 산의 풍경이 아름다워 관광명승지로도 유명하다. 발해의 홍라녀(红罗女) 관련 전설이 전해온다. 또 주색에 빠져 나라를 파멸에 이르게 한 발해의 마지막 왕이 호수로 뛰어들어 죽었는데, 후에 머리가 셋 달리고 눈이 여섯 달린 물고기가 되었다는 전설도 전해온다. **TIP**

징포후 띠아오쉐이로우(吊水楼)폭포

덩샤오핑이 쓴 '천하절경 징포후'라는 휘호가 새겨진 비석

홍라녀 전설과 동부여 금와왕의 전설

홍라녀 전설은 지역마다 약간씩 내용이 달라 13가지 유형이 있다. 징포후에 전해오는 홍라녀 전설 중 하나는 발해 황제의 딸인 홍라녀와 징포후에 사는 어부의 사랑 이야기이다. 가난한 어부와의 사랑을 인정받지 못한 홍라녀는 징포후에 몸을 던져 자살했다. 하지만 그녀가 사랑했던 어부는 징포후의 교룡이었기에 두 사람은 용궁으로 가서 백년해로했다고 한다. 이외에도 하늘에서 내려온 홍라녀가 발해 왕자와 결혼했다는 전설도 있다. 징포후의 연꽃에서 흰 명주 저고리에 붉은 명주 치마를 입은 홍라녀가 나타났는데, 발해의 황제가 황궁으로 데려와 며느리로 삼았다. 후에 홍라녀는 거란에 포로로 잡혀간 남편을 구하고 거란군에 맞서 싸우다 전사했다. 발해왕은 그녀를 만났던 징포후에 그녀 시신을 안치했다.

동부여 금와왕 전설은 『삼국유사』를 보면 동부여의 왕 해부루가 곤연(鯤淵)에서 금개구리 형상을 한 금와(金蛙)라는 아이를 얻었다는 기록이 있다. 금와는 고구려를 건국한 동명성제 주몽이다. 큰 물고기가 있는 연못이라는 뜻의 곤연이 어디인지 정확히 알 수는 없지만, 징포후 주변 산 중턱에 개구리 모양의 거대한 바위가 있다. 전설에 따르면 옛날 한 어부가 꿈에 금개구리가 징포후를 뛰어다니는 꿈을 꾸고 깨어나 그곳에 가서 금개구리를 만났다고 한다.

⑷ 불곰과 용의 영토분쟁 연해주

17세기 중엽 러시아가 헤이룽장강 쪽으로 진출하면서 청나라와 국경 분쟁을 일으켰다. 당시 청나라는 국내 정비에 바빠 신경을 쓰지 못하다가 삼번의 난을 진압한 후 본격적으로 반격하기 시작했다. 헤이룽장강을 사이에 두고 전쟁을 벌이다 휴전한 후 1689년 네르친스크조약을 맺었다. 이 조약으로 청나라는 헤이룽장강 북쪽과 와이싱안링(外興安嶺)산맥 남쪽 사이의 땅, 즉 만주의 영토권을 확립하였고, 러시아는 청나라와의 무역을 보장받게 되었다. 그러나 청나라는 1858년 아이훈조약으로 강동육십사둔을 제외한 헤이룽장강 북쪽을 전부 러시아에 내주었고 1860년 베이징조약으로 연해주까지 러시아에 넘겨주었다.

러시아가 베이징조약으로 획득한 연해주 지역은 시베리아 동해의 연안 지역으로, 두만강을 사이에 두고 북한과 인접해 있다. 19세기 중반부터 함경도 농민들이 대거 이주하여 광활한 미개척지를 개척했다. 러일전쟁 이후에는 수많은 의병과 독립운동가가 망명하여 교육문화 운동과 의병 활동을 활발히 전개했다. 행정중심도시 블라디보스토크가

조약에 따른 청나라 영토의 변화

바로 항일민족운동 전개의 중심지였다.

연해주 지역을 차지한 러시아는 팽창정책을 추진하여 한반도의 삼림·석탄 채굴권과 포경권을 획득하고 부동항인 원산을 차지하려 했다. 러시아의 남진을 저지하기 위해 영국함대가 1885년부터 2년간 거문도를 점령하기도 했다. 러시아의 팽창주의는 소련 시기에도 스탈린에 의해 지속되었다. 1969년 3월 2일, 우수리강 전바오(珍宝)섬에서 중국과 소련 사이에 군사 충돌이 일어나 9월 11일까지 계속되었다. 이 군사충돌은 영토 문제일 뿐만 아니라 스탈린 사후 심화되었던 중·소 대립을 드러낸 사건이었다.

④ 춘래불사춘의 땅 네이멍구자치구

네이멍구자치구(内蒙古自治区 Nèiměnggǔ Zizhìqū)는 중국 북부에 위치한 자치구이다. 몽골어로 '외부르몽골'이라고 하며, '내몽골, 남몽골'의 뜻이다. 중국에서 세 번째로 큰 행정구역으로 중국 국토 면적의 12%를 차지한다. 동서로 길게 뻗어 있는 이 지역은 북쪽으로는 몽골, 동북쪽으로는 러시아와 국경을 마주하고 있다. 동쪽으로 헤이룽장성과 지린성, 남쪽으로 랴오닝성·허베이성·산시성·샤안시성·닝샤후이족자치구, 서쪽으로 간쑤성 등 8개 성급 행정구와 잇닿아 있다.

이 지역은 한족이 아닌 흉노, 선비, 거란, 여진, 몽골 등 유목민족이 활동했던 곳이다. 한나라 때는 흉노가 지배했고, 송나라 때는 서하·요·금나라 땅이었다. 청나라는 몽골을 외몽골과 내몽골

네이멍구자치구

로 나누어 통치하였는데, 신해혁명 이후 외몽골은 소련의 도움을 받아 독립하고, 내몽골은 중국으로 편입되었다.

산지와 고원·초원·평야 지형을 모두 갖추고 있고, 지형별로 생태와 기후 차이가 뚜렷해 관광지로 주목받고 있다. 전통 몽골문자와 한자를 같이 사용하며, 현재는 인구의 80%가 한족이고 17% 정도만 몽골족이다.

낙농업과 목축업이 발달했고, 석탄 공업에 기반을 둔 전력과 에너지·화학산업이 발달했다. 특히 매장되어 있는 광물자원이 풍부한데, 천연가스·석탄·크롬·동·납·아연·희토류 등은 중국 내 매장량 1~2위를 다툰다. 약칭은 '멍(蒙 Měng)', 성도는 후허하오터(呼和浩特)이다.

⑴ 네이멍구와 몽골공화국

청나라는 17세기 이후 북방으로 진출하면서 몽골을 식민지화했다. 청나라는 저항하는 몽골인을 억제하기 위해 분할통치를 하며 거주 이전의 자유까지 제한하였다. 이는 이후 내몽골과 외몽골로 나뉘는 원인이 되었다. 청나라가 망하고 중화민국이 수립되었을 때 외몽골은 독립을 선언하고 내몽골 지역까지 병합하여 하나의 몽골제국을 재건하려고 하였다. 그러나 중국과 러시아의 압력으로 통일국가 건설은 좌절되었다.

러시아에서 10월혁명이 성공하자 1921년 외몽골은 독립하여 세계에서 두 번째로 공산주의 국가가 되었다. 내몽골은 중국의 한 지역으로 재편되었다가 일제강점기에는 만주국의 지배를 받았고, 소련이 일본을 공격하면서는 소련과 외몽골 군대에 점령되기도 했다. 그리고 중화인민공화국이 건국되자 내몽골은 네이멍구자치구로 중국에 완전히 편입되었다.

내몽골과 외몽골은 역사적으로 마찰이 심해 서로 적대시한다. 외몽골과 내몽골은 똑같이 몽골어를 사용하지만, 몽골어를 표기하는 문자는 서로 다르다. 몽골공화국은 키릴문자를 사용하고, 네이멍구자치구는 고대 몽골문자를 사용한다.

(2) 유목민의 꿈이 서린 푸른 도시 후허하오터

후허하오터(呼和浩特 Hūhéhàotè)는 '푸른 도시'라는 뜻의 몽골어 '(후흐호트)'를 중국어로 발음한 것이다. 인산(阴山)산맥 남쪽 기슭의 비옥한 후허하오터 평원에 위치하며, 남동쪽으로는 황허강 지류인 다헤이허(大黑河)강이 있다. 도시는 구성(旧城)과 신성(新城)으로 나뉜다. 구성은 명나라 때인 16세기 중엽 몽골 유목민이 정착하기 위해 성을 쌓아 건설한 곳으로 '귀화성(归化城)'이라고 했다. 몽골에 귀순한 한족으로 인해 붙여진 이름이다. 신성은 청나라 때 후허하오터 북쪽에 건설한 수원성(绥远城)을 말한다. 후에 이 두 성을 합병하여 '구이쑤이(归绥)'라고 하다가 다시 후허하오터로 불렀다. 네이멍구의 몽골인에게 마음의 고향 같은 곳으로, 거리 간판에는 중국어와 몽골어가 병기되어 있다.

후허하오터는 '우유 도시'로도 불리는데, 중국 우유 생산 1, 2위를 다투는 유제품 기업인 이리(伊利 Yīlì)와 멍뉴(蒙牛 Měngniú)가 이곳에 있기 때문이다. 우유 생산 관련 업종 종사자만도 60만 명에 이른다고 한다.

왕소군(王昭君)과 청총(青冢)

후허하오터 시내에서 서쪽으로 9km 떨어진 곳에 왕소군 묘가 있다. 중국 4대 미인 중 한 명인 왕소군은 전한 원제(元帝)의 후궁이었던 왕장(王嫱)이다. 흉노와 화친하기 위해 흉노의 왕 호한야(呼韩邪)선우(单于)에게 시집 가 오랑캐를 평안케 했다는 의미로 영호 연지(宁胡 阏氏)에 봉해졌다. 그녀의 아름다움을 찬양해 '낙안(落雁)의 미모'라고 했다. 흉노에 시집가는 소군의 아름다움에 넋을 잃은 기러기가 날갯짓하는 것을 잊어버려 땅에 떨어졌다고 해서 생긴 호칭이다. 왕소군은 호한야선우에게서 아들을 하나 낳았고, 호한야선우가 죽은 후에 그의 아들인 복주루선우에게 재가하여 두 딸을 낳았다고 한다. 『서경잡기』에 따르면, 황제의 명으로 후궁의 초상화를 그릴 때 뇌물을 바치지 않은 왕소군을 추하게 그렸는데 아름다운 왕소군이 흉노의 왕에게 시집가게 되자 소군을 추하게 그린 화공 모연수(毛延寿)를 참형에 처했다고 한다. 이 이야기는 실제 역사라고 할 수는 없지만, 왕소군을 화친정책에 희생된 비극의 여주인공으로 만들어주었다. 당나라 말기부터 이 이야기는 구전문학의 소재가 되었고 이백, 백거이, 마치원 등 많은 작가가 그녀를 소재로 시와 희곡을 창작하였다.

왕소군 묘의 위치에 대해서는 여러 주장이 있으며, 후허하오터의 왕소군 묘에는 의관만 묻혀 있다고 한다. 왕소군 묘는 고향에 대한 그리움으로 무덤의 풀이 겨울에도 시들지 않아 청총(青冢)이라고 불린다. 왕소군 묘에는 소군박물관이 있고 매년 7, 8월에는 왕소군의 일대기를 무용극으로 공연한다.

왕소군 무덤과 동상

위대한 정복자 칭기즈칸

네이멍구 오르도스시 남쪽 오르도스고원 중남부에 칭기즈칸의 무덤이 있다. 칭기즈칸은 죽음을 앞두고 도굴 등에 의한 무덤 훼손을 막기 위해 밀장(密葬)을 명했으므로 실제 무덤 위치는 알 수 없다. 이곳은 칭기즈칸의 의관이 묻힌 의관총(衣冠冢)이다.

몽골족의 한 씨족장인 예수게이의 아들 테무친(铁木真)은 아버지가 독살당한 이후 엄청난 시련을 극복하고 독자 세력을 구축하여 흩어진 부족을 통일하고 몽골제국을 세웠다. 그가 바로 몽골의 시조이며 원나라 태조인 칭기즈칸이다. 칭기즈칸은 몽골어로 '위대한 왕'이라는 뜻이다. 뛰어난 군사 전략가로 어떤 정복자보다 가장 넓은 영토를 정복해 동서 문명의 교류를 촉진했다.

오르도스고원에 있는 칭기즈칸 무덤은 국가 AAAAA급 여행 관광지로 조성되어 칭기즈칸의 동상과 칭기즈칸의 출전을 그린 '철마금장(铁马金帐)'을 재현한 다양한 청동 동상이 세워져 있다. 내부에는 몽골문화역사박물관이 있으며, 매년 음력 3월에 대제를 거행한다.

징기스칸 능에 있는 징기스칸 동상

징기스칸 능묘 관광구 안에 설치된
철마금장 조각상들

위대한 여전사 쿠툴룬 공주

푸치니(Puccini)의 미완성 유작 오페라 투란도트(Turandot)의 모델이 칭기즈칸의 고손녀 쿠툴룬 공주라는 설이 있다. 쿠툴룬은 칭기즈칸의 셋째 아들인 오고타이칸의 증손녀이다. 쿠툴룬은 여장부로 당대에 이름을 떨쳤다. 라시드 앗 딘의 『집사(集史)』와 마르코 폴로의 『동방견문록』에 그녀와 관련된 기록이 전한다. 『집사』의 기록에 따르면 그녀는 전쟁에 나가 용맹을 떨쳤고, 행정능력도 뛰어났다고 한다. 마르코 폴로는 그녀가 매우 아름답고 용맹하며 무예가 뛰어나 왕국에서 힘으로 그녀를 이길 남자가 없었다고 했다. 쿠툴룬은 무력과 용맹, 군사적 능력에서 자기를 이길 수 있는 남자와 결혼하겠다고 선언했다. 그리고 말 100마리를 걸고 자신과 싸워 이기는 청년과 결혼하겠다고 했다. 청년 100명이 공개구혼에 응했지만, 청년들이 가져온 말 1만 필을 쿠툴룬이 모두 차지하는 것으로 공개구혼은 끝을 맺었다. 쿠툴룬과 관련된 설화는 18세기 프랑스 우화집에 「내기 공주」라는 제목으로 삽입되었다.

카이두칸의 딸 쿠툴룬 공주

(3) 푸른 이리의 마음에 새겨진 영혼의 풍경 후룬베이얼초원

칭기즈칸은 자신의 부족이 '푸른 이리'의 후손으로, 천신 텡그리로부터 하늘 아래 모든 땅을 자신들 것으로 할 수 있는 권리를 부여받았다는 선민의식을 가지고 있었고, 이러한 신념이 분열되었던 몽골을 통일시켰다. 북방초원을 통일하고 몽골제국을 건설한 칭기즈칸이 태어난 곳이 후룬베이얼(呼伦贝尔)초원이다.

후룬베이얼초원의 여름과 가을

후룬베이얼초원은 네이멍구자치구 다싱안링(大兴安岭)산맥 서쪽에 위치하며, 명칭은 후룬호(呼伦湖)와 베이얼호(贝尔湖)의 이름을 따서 지었다. 몽골어로 후룬은 '바다, 호수'의 의미이고, 베이얼은 '수컷 수달'의 의미이다. 세계 4대 초원 중 하나로 중국 초원 중에서 가장 아름다우며 중국에서 풍경이 아름다운 여행지 20곳 중 하나이다. 강이 3,000여 개 흐르고 호수가 500여 개 있는 천연 목장으로 해발 650~700m이며 동쪽이 높고 서쪽이 낮은 지형이다. 연평균 기온은 0℃이며, 서리가 내리지 않는 날이 100일 정도라고 한다.

후룬베이얼초원은 동호(东胡)·흉노·선비·돌궐·위구르·거란·여진·몽골 등 북방 유목민족의 발원지로, 중국 북방 유목민족의 요람으로 불린다.

(4) 메마른 큰 바다 고비사막

고비(戈壁 Gēbì)사막은 몽골과 네이멍구자치구에 넓게 펼쳐진 사막과 고원지대이다. 고비는 몽골어로 '풀이 잘 자라지 않는 거친 땅'이란 뜻으로, 고비사막 대부분은 암석사막이다. 중국어로 사막을 '한하이(旱海)', 즉 '메마른 바다'라고도 하는데, 고비사막은 실제로 아주 옛날에는 바다였다고 한다. 공룡화석이 많이 나오는 곳으로, 바다가 육지가 되고 급속히 건조되면서 사막이 되었을 것으로 본다. 타클라마칸사막, 내몽골고원 등과 함께 황사의 주요 원인으로 꼽히기도 한다. 고비사막에서 발생하는 황사의 일부는 하와이까지 날아간다고 한다.

고비사막과 고비사막의 산

고비사막이 발원지인 황사

살아 있는 역사박물관, 미래의 메갈로폴리스

중국의 6대 중국지리대권역(中国地理大区) 중 화베이(华北) 지역은 톈진시, 허베이성, 산시성은 물론 수도 베이징시까지 포괄하는 지역이다.[01]

화베이지방

이 지역은 고대문명의 발상지이자 역사적으로는 정치의 중심지였던 중원(中原) 지역의 북쪽 변경지대다. 전국시대의 조(赵), 연(燕), 위(魏) 세 나라가 있었으며, 이민족 왕조였던 요(辽), 금(金)나라의 주된 활동 지역이기도 했다. 화려한 역사 문물과 유적지가 보존된 이 지역은 살아 있는 역사박물관에 비유해도 손색이 없으며, 지금은 중국 정치문화의 구심점 역할을 하기 때문에 미래의 메갈로폴리스[02]로 불린다.

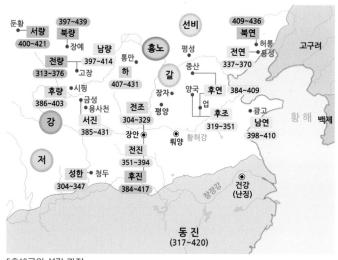

5호16국의 성립 과정

중국 역사는 북방 유목민족과 남방 농경민족 간의 치열한 투쟁사가 큰 줄기를 이룬다. 이 지역은 여러 유목민족이 난립하였으며 중국 최초의 이민족 지배기라 할 수 있는 5호16국(五胡十六国)시대[03]가 개막된 곳이다. 5호16국시기 수백 년에 걸쳐 유목문화를 형성한 이민족과 농경문화를 형성한 한족

---

01 6대 중국지리대권역: 성급(省級) 행정구를 6개 대구(大区), 즉 화베이, 둥베이, 화둥(华东), 중난(中南), 시난(西南) 그리고 시베이(西北)로 나눈 권역이다. 공식적인 법적 행정지명은 아니지만 일상생활에서 자주 쓰이는 표현으로, 한국의 '영남(경상도)', '호남(전라도)'과 유사한 표현이다.

02 메갈로폴리스: 여러 개 메트로폴리스(Metropolis, 대도시)가 연결된 초(超)거대도시. 우리나라에서 사용하는 수도권이라는 구분도 바로 메갈로폴리스이다.

03 5호16국: 위진남북조시기의 북조를 중심으로 한 시대 분류. '5호'는 흉노(匈奴), 선비(鲜卑), 저(氐), 갈(羯), 강(羌) 다섯 개 변방 민족이며, '16국'은 이들이 세운 나라 중 상대적으로 영향력 있고 일정 기간 이상 지속된 국가만 추린 것이다. 이 시기 창장강 이남 지역에는 한족이 통치하던 송(宋), 제(齐), 양(梁), 진(陈)이 차례로 들어섰다. 분열된 남북조시기를 통일한 나라가 바로 수(隋)였다.

간의 문화 교융(交融)을 통해 비교적 진취적이고 개방적인
문화가 형성되었다고 할 수 있다.

이 지역이 이렇듯 풍부한 역사문화자원을 바탕으로 현재
세계 최대의 메갈로폴리스로 재탄생 중이라는 것 또한 흥미
롭다. 2015년 중국 공산당은 이른바 '징진지(京津冀 Jīng Jīn
Jì)'프로젝트를 발표하였다. 수도 베이징을 중심으로 톈진과
허베이(허베이의 옛 이름은 지저우冀州) 지역을 개발하는 것이
다. 이 '징진지' 지역 면적은 한반도 전체와 맞먹으며 인구는

징진지프로젝트

1억 1,000만 명에 달한다. 새롭게 놓이는 철도의 길이만 9,500km, 도로는 9,000km에
이르는데 수도를 돌아 톈진, 허베이의 주요 도시를 모두 세 시간 안에 갈 수 있다.[04]

이러한 메갈로폴리스는 수도 베이징에 지나치게 집중된 인구와 기능을 분산하고자
하는 목적이 있다. 북방의 해운 허브인 톈진은 첨단제조업 기지이자 금융혁신 시범 지
역을 겸하는 도시로 거듭나고, 허베이성은 행정 부도심 및 교역과 물류 중심 기지로 개
발된다. 중국 정부는 이러한 기능 분산으로 수도의 대기오염과 교통정체 문제가 해결
될 것으로 기대한다. 교통정비 사업뿐 아니라 대규모 도매시장이나 동물원 등도 허베
이성으로 옮겨갈 예정이다. 전화번호의 지역번호도 베이징과 동일한 010으로 이미 바
뀌고 있다.

징진지 주변인 산시성 역시 우리나라 1년 예산의 약 20배가 투입되는 이 메가 프로젝
트에 편입될 가능성이 매우 크다. 역사와 정치의 중심이었던 이 지역을 경제적으로도
중국의 중심으로 만들고자 하는 의도가 엿보인다.

---

04 2022년 동계올림픽 개최지 장자커우(张家口 Zhāngjiākǒu): 허베이 장자커우는 베이징과 함께 동계올림픽 개최
예정 도시이다. 철도와 도로 교통 정비 사업 역시 동계올림픽 준비 과정의 하나로 볼 수 있다. 알파인스키, 스
키점프, 바이애슬론, 크로스컨트리 스키 등 동계올림픽의 꽃이라고 할 수 있는 설상 종목의 경기가 장자커우에
서 펼쳐질 예정이다.

① 베이징의 관문, 북방 최대 항구도시 톈진

톈진(天津)은 베이징, 충칭(重庆 Chóngqìng), 상하이(上海 Shànghǎi)와 함께 중국의 4대 직할시 중 하나이다. 약칭은 '진(津 Jīn)'이고, 진구(津沽) 또는 진먼(津门)이라고도 부른다. 이곳은 수나라 때 대운하가 생기면서 상업의 중심지로 발돋움하기 시작했다. 명나라 초기 베이징에 주둔하고 있던 연왕(燕王)이 이곳을 거쳐 수도 난징으로 가 조카 건문제(建文帝)를 몰아내고 영락제(永樂帝)로 즉위한 뒤에 '천자(天子)의 나루터'라는 의미의 톈진이라는 이름이 붙었다.

톈진

(1) 수도로 가는 관문

베이징의 관문이라는 별칭에 걸맞게 베이징난잔(北京南站 베이징남역)에서 가오톄(高铁 gāotiě 고속열차)를 타면 30분 만에 톈진에 도착한다. 소요시간이 짧아 베이징을 방문했다가 당일치기로 톈진 여행까지 함께 하기 좋은 거리다. 현재 인구는 1,500만 명에 달하며 16개 지역으로 나뉘어 있다. 톈진에서는 도시와 바다와 개발 지구를 모두 볼 수 있다. '하이허(海河)' [05] 로 불리는 물길이 있던 톈진이 수도 베이징과 만나 일개 어촌마을에서 화베이 지역 최고 상공업도시가 되었다.

톈진항

---

05 하이허: 허베이성 최대 수계(水系)로 바이허(白河), 융딩허(永定河), 다칭허(大清河), 쯔야허(子牙河), 난윈허(南运河)가 톈진에서 합류하는데 이 합류점 이하의 하류를 가리킨다.

⑵ 역사가 남긴 아이러니, 동서양의 미(美)

텐진도 역사의 소용돌이 속에서 19세기 서양 열강이 각축전을 벌이는 무대가 되었다. 서구 열강은 이른바 애로호 사건 [06]을 빌미로 텐진을 점령했을 뿐 아니라 텐진은 물론 텐진의 8배에 달하는 인근 지역을 영국, 프랑스, 독일, 오스트리아, 벨기에, 이탈리아, 미국, 일본, 러시아 등 9개국의 조계지로 만들었다. 텐진은 외세의 점령뿐 아니라 군벌 위안스카이 (袁世凱 Yuán Shìkǎi) [07]의 본거지가 되기도 했다. 일본이 득세할 때는 일본에 점령당했다가 일본군의 항복을 받기 위해 미군이 주둔하기도 했으며, 국민당과 공산당 내전 시기에는 유명한 텐진전투가 벌어지는 등 그야말로 시련의 연속이었다고 할 수 있다.

TIP

텐진에서 만나는 이탈리아의 정취

하이허 이스펑칭취(海河意式风情区 Hǎihé Yìshì Fēngqíngqū)에서는 100년 이상 된 건축물에서 영업하고 있는 앤틱 스타일 카페를 볼 수 있다. 스타벅스 2개도 유럽풍 건물에서 성업 중이다. 또한 마오쩌둥이 묵었던 호텔이나 마지막 황제 푸이가 쓰던 가구들을 볼 수 있는 차이나 하우스 등도 여행객의 발길을 머물게 한다.

텐진 속 이탈리아

그러나 모든 현상은 동전의 양면처럼 이면을 가지고 있다. 모진 역사의 풍파를 겪던 당시에 지어진 아름다운 서양식 건축물은 오늘날까지도 사람들의 눈길을 끈다. 텐진역, 민위안광창(民園广场) 등 오스트리아 양식의 건축물을 비롯해 동서양의 미학과 낭만을 함께 느낄 수 있는 다양한 건축물이 지금도 있다. **TIP**

이국적 모습의 텐진 민위안광창

---

06 애로(Arrow)호 사건: 1842년 난징조약 체결 이후 무역 개방을 확대하기 위해 1856년에 영국이 벌인 사건. 1856년 10월, 광저우 주장(珠江)강에 정박해 있던 영국 선박 애로호에 청나라 관리가 올라가, 승무원을 체포하고 영국 국기를 바다에 던지는 일이 발생한다. 영국과 프랑스가 이를 빌미로 연합군을 결성하여 제2차 아편전쟁을 일으켰고, 이는 텐진조약, 베이징조약으로 이어졌다.

07 위안스카이: 청나라 말기의 무관(武官)으로 후에 중화제국의 황제가 된다. 사익을 위해 황실을 배반하고 청나라를 멸망케 한 군벌의 수장이며, 공화국 중화민국을 중화제국으로 바꾸고 스스로 황제가 된 인물이다.

(3) 제2의 푸둥 빈하이신구

톈진은 상대적으로 이른 시기에 개항해 대도시로 성장하였지만 공산정권 수립 후에는 오히려 제대로 지원을 받지 못하였다. 마오쩌둥이 톈진과 같은 관문 도시보다는 수도 베이징에 집중했기 때문이다. 덩샤오핑이 개혁개방정책을 펼치면서 톈진은 빈하이신취(滨海新区 Bīnhǎi Xīnqū)를 중심으로 다시금 세계적 도시로 재도약을 시도했다. 빈하이 지역은 선전(深圳)이나 상하이 푸둥(浦东)을 모델로 삼아 경제특구로 지정되었고, 2009년에는 '빈하이신취'로 지정되었다. 베이징에서 가깝다는 지리적 이점을 기반으로 해외 첨단 IT 기업을 유치하고 뉴욕의 맨해튼 못지않은 금융도시를 꿈꾸고 있다. [08]

톈진 빈하이도서관

톈진은 지난 10여 년간의 급속한 성장에도 인건비 상승과 규제 장벽 등으로 외국 기업들이 떠나가면서 어려움을 겪고 있다. 삼성전자도 이곳에 있던 휴대전화 공장을 2018년 폐쇄하였고 TV 공장도 2020년 말 가동을 중단했다. 톈진은 제조업과 물류와 금융 중심지에서 현재는 스마트시티, 에코시티로 변신을 꾀하고 있다. 중국 최초의 1기 스마트 시범도시로, 월드 인텔리전스 콩그레스(WIC, World Intelligence Congress)도 매년 열리고 있다.

(4) 톈진 사람들

일반적으로 '톈진 사람'이라고 하면 항구도시의 다소 거친 이미지를 떠올리지만, 이와는 상반된 조계지의 섬세한 특성을 보여준다. 개방적이어서 새로운 것을 좋아하고, 솔직한 면이 있으며, 상술과 언변이 뛰어나다. 정치에 대한 관심은 상대적으로 적은 반

---

08 톈진경제기술개발구(TEDA, Tianjin Economic-Technological Development Area): 톈진시 탕구(塘沽)에 있는 자유시장 구역. 영어 약자 'TEDA'를 음역해 '타이다(泰达)'라는 약칭으로 부르기도 한다. 1984년 말에 형성되었으며 현재는 상하이와 견줄 만큼 외국인 무역이 활발하게 이루어지고 있다. 보하이만 서쪽의 넓은 해변 지역에 조성되어 항구와 비즈니스빌딩, 도시 주거지, 잘 연결된 교통망을 포함하고 있다. 지역적으로 톈진의 일부이지만 기능적으로는 독립된 도시의 형태를 취하고 있다.

면 성격이 급하고 짠돌이 이미지가 있다는 평가를 받는다. 또 연애는 베이징 사람과, 안정적 결혼은 톈진 사람과 하라는 말이 있을 정도로 톈진 남자는 낭만이나 유행은 잘 모르지만 실속 있고 가정을 중시한다는 평가를 받고 있다.

① 동양의 셰익스피어 차오위

차오위(曹禺 Cáo Yú, 1910~1996)는 극작가다. 중국의 현대극은 20세기 초 서양에서 유입되어 1930년대에 활성화되기 시작했다. 차오위의 본적은 후베이지만 톈진에서 나고 자라면서 자연스레 서양 문화와 접했고, 톈진에 가득했던 다양하고 이질적인 문화의 영향을 받았다. 칭화(清华)대학교에서 그리스 비극을 공부한 차오위는 셰익스피어, 입센, 체호프 등의 작품에 심취하였다. 차오위의 희곡 3부작 『뇌우(雷雨)』  , 『일출(日出)』, 『원야(原野)』는 뛰어난 작품성으로 고전 중의 고전으로 분류된다.

『뇌우』

차오위가 24세에 발표한 첫 작품 『뇌우』는 오늘날까지도 연극 무대를 비롯해 영화와 드라마로 끊임없이

연극 〈뇌우〉의 한 장면

각색되고 있다. 이 작품은 한국에서도 여러 차례 공연되었다. 1950년 한국전쟁 발발 직전 서울에서 공연된 이 작품은 2004년 국립극장에서 다시 무대에 올렸다. 장장 4시간 30분에 달하는 공연시간 때문에 관객이 간식을 먹을 수 있도록 30분간 휴식시간을 주어 화제가 되었다.

② 전설의 무도인 곽원갑

곽원갑(霍元甲 Huò Yuánjiǎ, 1868~1910)은 무술인이자 민족운동가로 연청권(燕青拳)의 달인이다. 쿵푸 하면 떠오르는 리샤오룽(李小龙 브루스 리) 역시 곽원갑의 제자로 영화 〈정무문(精武门)〉으로 스타덤에 올랐다. 황비홍으로 잘 알려진 리롄제(李连杰 이연걸)나 전쯔단(甄子丹 견자단) 역시 〈정무문〉 시리즈에서 리샤오룽과 동일한 역할을 소화했다. 곽원갑이 죽은 지 100년이 지났지만 열강 침략 시기에 무술로 중국의 자존심을 지켜준 영웅으로 중국인의 가슴에 남아 있다. 드라마틱한 무도인(武道人) 곽원갑의 생애는 텔레비전 드라마와 영화로 만들어져 지금도 많은 인기를 얻고 있다.

톈진시는 곽원갑이 태어난 징하이현(静海县) 샤오난허촌(小南河村)의 지명을 '징우진

(精武镇)'으로 바꾸었는데, 이는 곽원갑이 창시한 정무(精武)체육회에서 따온 것이다. 톈진시는 이곳을 황비홍의 고향인 광둥성 포산(佛山)처럼 중국 전통무술의 메카로 조성할 계획이다.

거우부리만두(狗不理包子 Gǒubùlǐ Bāozi)

거우부리만두는 130여 년의 역사와 전통을 자랑하는 노포 음식으로 "개도 본 척하지 않는다"는 재미있는 이름을 가지고 있다. 얼둬옌자가오(耳朵眼炸糕 ěrduoyǎn zhágāo), 스바제마화(十八街麻花 shíbājiē máhuā)와 함께 톈진에 가면 꼭 맛보아야 하는 톈진 3대 먹거리 중 하나이다.

우리가 귀한 자식을 얻으면 아명으로 '개똥이'라고 부르는 것처럼 중국에도 귀한 자식일수록 천한 이름을 지어줘야 하늘이 시샘하지 않

톈진의 명물 거우부리만두

고 무병장수하게 한다는 풍속이 있었다. 청나라 때 늦은 나이에 귀한 아들을 얻은 사람이 아들에게 '강아지'라는 뜻의 구자(狗子 거우쯔)라는 이름을 붙여주었다. 이 구자가 커서 만두가게를 열었는데 맛이 좋다고 소문 나면서 손님이 많이 몰렸다. 사람들은 "구자가 (너무 바쁜 나머지 만두만 팔고) 손님을 본 척도 안 한다"고 그의 이름에 '본 척도 안 한다'는 뜻의 '부리(不理)'를 붙여 '거우부리'라고 하였다. 그러자 그가 파는 만두도 '거우부리만두'라고 부르게 되었다.

역사가 160년이 넘은 거우부리만두는 고기, 채소, 해산물 등 다양한 소를 넣어 종류만 100여 가지가 넘는다. 이 만두를 맛본 서태후가 이렇게 훌륭한 음식을 많이 먹으면 무병장수할 것이라고 극찬하면서 전국적으로 유명해졌다.

② 상무정신의 발원지 허베이

화베이 지역 가장 북쪽에 있는 허베이성(河北省 Héběishěng)은 황허강 북쪽에 있어서 이런 이름이 붙여졌다. 약칭은 지(冀 Jì), 성도는 스자좡(石家庄 Shíjiāzhuāng)이며, 11개 대도시와 22개 현급 시로 이루어져 있다. 면적은 약 18만 7,000㎢로 남한의 2배이며, 2019년 현재 상주인구는 7,592만 명이다. 수도 베이징을 둘러싸고 있으며, 동쪽은 톈진, 동남쪽은 산둥성, 남쪽은 허난성과 접하고 있다. 북쪽에는 네이멍구자치구, 동북쪽으로는 랴오닝성이 있다.

허베이성에는 만리장성의 동쪽 시발점으로 '천하제일 관문'으로 불리는 산하이관(山海关)이 있다. 현재 인천항에서 친황다오(秦皇岛 Qínhuángdǎo)로 가는 배편만 있고 직항 항공편은 없지만, 베이징에서 허베이성의 여러 도시로 가는 교통편이 잘되어 있다.

(1) 파란만장한 쟁탈의 역사

허베이성은 고대문명의 발원지 중 하나이다. 선사시대에 하나라를 세운 우(禹)임금이 중국 전역을 아홉 개 주로 나누어 다스렸는데 이를 구주(九州)라고 한다. 허베이성은 약칭에서도 알 수 있듯이 구주 가운데 기주(冀州) 지역이다. 춘추전국시기에 허베이 북부 지역은 연나라, 남부 지역은 조나라와 위나라에 속했고, 지금의 바오딩시(保定市) 지역이 연나라와 조나라의 경계였다. 허베이라는 명칭은 중화민국 성립 후인 1928년에 부여된 것이다.

이곳은 예부터 북방 이민족을 막아내는 최전방의 극한 지역이었다. 허베이가 뚫리면 중원 지역 전체가 위험해지는 까닭에 수많은 소수민족과 허베이를 둘러싼 싸움이 끊이지 않았다. 중국 전체로

허베이성

보면 노른자위에 해당하는 요충지이지만 이곳에 사는 백성들은 덩달아 고통받는 일이 많았다. 원나라 이후에는 베이징이 수도가 되면서 허베이 지역은 과거에 비해 상대적으로 위축되고 수도를 방어하는 상무(尚武)정신만 강조되었다.

(2) 인류의 조상 호모 에렉투스의 흔적

허베이성에는 고대 왕조의 유물만 있는 것이 아니다. 허베이의 산악지대인 니허완(泥河湾 Níhéwān) 분지에서는 현생 인류의 조상인 호모 에렉투스(Homo erectus)의 것으로 보이는 유물들이 발견되었다. 이 유물은 약 170만 년 전에 이미 고대 인류가 도구를 만

들며 살았다는 것을 보여준다. 도구뿐 아니라 고대 인류의 화석과 말이나 코끼리 등 동물, 해상 파충류의 화석도 다수 발견되었다.

(3) 상무의 고장

허베이는 무(武)를 숭상하고 나라를 지키고자 하는 상무정신이 대대로 이어져 내려온 지역이다. 역사상 셀 수 없을 정도로 많은 전쟁이 이곳에서 벌어졌으며, 무예에 힘쓰는 유협(游俠)의 기풍이 넘쳐나는 곳이기도 하다. 창저우(滄州)는 지금도 '무술의 고향'이라 불린다. 창저우에는 팔극권(八极拳) 훈련기지가 있어서 중국 전통

허베이 출신 UFC 챔피언 장웨이리

무술에 관심 있는 전 세계 청소년이 이곳에서 개최되는 캠프에서 무술을 배울 수 있다. 여러 무술 문파의 발원지답게 지금도 관련 대회들이 열리고 있다. **09**

(4) 혼혈의 후예 '라오탈'

허베이는 지리적 조건이 좋아 예부터 군사적 요충지였으며 물자가 풍부하였다. 이 때문에 한족과 몽골족, 거란족, 여진족(만주족) 등이 수백 년 동안 이 지역에서 전쟁을 벌여왔다. 그 결과 한족과 이민족 간의 혼혈이 많아지며 용맹하고 강인하면서도 순박한 특징을 가지게 되었다. 이들은 또한 오랜 전쟁으로 정략이나 임기응변에 강하였다. 이런 허베이 사람을 흔히 '북방의 거친 촌놈'이라는 뜻의 '라오탈(老坦儿 lǎotǎnr)'이라고 부르는데, 이는 북방 이민족 혼혈의 다소 거친 특징을 표현한 것이다.

허베이 사람은 파란만장한 역사에 더해 수도 가까이에 있다는 지리적 위치 때문에 항상 충성심을 시험당했으므로 겉으로는 신중하고 순종적으로 보인다. 곡창지대인 평원이 넓게 분포해서 먹고사는 데 큰 지장이 없으므로 평소에는 분수를 지키고 살지만,

---

09 UFC 챔피언 장웨이리(张伟丽 Zhāng Wěilì): 장웨이리는 중국 무술에 뿌리를 둔 파이터로 허베이성 한단시(邯郸市) 출신이다. 2017년 한국 종합격투기 대회 TFC 스트로급 챔피언을 지낸 바 있으며, 2019년에는 UFC 여성 스트로급 챔피언에 등극하였다.

일정 선을 넘으면 조정에 위협이 될 정도로 저항하였다. 허베이는 오랫동안 수도의 주변부로 있었기 때문에 주류문화인 유교문화가 상당 기간 영향력을 미쳤고, 이로써 허베이 사람들은 전통과 예의를 중시하는 성향을 띠게 되었다. 이러한 지역적 특성으로 허베이에서는 전설의 명의 편작(扁鹊) **10**, 서한의 대사상가 동중서(董仲舒) 같은 역사적 인물이 많이 배출되었다.『삼국지』의 세 영웅 유비(刘备), 관우(关羽), 장비(张飞)가 도원결의(桃园结义)를 한 곳도 허베이성 탁현(涿县, 지금의 쥐저우涿州)이다.

(5) 오랜 전통을 자랑하는 북방 대표 전통극 허베이방쯔

중국의 전통극은 수백 종이 넘지만 사람들은 대개 '페킹 오페라(Peking Opera)'로 통칭되는 징쥐(京剧 Jīngjù 경극)를 떠올린다. 그러나 중국에는 징쥐 외에도 핑쥐(评剧), 위쥐(豫剧), 웨쥐(越剧), 쿤취(昆曲), 촨쥐(川剧), 후이쥐(徽剧) 등 각 지역의 지방희가 다양하게 존재한다. 그중에서도 허베이 지역의 허베이방쯔(河北梆子 Héběi Bāngzi)는 징쥐가 탄생하기 이전인 17세기 초부터 쿤취와 함께 대표적인 궁정문화로 성행했다. 오랜 시간 중국인의 사랑을 받은 허베이방쯔는 레퍼토리가 600개가 넘는데, 현재 전승되는 작품은 100여 개이다. 허베이방쯔는 징쥐, 쿤취, 촨쥐 등 지방극들과 함께 2006년 중국 국무원에서 지정한 제1차 비물질문화유산(무형문화유산)으로 선정되었다.

허베이방쯔로 재탄생한 그리스 비극 〈메데아〉

(6) 북방의 휴양지

하이난다오(海南岛)를 흔히 '동양의 하와이'라고 하지만 중국 북부 사람들에게 하이난은 너무 멀어서 상대적으로 가까운 허베이가 여행지로 각광받고 있다.

---

10 편작(扁鹊, 기원전 401?~기원전 310?): 지금부터 약 2,500년 전인 춘추전국시대의 명의인데 괵(虢)나라의 태자를 살린 것으로 유명하다. 난치병은 '편작이 살아 돌아와도 고치기 어려운 병'으로 은유되기도 한다. 사마천의 『사기』「편작열전」에 일대기가 전한다.

① 『열하일기』와 황제의 휴양지 비수산좡

열하(热河)로 불렸던 청더(承德 Chéngdé)는 1994년 유네스코 세계문화유산으로 등재된 비수산좡(避暑山庄 Bìshǔ Shānzhuāng 피서산장)과 티베트불교 사원으로 유명한 곳이다. 비수산좡은 베이징의 쯔진청(자금성)에 비할 바는 아니지만 아기자기한 아름다움을 느낄 수 있다. 우리에게 청더와 비수산좡은 연암 박지원의 『열하일기』[11]로 잘 알려져 있다. 이 여행기는 정조 4년(1780) 박지원이 건륭제의 70세 생일을 맞아 축하사절단으로 청나라에 다녀와 쓴 것이다. 사절단의 원래 목적지는 베이징이었으나 당시 황제가 여름별장인 비수산좡에 있었기 때문에 결국 열하까지 가게 되었다. 비수산좡은 아름다운 경치와 아기자기한 건축물이 잘 조화되어 있으며, 베이징의 이허위안(이화원), 쑤저우의 줘정위안(拙政园 Zhuōzhèngyuán 졸정원), 류위안(留园 Liúyuán 유원)과 함께 중국 4대 명원(名园)으로 불리고 있다.

황제의 여름별장 비수산좡

『열하일기』의 노정

② 만리장성의 출발점 산하이관

만리장성의 엄청난 길이에 대해 자랑스레 서술한 중국 전적을 보면 "동쪽으로는 산하이관에서 서쪽으로는 자위관까지(东起山海关, 西至嘉峪关)"라고 되어 있다. 만리장성

---

11 『열하일기』: 박지원의 실학사상이 잘 드러나 있다. 세상이 바뀐 것을 부정하며 여전히 명나라를 숭상하고 실학을 무시하는 당시 조선의 사대부를 비판하기도 하였다. 코끼리 구경, 마술 관람 등과 함께 티베트의 살아 있는 부처(活佛) 판첸 라마를 만난 이야기 등 재미있는 부분이 많다. 「허생전」, 「호질」 등의 작품도 원래는 『열하일기』에 실려 있다. 『열하일기』는 필사본으로만 전해오다가 1932년 『연암집』으로 활자화되었다.

의 시발점으로 동쪽의 첫 번째 관문인 산하이관(山海关 Shānhǎiguān 산해관)의 성 모양을 위에서 보면 마치 용이 꿈틀대는 듯하다. 그래서 산하이관 본성 동쪽 4km에서 보하이만(渤海湾)과 접하는 부분을 '라오룽터우(老龙头 lǎolóngtóu)'라고 부른다. 산하이관이라는 명칭은 옌산(燕山)과 보하이에서 한 글자씩 가져와 지은 것이다. 산하이관 망루의 편액에는 '천하제일관(天下第一关)'이라고 새겨져 있다. 베이징

장성의 시작 산하이관

의 축소판으로 건설되어 화제를 모았던 허베이성의 대규모 종합레저단지 '천하제일성(天下第一城)'의 이름은 여기에서 따온 것이다.

③ 중국의 그랜드 캐니언 타이항 대협곡

산시와 허베이의 접경에 있는 타이항산맥(太行山脉 Taihang Mountains)은 험준하고 웅장한 산세로 인해 중국의 그랜드 캐니언으로 불린다. 타이항산맥의 주봉은 타이항산(太行山 Tàihángshān)인데, 허베이 쪽의 타이항산에는 길이 266m, 너비 2m의 유리 다리가 설치되어 있어 수많은 관광객이 찾는다. 산 틈새의 협곡이 100리(중국에서는 10리가 5km)에 걸쳐 형성되어 있어 '백리협(百里峡)'이라는 이름이 붙었다. 아래를 내려다보기만 해도 아찔한 이곳의 유리 다리에는 센서가 설치되어 있어 사람이 지나가는 순간 유리가 갈라지는 특수음향을 내기도 한다. 협곡 전체는 남북으로 600km에 달한다. 기암괴석과 웅장한 풍경으로 중국에서 아름다운 10대 협곡 중 하나로 꼽힌다. [12]

타이항산의 웅장한 대협곡

---

[12] 조선의용대의 흔적: 타이항산은 민족운동 연합체인 조선민족전선연맹이 1938년 결성한 조선의용대가 전투를 치른 곳이다. 이곳에는 아직도 '조선민족영령'이라는 글귀가 적힌 묘비가 그대로 남아 있다.

④ 지조를 지킨 여인 맹강녀의 전설

펑황산(凤凰山 Fènghuángshān) 언덕에는 맹강녀묘(孟姜女庙)라는 사당이 있다. 맹강녀 이야기는 양축(梁祝) 전설, 백사전(白蛇传) 전설, 우랑직녀(牛郎织女) 전설과 함께 중국의 4대 민간 전설 중 하나이다. 만리장성 축조에 징발된 남편을 찾아간 맹강녀가 남편이 이미 죽었다는 말을 듣고 성 밑에 쓰러져 울기 시작하자 남편의 시신이 깔렸던 성벽이 무너지면서 남편 유골이 나타났다고 한다. 산하이관 부근에 있는 맹강녀묘에는 만리장성을 바라보는 그녀의 동상이 세워져 있다.

맹강녀 동상

③ 상인문화를 꽃피운 산시

산시성(山西省 Shānxīshěng 산서성) [13] 은 타이항산 서쪽에 있어 '산시'라고 불린다. 산시성과 샤안시성은 동서로 인접해 있다. 춘추전국시대에 진(晋)나라 영토였던 산시성은 약칭을 진(晋 Jìn), 진(秦)나라 영토였던 샤안시성은 약칭을 친(秦 Qín)이라 한다. 산시성의 성도는 타이위안(太原 Tàiyuán)이며, 2019년 현재 상주인구는 3,729만 명이다.

중국의 고대 목조건축물 중 70%가 산시성에 있고, 주요 문화유산 또한 452개나 보유해 고

산시성

---

[13] 산시성은 샤안시성(陝西省 Shǎnxīshěng 섬서성)과 한글표기가 같기 때문에 '산시성'과 '샤안시성'으로 구분하여 표기한다. 영어권에서도 산시성은 Shanxi, 샤안시성은 Shaanxi로 구분하여 표기한다.

대 건축물박물관이라 불러도 무방하다. 오늘날 산시성은 석탄의 바다로 불릴 만큼 중
국 최대 석탄 생산지가 되었다. 그러나 공장의 70% 이상이 중공업 공장이라 오염이 심
각하고 상대적으로 낮은 경제성장 수준을 보인다.

⑴ 천하제일의 부자 산시 상인

가난한 산시성 사람들 가운데 장사를 해서 자수성가한 사람들이 많아서 산시 상인
에게는 '천하제일 부자(天下第一富豪)'라는 별명이 붙었다. 산시성은 예나 지금이나 자
연환경이 풍족하지 못하여 타지에서 생필품을 조달해야 했다. 타지로 나가는 김에 산
시성에서 생산되는 석탄, 소금, 대추, 철 등을 외지로 가지고 나가 팔기 시작한 것이 장
사의 시초였다. 오늘날의 은행 같은 역할을 한 '표호(票
号)'[14] 역시 18세기 '진상(晋商)'이 만들었는데, 당시 진상
은 유통과 금융까지 망라하며 중국 상업계를 장악했다.

산시성은 명·청시대 약 500년간 '진상'이라 불리는 중
국 제일의 상방(商帮 상인집단)을 형성하며 상업이 발달

명·청시대 금융의 메카 표호(표호박물관)

하였다. 산시의 '진상'은 경쟁을 하더라도 최소한의 직업의식과 도덕심을 버리지 않고
공정하게 규칙을 준수하는 것으로 호평을 받아왔다. 진상의 3대 상도(商道)인 '신용, 근
면, 지혜'는 현재 중국 상업계의 뿌리라고 할 수 있다. 진상의 이런 상도 정신은 안후이
(安徽)의 후이상과 함께 진상이 천하 양대 상방으로 불리며 전 중국의 수많은 상방을
대표하게 된 근본이다.

진상은 순박하고 성실하며 보수적이다. 남방 상인과 달리 직선적이고 성격이 급하면
서도 작은 일에 일희일비하지 않는다. 검소함이 지나쳐 간혹 인색하다고 느껴지기도 한
다. 그들의 이런 특성은 유대인에 비유되기도 한다. "참새가 날아갈 수 있는 곳이면 진
상의 발길이 닿지 않는 곳이 없다"는 말은 산시 상인의 개척정신과 광범위한 상권을 비
유한 것이다.

---

14 표호: 은표(銀票, 은자(銀子, 은으로 만든 돈)를 맡긴 증서)를 취급하는 점포. 산시성에 있는 표호의 본거지는
오늘날 중국의 월스트리트로 불리곤 한다.

⑵ 누들과 식초

흔히 샤안시성은 실크로드의 시발점이라 하고 산시성은 누들로드(Noodle Road)의 시작점이라고 한다. 국수 맛집을 탐방하고 싶은 여행객이 반드시 들러야 할 곳이 바로 국수의 메카 산시성이다. 산시성에서 국수가 발달한 이유는 강수량 때문에 쌀농사보다 밀이나 수수농사를 많이 지은 데서 기인한다. 또 산시성이 중국 내 최대 석탄 매장량을 자랑하는 곳이다 보니 국수를 빨리 뜨겁게 끓여낼 수 있었다. 그런 까닭에 산시성의

다오샤오몐을 만드는 모습

국수는 '석탄 국수'라는 별명으로 불리기도 했다. 산시성은 중국 국수의 발원지답게 국수 종류만 400종이 넘는다. 게다가 다오샤오몐(刀削麺 dāoxiāomiàn 도삭면) 등 이곳을 대표하는 국수는 면발을 뽑아내는 과정 자체가 하나의 볼거리다.

산시성 식초의 역사는 기원전 12세기까지 거슬러 올라간다. 역사가 3,000년 이상 된 산시성의 식초는 산시 사람의 삶에 필수적인 요소가 되었다. 현재 산시성에서는 100곳이 넘는 식초공장에서 여러 품종의 효능이 다양한 식초를 생산한다. 생산량도 많지만 중국 식초 소비량 통계를 보면 항상 1위를 차지하는 곳이 산시성이다.

산시의 물과 흙은 황토고원이라는 지리적 특성과 건조한 기후로 알칼리성이 강하다. 그래서 오래전부터 음식에 식초를 넣어 중화하는 전통이 있었다. 산시의 식초 사랑은 "전쟁통에 총은 뺏겨도 식초통은 못 뺏긴다"는 말이 있을 정도로 대단하다. 특히 산시

산시의 식초공장

의 대표 음식인 국수 요리에는 식초가 빠지지 않는데 식초가 면의 소화를 도와 환상의 궁합을 자랑한다. 심지어 산시의 식초를 한 잔만 마셔도 감기에 걸리지 않는다는 말도 있다. **TIP**

대표적인 산시 출신 인물

산시 출신의 대표적 인물 중 하나는 삼국지의 영웅 관우(关羽 Guān Yǔ)
다. 관우를 기리는 사당인 '관(제)묘(关(帝)庙 Guān(dì)miào)'는 세계 각지
에 있지만, 산시성 제저우(解州)에 있는 관묘의 규모가 가장 크다. 『삼국지
연의』를 집필한 나관중도 산시성 출신이다. 이외에 북송시대의 정치가이자
역사가인 사마광(司马光 Sīmǎ Guāng), "인간은 본래 악하다"는 성악설
(性恶说)을 주장한 순자(荀子 Xúnzǐ) 등도 산시성 출신이다. 중국 영화의
미래로 불리는 자장커(贾樟柯 Jiǎ Zhāngkē)는 중국의 대표적인 6세대 영
화감독으로 산시성 펀양시(汾阳市) 출신이다. 1998년 데뷔하여 빠르게 발

제저우에 있는 관묘

전하는 중국 사회의 모습과 그늘, 다양한 인간 군상을 그려왔다. 2006년에는 영화 〈스틸라이프(Still
life)〉로 베니스영화제 황금사자상을, 2013년에는 〈천주정〉으로 칸영화제 각본상을 수상하였다.

(3) 역사를 품은 중국 속의 중국

산시성의 주요 도시와 명승지는 우리에게는 잘 알려지지 않았지만 중국의 현대를 보
려면 상하이, 근대 500년 역사를 보려면 수도 베이징, 5,000년 중국 역사를 보려거든
산시성으로 가라는 말이 있다.

① 공중도시 몐산

몐산(绵山 Miánshān)은 깊은 협곡 속 해발 2,000m 위 절벽에 세워진 각종 건축물
을 볼 수 있는 공중도시다. 몐산에는 불교, 유교, 도교의 세 종교를 포함해 다양한 민
간신앙과 관련된 절과 사당이 공존한다. 현존하는 중
국 최대 도교사원이라고 할 수 있는 다뤄궁(大罗宫 대
라궁), 삼국시대에 절벽을 깎아 지은 불교 사원 윈펑쓰
(云峰寺 운봉사), 명나라 때 황제들이 묵었다고 전해지
는 워룽빈관(卧龙宾馆) 등의 건축물이 산세와 어우러
져 신비한 장관을 연출한다. 특히 이곳에는 춘추시대
한식(寒食)의 기원이 된 진(晉)나라 개자추(介子推)가
불에 타 죽었다고 전해지는 개공령(介公岭), 문공(文

공중도시 몐산

公)이 불을 질렀다는 사연대(思烟台), 돌무더기 위에 조성된 개자추의 무덤 개공묘(介公墓) 등이 있다.

② 유네스코 문화유산 핑야오의 고대 도시

핑야오 고성(平遥古城 Píngyáo Gǔchéng)은 산시성 중부 진중시(晉中市)의 핑야오현(平遥县)에 있는 유적이다. 2,700년 전 주나라 선왕(宣王) 때 처음 세워졌고, 명나라 초기에 지금의 모습으로 확대되었다. 명·청시대 현성(县城)의 모습을 비교적 잘 보존하고 있다는 평가를 받고 있으며, 1997년 유네스코 세계문화유산으로 지정되었다.

핑야오 고대도시

앞서 언급한 중국 최초의 현대식 은행 표호도 이곳에 있었다. 또 역사 속 도시가 아니라 지금도 4만 5,000명에 달하는 인구가 성안에 거주하고 있다. 우리나라로 치면 전주 ◦옥마을이나 안동 하회마을 같은 곳이라고 할 수 있다. 이곳을 방문하면 고성 안의 전통 객잔(客栈) 스타일 숙소에 묵어보기를 권한다. 흔히 칠기, 소고기, 참마를 핑야오의 3대 보물로 꼽는데 이곳 소고기는 서태후가 맛을 본 후 특산물로 상납하게 했다는 일화가 있을 정도다.

민간의 쯔진청 왕자다위안(王家大院)

'중국 제일의 부자'라는 소리를 들었던 산시 상인들은 고급 저택을 많이 지었는데, 이것은 오늘날 훌륭한 볼거리가 되고 있다. 청나라 때 명문가였던 왕씨 집안의 저택인 왕자다위안(王家大院 Wángjiā Dàyuàn 왕가대원)은 방이 무려 1,118칸이고 정원이 113개나 된다. 300년에 걸쳐 지어진 이 호화 저택은 '민간의 쯔진청(자금성)'이라 불린다.

방이 1,118칸 있는 왕자다위안

③ 북위의 수도였던 다퉁

산시성 최북단의 다퉁(大同 Dàtóng)은 역사적으로 운중(云中), 평성(平城), 봉황성(凤凰城) 등으로 불렸다. 다퉁은 북쪽으로는 네이멍구자치구와 접하며, 약 100년 동안(398~494) 선비족이 세운 북위(北魏)의 수도였다. 중국 석탄 매장량의 3분의 1이 산시성에 있어 다퉁도 석탄 관련 업종에 종사하는 인구가 반을 넘는다.

윈강스쿠의 불상

다퉁 하면 빼놓을 수 없는 곳 중 하나가 윈강스쿠(云冈石窟 Yúngāng Shíkū 운강석굴)[15]이다. 윈강스쿠는 중국 최대 석굴 단지로, 우저우산(武州山) 절벽을 파서 만든 252개 석굴과 5만 개가 넘는 크고 작은 불상이 있다. 북위시대인 460년에 처음 만들어지기 시작해 60여 년에 걸쳐 조성되었다. 명나라 때에는 방치되어 황폐해졌는데, 청나라 순치제(顺治帝)와 강희제 때 복원 사업을 벌였다.

다퉁에서 윈강스쿠와 함께 꼭 둘러보아야 할 곳은 바로 쉬안쿵쓰(悬空寺 Xuánkōngsì 현공사)이다. 491년 절벽에 세워진 쉬안쿵쓰는 유교·불교·도교 삼교합일의 정신이 담긴

---

15 중국 3대 석굴: 일반적으로 윈강스쿠과 함께 둔황(敦煌)의 모가오쿠(莫高窟 Mògāokū 막고굴), 뤄양(洛阳)의 룽먼스쿠(龙门石窟 Lóngmén Shíkū 용문석굴)를 중국 3대 석굴로 꼽는다.

독특한 사원이다. 쉬안쿵쓰의 원래 이름은 현공각(玄空阁)인데 '현'자는 도교의 교리에서, '공'자는 불교 교리에서 따왔다.

④ 제일의 불교 성지 우타이산

2004년 중국 10대 명산으로 선정된 우타이산(五台山 Wǔtáishān 오대산)은 저장의 푸퉈산(普陀山 보타산), 쓰촨의 어메이산(峨眉山 아미산), 안후이의 주화산(九华山 구화산)과 함께 중국 불교 4대 명산의 하나다. 우타이산은 그중에서도 최고로 여겨져 진우타이(金五台 금오대)라고 불리며, 50여 개 사찰이 있다. 우리나라 불교와도 인연이 깊은 우타이산은 칭량산(清凉山), 쯔푸산(紫府山), 링주평(灵鹫峰) 등으로도 불리며 문수보살(文殊菩萨)의 도량(道场, 불도 수행 장소)으로 유명하다. 강원도 월정사를 창건한 자장율사(慈藏律师, 590~658)가 수행한 곳이고, 『왕오천축국전(往五天竺国传)』을 쓴 신라의 승려 혜초(慧超, 704~787)가 입적한 곳도 이 우타이산의 건원보리사(乾元菩提寺 Qiányuán Pútísi)다.

우타이산과 건원보리사

윈강스쿠

중국 문명의 태실 산둥

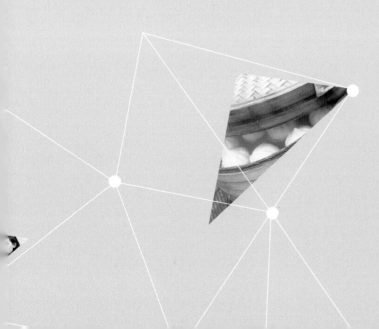

달걀을 품고 있는 닭처럼 생긴 중국 지도에서 목과 가슴이 만나는 지점에 뾰족하게 튀어나온 반도가 바로 산둥성(山东省)이 위치한 곳이다. 산둥은 황해를 사이에 두고 한반도와 매우 인접해 있다. 한반도의 닭 울음소리를 듣고 산둥의 닭도 운다는 말이 있을 정도로 지리적으

TIP

산둥하오한(山东好汉)

호방한 기질을 지닌 산둥성의 남자들을 가리키는 말로 산둥다한(山东大汉)이라고도 한다. 『수호전』에 등장하는 양산박 인물 108명 중 대다수가 산둥성 출신으로 묘사되었고, 이에 '하오한'이라는 말이 산둥의 호방한 남성에 국한되어 다른 지역 남자들이 내심 불쾌해했다는 이야기도 전해진다. 산둥 남자들은 체격이 크고 성격이 호탕하며 열정적이다. 또한 유교문화의 영향으로 인의와 신의를 존숭하며 노인과 어린이, 여성 등의 약자를 잘 보호한다.

로 가깝다. 그렇게 인접한 만큼 예부터 교류도 활발했다. 그래서인지 산둥 사람과 한국 사람은 기질도 매우 닮았다. 유가사상의 영향을 받아 인정이 있으면서도 호방하고 신의와 의리가 있다는 산둥하오한(山东好汉)의 기상은 한국인과 비슷한 면이 있다. **TIP**

산둥이라는 명칭은 '타이항산의 동쪽'이라는 지리적 위치에서 기원한다. 산둥성은 허베이성·허난성(河南省)·안후이성·장쑤성(江苏省)과 인접해 있다. 약칭은 '루(鲁 Lǔ)'이고, 성도는 지난(济南 Jǐnán)이며, 칭다오·웨이하이·옌타이·지닝·타이안 등 16개 지급시(地级市)로 구성되어 있다.

산둥성

산둥성의 역사는 매우 오래되었다. 다원커우(大汶口)와 룽산(龙山)에서 발견된 신석기시대의 문자와 토기를 보면 매우 이른 시기부터 문명을 꽃피웠음을 알 수 있다. 춘추전국시대에는 강태공(姜太公)의 제(齐)나라 **TIP** 와 주공(周公)의 노(鲁)나라가 있어 제노문화(齐鲁文化)를 꽃피웠다. 춘추시대 유교의 발상지로 백가

쟁명의 장이었던 직하(稷下) [01]가 있던 곳이기도 하다.

당나라 때는 신라와 교류가 활발하여 신라인들의 집단 거주 지역인 신라방이 설치되었다. 송대 시내암(施耐庵)이 쓴 『수호전』의 주요 활동 배경은 산둥성이다. 현재 산둥성의 경계는 청대에 확립되었다. 청 말에는 독일, 영국, 일본 등에 의해 옌타이, 웨이하이, 칭다오 등을 점령당하는 아픔을 겪기도 했다.

산둥성 인구는 2019년 기준 1억 70만여 명에 달한다. 이는 광둥성(1억 1,521만 명)에 이어 두 번째로 많은 수다. 인구가 많은 만큼 훌륭한 인물도 많이 배출되어 "예부터 영웅호걸은 산둥에서 나왔다(自古山東出好汉)"는 말이 있을 정도다. 역사가 길고 인물이 많으며 중국문화의 산실이 된 곳이 바로 이 산둥성이다.

TIP

강태공과 제나라

강태공의 본명은 강상(姜尙)이다. 그의 선조가 여(呂)나라에 봉해졌기 때문에 여상(呂尙)이라 불리기도 한다. 동쪽 해변에 사는 가난한 선비로 집안을 돌보지 않고 낚시만 해서 아내가

강태공의 동상

집을 나갔다고 한다. 위수에서 낚시할 때 인재를 찾아 떠돌던 주나라 문왕(文王)의 초빙을 받아 그의 스승이 되었고, 무왕(武王)을 도와 은나라를 멸망시키고 주나라를 건국하는 공신이 되었다. 건국 후 제나라 제후에 봉해져 시조가 되었다. 이때 그의 나이는 80세가 넘었다고 한다. 제나라는 춘추시대 명재상 관중(管仲)의 도움으로 춘추오패의 첫 패자가 되었고, 전국시대에는 칠웅의 하나로 번성했지만, 기원전 221년 진시황에게 멸망되었다.

살기 좋은 도시 산둥성 칭다오

---

01 직하: 혼란스러운 천하를 평정하기 위해 분주하던 전국시대에는 인재가 곧 국력이라는 인식에 따라 각국의 유력한 왕후(王侯)들이 경쟁적으로 학자와 유세가들을 초빙하는 경향이 있었다. 특히 전국칠웅(七雄)의 하나였던 제나라에서는 위왕(威王)·선왕(宣王)부터 양왕(襄王)에 걸쳐 한때 수백 명에 이르는 각 학파 학자가 모여들어 서로 자유로운 토론을 펼쳤다. 그들이 머물며 토론하던 곳이 제나라 도성의 서문인 직문(稷門) 옆에 있었으므로 이를 직하(稷下)라 하고, 여기에서 토론된 제자백가의 학문을 직하지학(稷下之學)이라고 했다. 맹자(孟子)를 비롯해 추연(鄒衍)·순우곤(淳于髡)·신도(愼到)·전변(田駢)·순자(荀子) 등 천하의 학자들이 이곳에 머물며 토론했다.

① 제노문화의 중심, 물의 도시 지난

지난(济南 Jǐnán)은 황허강 지류의 하나인 지수이(济水)강 남쪽에 자리했다고 하여 한대부터 지금의 명칭으로 불렸다. 산·샘·호수·강·도시가 함께 어우러진 지난은 제노문화(齐鲁文化)의 중심지로 유구한 역사를 간직하고 있다. 지난은 72개 샘과 다밍후(大明湖)라는 유명한 호수가 있어서 물의 도

다밍후

시라는 의미에서 취안청(泉城)이라고도 불린다.

지난 한복판에 자리한 다밍후는 이름 그대로 큰 호수인데, 맑은 물이 일품이다. 호숫가에는 푸른 수양버들이 늘어져 아름다운 자태를 뽐내고, 호수 가운데에는 연꽃이 화려하게 떠 있으며, 주변에는 각종 누각과 정자가 곳곳에 있다. 청나라 문인들은 "사면이 연꽃이요, 삼면이 버드나무. 절반은 도시요, 절반은 물이로다(四面荷花三面柳、一城山色半城湖)"라며 지난의 경관을 찬탄했다.

바오투취안

지난에 있는 72개 샘 중에는 바오투취안(趵突泉)이 가장 유명하다. 맑은 연못 가운데 있으며 세 갈래로 높은 물줄기가 뿜어져 나오는데, 평균 수온은 18℃ 전후이다. 물이 맑고 투명하며 맛이 감미로워 이 샘물을 마신 건륭제가 '천하제일천(天下第一泉)'이라는 이름을 붙여주었다.

다밍후, 바오투취안과 함께 지난의 3대 명승으로 첸포산(千佛山)이 꼽힌다. 수나라 때 산둥 지역에 불교가 성행했는데, 신도들이 암벽에 수많은 마애석불을 새기고 첸포쓰(千佛寺)라는 절을 세우면서 첸포(千佛)라는 이름을 갖게 되었다. 첸포산은 리산(历山)이라고도 불리며 순임금이 밭을 갈던 곳이라고 해서 순산(舜山) 또는 순경산(舜耕山)으로도 불렸다. 첸포산은 해발 285m의 나지막한 산이다. 마애불상과 보살상이 3만여 위

(位) 새겨져 있는 완포둥(万佛洞), 마애석상이 130여 위 있는 첸포야(千佛崖)와 싱궈찬쓰 (兴国禅寺), 와불, 거대석불 등 다양한 불교 유적을 감상할 수 있다.

TIP

순경역산

'순경역산(舜耕历山)'은 '순임금이 리산에서 농사를 짓다'라는 뜻이다. 요순(尧舜)은 중국의 전설적인 왕이자 이상적인 정치를 가리킨다. 지난은 이 이상적인 군주의 하나인 순임금의 전설이 깃든 곳이다. 맹자에 따르면 순임금은 동이족으로 원래 리산(历山 역산)에서 농사를 짓고 질그릇을 구우며 살았는데, 요임금에게 발탁되어 그의 자리를 승계했다고 한다. 순임금은 총명한데다가 자신을 학대하고 해치려던 아버지에게 극진한 효도를 다했던 이상적인 인물이다. 『맹자』에는 순임금의 효와 관련한 다음과 같은 일화가 전한다.

순임금에게는 고수(瞽叟, 장님이라는 뜻)라는 아버지가 있었다. 순은 어머니를 일찍 여의고 매우 간악한 계모 밑에서 자랐다. 계모에게는 상(象)이라는 아들이 있었다. 고수와 계모, 상이 합심하여 순을 해치고자 했는데도 순은 아버지와 계모에게 효도하고 이복동생을 아꼈다.

어느 날, 고수는 순에게 식량 창고 지붕을 고치라고 했다. 순이 사다리를 타고 위로 올라가자 고수는 창고에 불을 질렀다. 불이 난 것을 알게 된 순이 사다리를 찾았으나 보이지 않았다. 그들이 이미 치워버린 것이다. 마침 순은 햇빛을 가리는 데 쓰는 삿갓 두 개를 갖고 있어 양손에 삿갓 하나씩을 들고 새가 날개를 편 것처럼 지붕에서 뛰어내렸다. 다음에 그들은 순에게 우물을 파게 했다. 순이 우물 안으로 들어가자 그들은 돌로 우물을 메워버렸다. 순을 우물 안에 파묻으려 한 것이다. 그러나 순은 미리 그 사실을 예견하고 우물 밑으로 내려가자 굴을 파두었기에 무사히 밖으로 나올 수 있었다. 세 사람이 순이 죽었음을 확신하고 그의 재물을 나눠 가지려는 순간 순이 살아서 돌아왔다. 그러나 순은 그들을 원망하기는커녕 오히려 그들의 안위를 걱정했다. 순의 인품에 감동한 가족은 잘못을 뉘우치고 화목한 가정을 만들었다.

② 오악의 지존 타이산

"태산(泰山)이 높다 하되 하늘 아래 뫼이로다"라는 양사언(杨士彦, 1517~1584)의 시조로 우리에게도 친숙한 타이산(泰山 Tàishān 태산)은 산둥성 타이안(泰安)·지난·쯔보(淄博) 3개 시에 걸쳐 자리한 해발 1,532.5m의 산이다. 산둥성 지형이 평야가 끝없이 펼

타이산의 운해

쳐지고 낮은 구릉이 듬성듬성 있기 때문에 타이산이 특별히 높은 산이 아닌데도 더욱 우뚝 솟아 보인다. 타이산은 중국의 오악(五岳) [02] 가운데 하나로 당당히 이름을 올렸을 뿐만 아니라 '천하제일산', '오악의 지존'이라고 불리는 국가적 명산이다.

오래전부터 많은 인물이 이 타이산에 올랐다고 한다. 순임금은 동쪽을 순수(巡狩)하다가 타이산에 이르렀고, 공자는 "타이산에 오르니 천하가 작아 보였다"는 말을 남겼다. 『사기(史记)』에는 "황제(黄帝)가 동쪽 바닷가로 가서 대종(岱宗, 타이산의 별칭)에 올랐다"는 말이 보인다.

"타이산이 편안하면 사해가 모두 편안하다(泰山安, 四海皆安)"라는 말이 있을 정도로 타이산은 제왕이 제사를 지내는 신산(神山)으로 여겨졌다. 천하를 통일한 진시황을 비롯하여 한 무제, 당의 고종과 현종, 청나라 건륭제 등 많은 황제가 타이산에 친히 올라 봉선의식을 행했다. 특히 한 무제는 다섯 번, 건륭제는 열한 번이나 제사를 올렸다. 또 다른 제왕 24명은 관리를 보내어 72회나 제사를 올리게 했다.

타이산의 오송정

예부터 타이산은 신령스러운 산으로 유명했다. 산신령이 살고 있다는 전설이 서려 도교사원이 곳곳에 세워져 있고, 특히 여성을 지켜주는 여신이 산다고 전해져 나이 든 여성들에게 인기가 많다. 타이산 정상에는 도교와 불교사원, 공자를 신으로 모시는 유교·도교가 통합된 형식의 사원이 많다. 산 중턱에는 진시황이 타이산을 오르다 폭풍우를 만나자 그 아래에서 비를 피한 소나무가 있었다는 오송정(五松亭)이 있다. 황제를 호위한 공로가 있어 오대부(五大夫) 작위를 내렸기 때문에 이러한 이름이 붙었다고 한다. 또한 청나라 옹정제 때 심은 소나무 세 그루도 지금까지 남아 있다.

타이산은 1982년 처음 지정된 국가급 관광명소 44개 명승 중 하나로 이름을 올렸고 1987년에는 유네스코 세계문화유산과 자연유산에 동시에 등재되었다.

---

02 오악: 중국에는 예부터 산에 대한 신앙이 있었는데, 오행사상(五行思想)의 영향을 받아 오악 관념이 생겨났다. 한대의 오악은 산둥성의 타이산(泰山, 동악)을 비롯하여 샤안시성(陕西省)의 화산(华山, 서악), 후난성의 헝산(衡山, 남악), 허베이성의 헝산(恒山, 북악), 중부 허난성의 쑹산(嵩山, 중악)을 가리킨다.

③ 유교의 성지 취푸와 쩌우청

타이산에서 남쪽으로 80km 떨어진 취푸(曲阜 Qūfù)는 춘추시대 노나라의 수도이자 공자의 고향이다. 노나라 시조인 주공(周公)은 주나라를 건국한 문왕(文王)의 넷째 아들이고, 은나라를 평정한 무왕(武王)의 이복동생이다. 주공은 무왕이 죽고 어린 조카인 성왕(成王)이 즉위하자 그를 도와 주 왕조의 기틀을 세우는 데 큰 공을 세운 인물이다. 성왕이 장성하자 스스로 섭정을 그만두고 수도에서 멀리 떨어진 동쪽 끝 노나라의 제후를 자청했다. 무엇보다 주공은 중국 고대 문물을 확립하여 공자가 가장 존경한 인물이다. 유교의 성립에 지대한 영향을 미친 것이다. **TIP**

TIP

유교의 선구자 주공

보통 유교라고 하면 공자를 생각하지만 공자가 가장 존경한 인물, 공자가 모델로 삼고자 했던 주나라의 문물을 완비한 인물은 주공이다. 성은 희(姬)씨이고 이름은 단(旦)으로, 문왕 희창(姬昌)의 넷째 아들인 무왕 희발(姬发)의 동생이다. 주공은 무왕의 은나라 정벌을 두 차례나 보좌하며 통일의 일등공신이 되었다. 주공은 섭정하는 7년 동안 종법제도, 분봉제, 적장자 상속법, 정전제를 도입하여 주나라 제도의 기틀을 잡았다.

고속도로를 나와 취푸 시내로 진입하면 공자가 마차를 타고 천하주유를 떠나는 모습을 형상화한 대형 조각상이 눈에 들어온다. 이 작은 도시가 동아시아의 역사와 문화를 규정했던 유교의 발상지, 공자의 고향이다. 공자는 기원전 551년 이곳 취푸 동남쪽에서 하급 귀족 무사였던 아버지 숙량흘(叔梁纥)과 어머니 안징재(顔徵在) 사이에서 태어났다. 공자의 어머니가 니구산(尼丘山)에서 간절히 기도한 덕에 잉태되었다고 하여 구(丘)라는 이름과 중니(仲尼)라는 자(字)를 얻었다. 공자는 56세부터 13년간 각국 군주를 만나며 자신의 사상을 설파한 이른바 '천하주유(天下周游)' 시기를 제외하고는 일생의 거의 대부분을 이곳에서 보냈다. [03]

천하를 주유하는 공자의 조각상

공묘의 공자상

---

03 공자의 천하주유: 고국인 노나라의 정치가 문란하여 뜻이 실현될 기미가 보이지 않자 공자는 사법부장관에 해당하는 대사구(大司寇) 직책을 버리고 자신의 포부를 실현하기 위해 유세를 떠났다. 위·진·송·정·채·초 등 여러 나라를 돌아다니면서 자기 학설을 실현하고자 노력했다. 13년이나 지속된 유랑 기간에 공자는 갖가지 고난과 박해를 경험하기도 했다. 68세 무렵 다시 노나라로 돌아왔고, 73세로 세상을 떠날 때까지 유교경전의 편찬과 후진 양성에 힘을 쏟았다.

취푸에는 그의 흔적이 남아 있는 공묘(孔庙)·공부(孔府)·공림(孔林)이 있다. 공묘는 공자 사후 그가 강학하던 터에 지어진 사당이다. 공부는 공자의 후손이 대대로 살던 공자의 종가이며, 공림은 공자와 그의 후손들이 묻혀 있는 가족 묘지이다. 이 유적을 관람하려면 인민폐 150위안을 내야 한다. 다만 입구에서 『논어』를 다섯 구절 외우면 '영예증서'를 받고 무료로 들어갈 수 있다. 성조는 틀려도 되지만 중국어로 비슷하게는 해야 한다.

맹자 역시 산둥 출신인데, 취푸에서 20km 남짓 떨어진 쩌우청(邹城 Zōuchéng)이 그의 고향이다. 공자가 죽고 100여 년 후 태어난 맹자는 어려서부터 공자를 존숭했다. 공자 사상을 이어받기를 자임했고 팔십 평생 공자의 뒤를 잇고자 노력했다.

맹자는 성선설로 유명하여 우리나라 사람들에게도 매우 친숙하다. 한국인의 기질은 맹자의 기상과 매우 닮아서 유학자들은 『맹자』를 즐겨 읽었을 뿐만 아니라, 『논어』에 버금가는 경전으로 매우 존숭했다. 쩌우청에는 취푸의 공자 유적과 마찬가지로 맹자의 유적이 남아 있는데, 적지 않은 한국인이 일부러 그곳을 찾아 맹자 사당을 참배하곤 한다. 한국인의 맹자 사랑을 엿볼 수 있는 대목이다. **TIP**

공자와 맹자

봉건제도로 대표되는 전통적 질서가 해체되고 새로운 질서 구축이 절실하던 시대에 부국강병과 패도의 정치사상이 아닌 인본주의적 질서를 모색한 사상가가 바로 공자와 맹자이다. 공자는 제자들에게 도덕적 인격을 갖춘 군자(君子)가 되라고 설파하며 진정한 사람다움인 '인(仁)'을 체득하고 실천할 것을 주장했다. 인(仁)은 멀리 있는 것이 아니라 일상에서 실천으로 구현되는 것이다. 즉, 가정에서는 효도하고 서로 친애하며(孝悌), 밖에 나가서는 자신의 진실한 마음을 다하여 상호 배려하는 충서(忠恕)를 실천하는 것이다. 군자는 이와 같이 학문과 일상 생활에서 수양해 인격을 확립하고 이를 바탕으로 사회에 공헌하는 수

공자   맹자

기치인(修己治人)의 인간을 의미한다. 공자는 진정한 군자들이 지도자가 되어 국가를 이끌어갈 때 국가의 안정과 천하의 평화를 구현할 수 있다고 믿었다. 공자 사상을 계승한 맹자는 군자의 덕치가 성공할 수 있는 근거로 성선설을 제시하였다. 사람은 누구나 선한 본성을 천부적으로 가지고 태어났기 때문에 악이 아닌 선에 공감·감동한다는 것이다. 맹자는 법과 규율로 백성을 규제하는 것이 아니라 백성의 도덕적 자발성을 발휘할 수 있도록 하는 것이 올바른 정치라고 보았다. 국가 간에도 힘겨루기의 패도정치가 아닌, 덕성에 기반한 왕도정치를 실행할 때 비로소 천하는 안정된다고 주장했다. 이러한 공자와 맹자의 사상은 당시에는 비현실적인 이상주의로 치부되어 위정자들에게 받아들여지지 않았으나 한대 이후 중국과 우리나라의 근본적 정치이념이자 철학·문화로 자리 잡았다.

맹자와 함께 고대 중국을 대표하는 유학자로 순자(荀子)가 있다. 순자는 지금의 허베이성에 해당하는 조(赵)나라 출신이다. 제나라의 직하에 유학했고 제나라와 초나라를 오가며 벼슬을 했다. 만년을 란링(兰陵)에서 보내고 거기에 묻혔다. 그의 묘와 사당은 현재 린이시(临沂市) 란링현(兰陵县)에 있다.

④ 도교의 본산이자 맥주의 도시 칭다오

베이징, 상하이 등 중국을 대표하는 대도시 못지않게 한국인에게 이름이 친숙한 도시 중 하나가 '칭다오'일 것이다. 나무가 많고 사시사철 푸르러 '푸른 섬'이라는 뜻의 칭다오(青岛 Qīngdǎo)로 불린다. 칭다오는 중국 도교의 발상지로 유명하지만 영화·비즈니스·관광·휴양의 도시라는 현대성이 공존한다. 중국에서 가장 행복한 도시로 꼽히며 동방의 스위스라는 별칭도 가지고 있다. 칭다오는 무엇보다 맥주로 유명하다.[04]

반도 끝에 위치한 칭다오는 고대부터 중국 북방 연안의 가장 중요한 교통과 무역의 중심지였으나 1879년 독일이 침략하자 식민지로 전락했다. 독일은 자국민의 수요를 충족하기 위해 영국과 합작하여 맥주 공장을 설립했는데, 그것이 오늘날 세계적으로 유명한 칭다오맥주의 효시가 되었다. 칭다오의 감미로운 광천수와 세계 최고의 맥주 양조법이 만나 만들어진 것이 칭다오맥주이다. 칭다오맥주는 현재 중국에서 가장 보편적이고 인기 있을 뿐만 아니라 세계적으로도 유명하다. 칭다오의 맥주박물관에 가면 맥주의 역사를 속속들이 이해하고 갓 만들어진 칭다오맥주를 맛볼 수 있다.

칭다오맥주와 맥주박물관

---

04 중국의 4대 맥주: 통상적으로 중국의 4대 맥주로는 칭다오(青岛), 쉐화(雪花), 옌징(燕京), 하얼빈(哈尔滨)을 든다.

칭다오맥주의 주요 수원은 시내에서 동쪽으로 40km 떨어진 라오산(崂山)에 있다. 라오산은 해발 1,132.7m로 타이산보다는 낮지만 중국 해안선에서는 최고봉으로 '해상의 제일명산'이라고 불린다. 현지에는 예부터 "타이산이 구름처럼 높지만 동해

라오산의 깨끗한 수원

의 라오산만 못하다(泰山虽云高、不如东海崂)"라는 말이 있다. 라오산은 도교의 은거지로 유명하다. 신선이 사는 곳으로 알려져 있으며, 진시황도 불로초를 얻기 위해 이곳에 사절단을 보냈을 정도다. 춘추전국시대부터 수많은 방사와 무당이 라오산에서 수련했다. 원·명시대에 절정에 달했고 청대에도 쇠퇴하지 않았다. 태청궁·상청궁·명하동·태평궁·통진궁 등 수많은 도교사원이 남아 있다.

독일 점령지였던 칭다오에는 유럽풍 건물이 상당수 남아 있다. 해안을 따라 독일식 가옥과 성당, 별장 등이 독특한 풍경을 이룬다. 한국인이 가장 많이 사는 칭다오에는 9,000개가 넘는 한국 기업이 진출해 있다.

⑤ 한반도 닭 울음소리가 들리는 곳 옌타이와 웨이하이

최근 우리나라 중식당에서 흔히 볼 수 있는 대표적 고량주 옌타이구냥(烟台古酿)의 생산지가 바로 산둥성 옌타이시다. 옌타이(烟台 Yāntái)는 산둥반도 동쪽에 있으며, 북쪽으로는 황해(黃海)에 인접한 자오둥연해(胶东沿海)의 항구개발 중심도시이다. 옌타이라는 말은 명나라 때 왜구의 침입을 알리는 봉수대, 즉 연대(烟台)를 지금의 옌타이산에 설치했던 데서 유래했다.

옌타이는 원래는 작은 어촌이었으나 청나라 말기부터 산둥성의 주요 상업항으로 발전했다. 1858년 톈

옌타이구냥과 장위 포도주

진조약으로 개항되었다가 1876년 영국과의 즈푸조약(芝罘条约)으로 반환되었으며, 이후 근대 공업의 발상지 중 하나로 성장했다. 1892년 장위냥주궁쓰(张裕酿酒公司)가 설립되었는데, 이는 중국에서 맨 처음 창업한 현대식 공장이다. 사실 중국에서는 옌타이를 대표하는 술로 옌타이구냥보다 장위(张裕)의 포도주가 더 유명하다. 중국인에게 칭다오가 맥주의 도시라면 옌타이는 와인의 도시다. **TIP**

『사기』 「진시황본기」에는 "바다에 삼선산(三仙山)이 있는데 봉래(蓬莱), 방장(方丈), 영주(瀛洲)라고 한다. 거기

TIP

옌타이구냥과 한국의 화교

"바다가 닿는 곳에는 화교가 있다"는 말이 있을 정도로 화교는 세계 곳곳에 분포한다. 우리나라는 중국과 지리적·문화적으로 밀접한 관계여서 입국과 정착이 쉬운 편이다. 초기 화교의 주된 입국 통로는 인천 - 옌타이의 뱃길이었다. 한국에 정착한 화교의 90%가 산둥 사람일 수밖에 없는 이유이다. 그들은 옌타이에서 술을 구입하여 배에 몸을 실었으며, 자신들이 세운 상점이나 음식점에서 그 술을 팔기 시작했다. 이렇게 해서 중국에서는 그다지 유명하지 않은 술 옌타이구냥을 한국의 중화요리점에서는 쉽게 만나게 된 것이다.

에는 신선이 살고 있다"라고 했다. 진시황과 한 무제가 불로불사약을 구하기 위하여 동남동녀 수천 명을 이곳에 보냈다고 한다. 이 전설의 이름을 딴 펑라이(蓬莱)가 옌타이에 있다. 펑라이는 본래 옌타이시 북부에 위치한 현급시였는데 지금은 옌타이시의 구로 통합되었다. 이곳에는 중국 고대 4대 누각의 하나인 펑라이거(蓬莱阁)가 있다. 송나라 인종(仁宗) 때인 가우 6년(1061)에 지어진 펑라이거 본관은 신비한 풍광 때문에 '인간 세상의 신선세계(人间仙境)'라 불렸다. 펑라이거 아래에 있는 셴런차오(仙人桥)는 신선 여덟 명이 바다를 건넜다고 하는 팔선과해(八仙过海)의 장소로 알려졌다.

팔선과해

웨이하이(威海 Wēihǎi)는 산둥반도 동쪽 끝에 있는 항구도시 겸 관광도시로 황해와 접하고 있다. 명대 초 왜구를 방어하기 위한 위소(卫所)를 설치하면서 이곳을 웨이하이 웨이(威海卫 위해위)라고 부르기 시작했다. 웨이하이는 '영해에서 위세를 떨친다(威震海疆)'는 뜻이다. 랴오둥(辽东)반도의 뤼순(旅顺)과 마주 보는 보하이만 입구이며, 중국 내에서 한국과 거리가 가장 가까운 도시다. 인천과 거리가 340km로 서울에서 부산까지 거리보다 가깝다. 온대 계절풍 기후에 속하며, 도시의 북쪽, 동쪽, 남쪽이 황해와 맞닿아 있는 부동항(不冻港)이다. 일찍이 청나라 북양함대(北洋舰队)의 근거지였지만, 1895년 청일전쟁 때 일본군에 점령당했다. 1898년 영국의 조차지가 되었다가 1930년 중화민

국으로 반환되었다. 한국과 지리적으로 가까워 많은 교류가 오가고 있다.

산둥음식 루차이

중국 8대 요리의 하나로 꼽히는 산둥성의 음식은 산둥성의 약칭 루(魯)를 사용해 루차이(魯菜)라고 한다. 황허강 하류에 위치한 산둥 지역은 예부터 중원의 농촌 지대와 황해의 어촌 지역에서 곡식, 채소, 육류, 버섯, 해산물 등 다양하고 풍부한 식재료가 공급되었다. 다양한 식재료와 조리법이 발달한 루차이는 명·청시기에는 베이징 황궁 궁중요리의 중심이 되었으며, 공자의 예절과 음식에 관한 사상의 영향으로 식사 예절 문화도 요리법과 함께 발전했다. 루차이는 음식뿐만 아니라 음식 이름, 음식을 담아내는 그릇, 상차림, 식사 예절에 이르기까지 세심한 주의를 기울인다. 루차이는 바삭하면서 부드럽고 재료 고유의 맛과 형태를 잘 살린 짭짤한 맛이 그 특징이다. 불의 세기를 잘 이용하는 조리법이 발달했으며, 투명한 국물(清汤)과 희고 향기로운 우유 수프(奶汤)를 이용한 국물 요리도 일품이다.

루차이는 지역별로 다른 특징을 나타내는데 크게 세 지역으로 구분된다. 지난(济南)요리는 탕요리가 유명하고, 육류와 민물생선 등의 식재료를 루차이의 대표 조리법인 바오(爆, 화력이 강한 불로 재빨리 볶아 내는 것), 파(扒, 약한 불에 오래도록 푹 삶는 것) 등의 기법으로 조리해 진한 맛을 낸다. 자오둥(胶东)요리는 해산물 요리가 주를 이루며, 해산물 본연의 맛을 살리기 위해 간단한 조리법에 최소한의 조미료만 사용해 맛이 담백하다. 쿵푸(孔府)요리는 공자 가문을 중심으로 형성된 유교식 음식을 말하는데, 공자에게 제사드리는 음식을 만들기 위한 독창적인 조리법이 발달했다. 공자에게 드리는 제사에는 황제와 고위 귀족들이 참여하는 경우가 많았기 때문에 음식뿐만 아니라 음식을 담는 식기와 상차림 그리고 식사 예절 또한 매우 발달했다.

지난요리 탕추황허리위
(糖醋黄河鲤鱼)

자오둥요리 러우머하이선
(肉末海参)

쿵푸요리 바셴궈하이나오뤄한
(八仙过海闹罗汉)

98

공자의 동상

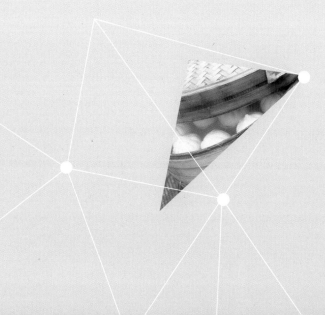

Chapter

06

중화민족과
황허문명의 발상지

허난성(河南省 Hénánshěng 하남성) 과 샤안시성(陝西省 Shǎnxīshěng 섬서성)은 황허문명의 중심이자 중화민족의 뿌리가 내린 곳이다. 6,000여 년 전의 양사오(仰韶 앙소)문화와 룽산(龙山 용산)문화가 모두 이 지역에서 발원하였다. TIP 황제(黄帝)와 염제(炎帝)가 중화민족을 결속하여 이곳에 자리 잡은 후 하·은·주·진(秦)을 거쳐 한나라에 이르기까지 한족의 기원을 연곳이기도 하다. 게다가 중국의 8대 고도 중 시안, 뤄양, 안양, 카이펑, 정저우 5개 도시가 이 두 성에 있어 명실상부한 중국 역사·문화·문명의 성지라 할 수 있다.

TIP

양사오문화와 룽산문화

양사오문화는 기원전 5000년에서 기원전 3000년에 형성된 것으로 추정되며, 중국 황허 중류 지역의 대표적인 신석기시대 문화이다. 허난성 양사오촌에서 처음 유적이 발견되었기 때문에 그 이름을 붙여 부르게 되었으며, 반파유적지로 대표된다. 농경과 가축 사육의 흔적이 보이고, 곡물의 수확과 가공을 위한 도구와 토기가 발굴되었으며, 토기에는 문자의 기원으로 추정할 만한 부호가 27종 새겨져 있다. 채색도기를 사용하였고, 모계사회를 형성하고 있었다.

양사오문화의 채색도기

룽산문화는 기원전 2500년에서 기원전 2000년에 형성되었으며 신석기 후기 문화를 대표한다. 산둥성 장구현(章丘縣) 룽산진(龍山鎭)에서 발견되어 룽산이라는 이름이 붙여졌으며, 흑도문화와 부계사회를 형성하고 있었다.

룽산문화의 흑색도기

① 중원으로 불린 허난

허난(河南)은 '황허의 남쪽'이라는 말로 황허 중하류 이남에 있어 붙여진 명칭이다. 약칭은 '위(豫 Yù)'이며 성도는 정저우(郑州)이다. '위(豫)'라는 명칭의 기원에는 두 가지 설이 있다. 하나는 『상서(尚书)』「우공(禹贡)」편에 보이는 것으로, 우임금이 치수에 성공한 후 천하에 9주를 두었는데 그 가운데 중앙에 있는 것이 현재 허난성이 위치한 예주(豫州)이기 때문에 '예'라고 불렀다는 설이다. 또 하나는 고대의 황허 중하류 지역에 야생 코끼리가 많았기 때문에 사람이 코끼리를 끌고 가는 모습을 상형한 '예(豫)'자가 허난 지역의 약칭이 되었다는 설이다.

허난은 샤안시와 더불어 대표적인 중국 고대문명 발상지이다. 황허문명의 문화유적 가운데 가장 이르다고 할 수 있는 7,000~8,000년 전 신석기 문화인 페이리강(裴李岗 Péilǐgǎng)문화가 바로 허난성 신정(新郑)에서 태동하였다. 그뿐만 아니라 역사적으로 20여 개 정통왕조가 뤄양, 카이펑, 안양 등에 도읍하였다.

허난은 중국을 대표하는 중원(中原)문화의 뿌리이기도 하다. 한자의 기원이라 할 갑골문(甲骨文)이 은나라 수도였던 은허(殷墟), 즉 지금의 안양현에서 발굴되었다. 중국의 주요 성씨 300개 가운데 171개가 허난에 뿌리를 두고 있다. 또한 사상적인 면에서 춘추 전국시기 도가, 묵가, 법가, 명가, 종횡가 등 이른바 백가쟁명의 주요 진지이기도 하다.

허난성은 서고동저 지형으로, 서쪽으로는 푸뉴산(伏牛山 복우산)이 샤안시성과 경계를 이루고, 남쪽으로는 퉁바이산(桐柏山 동백산)과 다볘산(大別山 대별산)이 후베이성과 경계를 이루고 있다. 황허강이 허난성 북부를 가로지르며 창장강, 화이허(淮河 회하)강, 하이허(海河 해하)강이 지대가 높은 서쪽과 남쪽과 북쪽에서 흘러들어와 허난성의 절반 이상을 차지하는 동쪽의 평원을 적셔준다.

허난성

(1) 왕들이 사랑했던 천년고도 뤄양

뤄양(洛阳)은 장안과 쌍벽을 이루는 천년고도이다. 장안이 대립과 긴장이 늘 함께한 정치적 거점이었다면 뤄양은 식량과 물자가 풍부한 경제 도시였다. 장안은 관중(关中)평원에서 곡물을 조달하였으나 좁은 경지면적과 잦은 가뭄으로 공급이 원활하지 못했다. 쓰촨과 뤄양 등지에서 식량을 운반해야 했지만 험준한 산지와 물길에 막혀 그마저도 여의치 않았다. 장안 인구가 점점 불어나면서 잦은 기근에 허덕이게 되자 왕들은 풍부한 식량과 물자를 찾아 동쪽의 뤄양으로 움직였다. 뤄양은 천혜의 자연환경으로 역대 왕들의 사랑을 받아 장안을 대체하는 수도가 되었다. 수나라와 당나라 때는 운하가 개통되어 강남의 풍부한 물산이 모이는 집산지로 번영을 이루었다. 수양제는 아예 뤄양으로 수도를 옮겼고, 당나라 고종은 뤄양을 동도(东都)라 하여 제2의 수도로 지정하고 태자에게 장안을 맡겨둔 채 일곱 차례나 머물렀으며, 측천무후는 뤄양에서 집무를 보기도 했다.

① 13개 왕조의 도읍

뤄양은 무려 13개 왕조가 1,586년간 수도로 삼은 곳이며, 9개 주요 왕조가 도읍하여 9조고도(九朝古都)라고도 불린다. 기원전 11세기에 주나라 성왕(成王)이 지금의 뤄양 땅에 동방경영의 기지로 낙읍(洛邑)을 축성했다. 기원전 770년 주나라가 호경에서 낙읍으로 천도하여 동주(东周)시대를 열면서 낙읍은 번영을 이루기 시작했다. 이후에도 후한(后汉), 삼국시대의 위, 서진(西晋), 북위(北魏), 수, 당(唐 동도), 후량(后梁), 후당(后唐) 등이 뤄양을 수도로 삼았다. 후한시대에 '낙수(洛水)의 북쪽'이라는 의미의 낙양(洛阳)으로 개칭했다. 수나라가 중국을 통일할 당시 북위의 수도였던 낙양성이 병란으로 황폐해지자 수 양제가 낙양성 서쪽 15km 지점에 새로운 낙양성을 건설하고 수도로 삼았다. 이것이 현재 뤄양의 전신이다.

② 천하의 중심 중국

현재 '중국'이라는 말은 주로 국명으로만 사용된다. 하지만 고대의 '중국'은 그 의미와 쓰임이 현재와 크게 달랐다. 고대의 '중국'은 '국중(国中)', 즉 '나라의 중앙'이라는 의미로 사용되었다. '중국'이라는 단어의 최초 기록은 주나라 성왕이 낙읍을 건설한 것과 관련이 있다. 1963년 샤안시성 바오지(宝鸡)에서 출토된 청동기 내부에는 122개의 글자가 새겨져 있었다. 이것이 바로 이른바 '하준(何尊)' 명문이다. 명문에는 성왕이 낙읍을 건설한 뒤 '하(何)'라는 사람에게 남긴 말이 쓰여 있는데, 문왕이 천명을 받은 일과 무왕이 상나라를 멸망시킨 일을 회고하는 것이 주된 내

하준 명문

용이다. 이 가운데 무왕이 "제가 이 '중국'에 정착해 여기서 백성을 다스리겠습니다"라고 하늘에 고한 부분에서 '중국'이라는 용어가 최초로 등장한다. 그 의미는 당연히 '천하의 중심'으로 바로 뤄양을 두고 말한 것이다. 『사기』「주본기(周本紀)」에도 주공이 낙읍을 건설한 뒤 "이곳은 천하의 중심으로 사방에서 공물을 바치러 오는 거리가 모두 같다"라고 하였는데 역시 낙읍을 천하의 중심으로 인식하였음을 알 수 있다.

③ 잉어가 용이 되는 등용문

뤄양에서 남쪽으로 2km 정도 떨어진 곳에 등용문(登龙门)의 고사로 유명한 룽먼(龙门 Lóngmén)이라는 유적지가 있다. 이곳에서는 동쪽의 샹산(香山)과 서쪽의 룽먼산(龙门山)이 이수이(伊水 Yīshuǐ)강을 끼고 대치하듯 서로 바라보고 있다. 이를 멀리서 보면 이수이강 중류가 마치 천연의 성문처럼 보이기 때문에 룽먼을 '이궐(伊阙)'이라고도 부른다. 전설에 따르면, 우임금이 이궐을 개척할

룽먼

때 이수이강의 물살이 매우 거세었는데, 황허의 멍진(孟津)에서 노닐던 잉어가 이궐의 거센 물살을 거슬러 올라가면 용이 되고, 실패하면 머리에 검은 점이 생겼다고 한다. '등용문', 즉 '용문에 오르다'라는 표현은 바로 이 고사에서 기원했다. 지금은 주로 입신출세의 관문을 비유하는 말로 사용된다.

이수이강 양쪽의 샹산과 룽먼산에는 룽먼스쿠(龙门石窟 Lóngmén Shíkū 용문석굴)가 있다. 룽먼스쿠는 둔황의 모가오쿠, 다퉁의 윈강스쿠와 함께 중국 3대 석굴로 꼽힌다. 북위 때 건축을 시작하여 수·당·송을 거치며 400여 년 동안 만들어졌다. 불상 10만여 개가 있는 2,345개의 크고 작은 동굴이 남북으로 1km 정도 포진하고 있다. 북위 때 석굴이 30%, 당나라 때 석굴이 60%, 기타 왕조의 석굴이 10% 정도 비율로 구성되어 있다. 그중 완포둥(万佛洞 Wànfódòng 만불동)에는 작은 석불 1만 5,000개가 벽면에 새겨져 있는데, 그 모양이나 풍채가 모두 다르다. 펑셴쓰둥(奉先寺洞 Fèngxiānsìdòng 봉선사동)은 룽먼스쿠에서 가장 큰 석굴 사원으로

룽먼스쿠와 펑셴쓰둥

자애로운 얼굴을 한 비로자나불상이 압도적인 자태를 뽐내고 있다. 폭 35m의 석굴에 대불의 높이는 17.4m이며 귀의 길이만 1.9m에 달한다. 중년 여성의 모습을 했는데, 측천무후가 예산을 기부하여 그녀 용모를 조각했다는 설이 있다. 룽먼스쿠는 2000년 유네스코 세계문화유산으로 지정되었다.

④ 최초의 사찰 바이마쓰

뤄양의 바이마쓰(白马寺 Báimǎsì)는 동한시대 불교가 중국에 전파된 후 지어진 최초의 절로 유명하다. 후한 명제(明帝) 때 명제의 사신 채음(蔡愔)의 간청으로 인도의 승려 가섭마등(迦叶摩腾), 축법란(竺法兰) 등이 불상과 경전을 백마에 싣고 뤄양으로 들어왔는데, 이들을 기념하여 이듬해 지은 절을 바이마쓰로 불렀다고 전한다. 이후 송, 원, 명대의 중수(重修)를 거쳐 현재 모습이 되었다.

바이마쓰

⑤ 성씨에 따라 입장료를 받는 라오쥔산

뤄양 롼촨(栾川)현의 라오쥔산(老君山 Lǎojūnshān)은 성씨에 따라 입장료를 달리 받는다. 라오쥔산은 푸뉴산의 주봉으로 해발 2,200m에 달한다. 도교의 성지로 유명한데 도교의 창시자인 노자 이이(李耳)가 이곳에서 은거하며 수련했다고 전해진다. 노자는 득도한 후 신선이 되어 태상노군(太上老君)에 책봉되었는데, 당 태종이 노자의 명칭을 따서 라오쥔산으로 이름을 바꾸었다고 한다.

라오쥔산의 노자문화원에는 노자와 관련된 각종 자료가 전시되어 있다. 그중에서도 높이 59m, 무게 258톤의 대형 노자상이 눈길을 끈

라오쥔산

다. 산 정상에는 북위 때 건설된 타이칭관(太清观)을 비롯
한 도교사원들이 있다. 국가 AAAAA급 관광지이며 세계
지질공원으로 보호받는 라오쥔산은 입장료가 비싼 편인데,
이씨 성과 장씨 성은 무료 관람이 가능하다. 이씨는 노자의
덕을 본 것이고, 장씨는 도교의 한 파벌인 '오두미도(五斗米
道)'를 만든 장릉(张陵)의 공을 기려서라고 한다.

라오쥔산의 노자 동상

(2) 불야성을 이루는 카이펑

카이펑(开封 Kāifēng)은 예부터 변주(汴州), 변량(汴梁), 변경(汴京) 등
으로 불렸으며, 현재는 '볜(汴 Biàn)'으로 약칭한다. 춘추전국시대 위나
라를 시작으로 오대십국의 양(梁), 진(晋), 한(汉), 주(周) 및 북송과 금
(金)이 카이펑을 수도로 삼았다. 수·당 때에는 강남 개발의 전초기지
역할을 했다. 카이펑에는 드라마 '판관 포청천(包青天)'으로 잘 알려진
포증(包拯)을 기리는 바오궁츠(包公祠 Bāogōngcí)도 있다.

바오궁츠

카이펑은 볜허(汴河 biànhé)강이 대운하인 통제거(通济渠)를 통해 강남 지역과 연결
되면서 수운의 중심도시가 되어 상업이 크게 발달했다. 송나라 때 카이펑에 도읍을 정
하면서 볜허강의 물을 성내로 끌어들여 북방의 수상 도시
로 발전했다. 3중의 성벽으로 둘러싸인 시가지가 형성되었으
며, 북송 후기에는 인구가 100만에 이르는 대도시가 되었다.
당시 번화한 도시 모습은 장택단(张择端)의 〈청명상하도(清
明上河图)〉나 맹원로(孟元老)의 『동경몽화록(东京梦华录)』으
로 잘 알려져 있다. "밤에도 대낮같이 밝은 곳"이라는 의미의
'불야성(不夜城)'이라는 말은 바로 이 시기 카이펑 재래시장의
풍경에서 유래했다. 세계 최초의 24시간 영업 개념을 선보인
셈이다.

〈청명상하도〉

『동경몽화록』

불야성의 번영을 구가했던 카이펑은 북송 흠종(钦宗) 정강
(靖康) 연간에 역사상 가장 비참한 굴욕을 맞이한다. 여진족

의 금나라 군대가 카이펑을 습격하여 성을 함락시키고 휘종(徽宗)과 흠종 부자(父子) 황제를 사로잡아 북송이 멸망하게 된 이른바 '정강의 변(靖康之恥)'이라는 사건이 일어난다. 금나라 군대가 카이펑을 포위하자 휘종과 흠종은 목숨을 연명하기 위해 만 명이 넘는 궁중, 종실, 경성의 부녀를 인질로 보내고 1인당 가격까지 명시하며 치욕적인 협상을 진행했다. 하지만 결국 휘종과 흠종은 처첩, 자식, 며느리, 궁인을 이끌고 황성에서 끌려 나와 압송된다. 이 사건을 계기로 카이펑은 역사의 뒤안길로 사라졌으며, 흠종의 아우 강왕이 즉위하여 임안(臨安, 지금의 항저우)을 수도로 하는 남송시대가 시작된다.

(3) 갑골문이 출토된 안양

은허박물원

우리가 지금 사용하는 한자의 기원은 기원전 1300년경의 갑골문(甲骨文)이다. 갑골문은 세계에서 오래된 문자 가운데 유일하게 현재까지 사용하는 문자체계로 허난성 안양(安阳 Ānyáng)현 샤오툰(小屯 Xiǎotún)촌에서 처음 발견되었다. 갑골문을 비롯하여 다수의 청동기와 도성 건축 유적들이 함께 발견되어 20세기의 가장 위대한 고고학적 발견으로 손꼽는다. 이러한 발견을 소개하는 은허(殷墟)박물원은 2006년 유네스코 세계문화유산으로 지정되었다. 샤오툰촌은 반경(盘庚)이 천도한 이후 멸망하기까지 상(商)나라 마지막 수도였던 '은(殷)' 지역에 해당한다. 바로 이러한 이유로 상나라는 은나라라고도 불린다.

① 거북이 배에 새긴 문자 갑골문

상나라의 군주와 귀족은 오래된 거북이의 배 껍질에 글자를 조각하여 구운 뒤 갈라진 무늬를 보고 길흉을 결정하였다. 이렇게 거북이 껍질에 새겨넣은 문자

갑골문

를 갑골문이라고 하는데 전쟁, 사냥, 제사, 사령 등의 길흉에 관한 내용이 대부분을 차지하였다. 뤄전위(罗振玉 Luó Zhènyù), 왕궈웨이(王国维 Wáng Guówéi), 둥쭤빈(董作宾 Dǒng Zuòbīn) 등의 연구로 6,000여 자에 달하는 글자 중 2,000여 자를 고증했다. 특히 왕궈웨이는 상나라 왕의 계보를 정확하게 복원하여 선사시대 왕조로 여겨졌던 상나라를 역사시대로 편입하는 데 직접적으로 기여하였다.

② 안양의 유물과 유적

안양은 중국의 8대 고도답게 많은 문화유적이 곳곳에 있다. 갑골문 이외에도 세계 최대 청동기인 사모무방정(司母戊方鼎)이 출토된 곳이기도 하다. 금나라에 맞서 싸운 남송의 명장 악비(岳飞)의 묘가 있고, 안양 교외에는 전설시기 삼황오제의 5제 중 전욱(颛顼), 제곡(帝喾)의 무덤으로 알려진 이제릉(二帝陵)이 있다. 불교 건축물로는 북제(北齐) 때 건설된 샤오난하이스쿠(小南海石窟 소남해석굴)와 오대시기에 세워진 원펑타(文峰塔 문봉탑), 모양이 독특한 슈딩쓰타(修定寺塔 수정사탑), 당나라 때 건설된 밍푸쓰타(明福寺塔 명복사탑)가 있다. 주나라 문왕이 7년간 갇혀 지내며 『주역(周易)』의 64괘를 만들었다는 유리청(羑里城 유리성)도 있다. 그외에도 산과 협곡을 깎아 만든 1,500km의 인공수로인 훙치취(红旗渠 홍기거)는 세계 8대 기적으로 꼽힌다.

사모무방정

이제릉

원펑타

슈딩쓰타

밍푸쓰타

유리청

⑷ 철도가 만든 성도 정저우

정저우는 20세기 초반만 하더라도 정(郑)현이라 불리는 현(县)급 도시에 불과했다. 1949년에 정저우로 개칭된 이후 철로가 개통되고 공업단지가 조성되면서 급속한 발전을 이룩했다. 급기야 1954년 카이펑을 이어 허난의 성도가 되는데 중국 사람들은 정저우를 '철로가 만든 성도'라고 불렀다. 이러한 이미지 때문인지 정저우의 '고도' 이미지는 다소 낯설게 느껴진다. 최근의 고고학적 발굴과 연구로 정저우가 중화민족의 아버지라 할 수 있는 염제와 황제의 활동무대이자 하나라와 상나라의 도읍이었음이 밝혀지면서 2004년 중국의 8대 고도로 편입되었다. 태극도와 팔괘도를 창안했다는 복희씨

황허풍경구 내 염제·황제상

를 비롯하여 하나라 시조이자 치수에 공이 컸던 우임금, 춘추전국시대에 활동했던 관중, 열자, 한비자, 당나라 시성 두보와 백거이, 이상은이 이곳에서 활동하며 자취를 남기기도 했다.

정저우는 '고도'라는 명칭에 걸맞게 수많은

역사유적이 빼어난 자연풍광과 더불어 곳곳에 있는데, 중국의 3대 박물관 중 하나인 허난성박물원은 정저우의 과거와 현재가 잘 보존되어 있다. 국가역사문화명진으로 지정된 향급 행정구 구잉(古荥 고형)진이 있으며, 덩펑(登封 Dēngfēng)시에는 세계지질공원이자 국가급삼림공원(国家级森林公园)인 중악(中岳) 쑹산(嵩山 Sōngshān)과 천하제일 명찰 사오린쓰, 도교사원 중웨먀오(中岳庙 중악묘), 중국 고대 4대 서원의 하나인 쑹양수위안(嵩阳书院 숭양서원) 등이 있는 쑹산풍경명승구(嵩山风景名胜区)가 있다.

① 시대의 보물을 감추고 있는 쑹산

쑹산(嵩山 Sōngshān)은 중국의 오악 가운데 중악(中岳)에 해당한다. 쑹산의 「'천지지중(天地之中)'의 덩펑(登封 Dēngfēng) 역사기념물(Historic Monuments of Dengfeng in 'The Centre of Heaven and Earth')」에는 진한시대부터 청대까지 2,000여 년의 시간을 넘나드는 건축물이 포함되어 있다. 이들 건축물은 모두 유네스코 세계문화유산에 등재되었다. 주공이 태양을 측정해서 24절기를 정했다는 주공측경대(周公測景台), 천문학자 곽수경(郭守敬)이 1276년 건축한 천문대 관싱타이(观星台), 현존 최고의 전탑(砖塔) 쑹웨쓰

주공측경대

타(嵩岳寺塔 숭악사탑), 동한시대에 만들어져 지금까지 남아 있는 진귀한 석궐로 '중악한삼궐(中岳汉三阙)'로 불리는 태실궐(太室阙)·소실궐(少室阙)·계모궐(启母阙), 중웨먀오(中岳庙)와 쑹양수위안(嵩阳书院), 후이산쓰(会善寺)와 사오린쓰 건축군 등 이른바 8처(处), 11항의 역사건축물이 포함되어 있다.

관싱타이

② 중웨먀오와 쑹웨쓰

쑹산은 사오스산(少室山 소실산)과 타이스산(太室山 태실산)으로 나뉘어 있으며 모두 72개 산봉과 3개 첨봉이 있다. 역대 군주들은 중악신(中岳神)에 대한 공양을 매우 중시하여 황제 30여 명과 저명한 문인 150여 명이 이곳을 찾았다는 기록이 전한다. 진(秦)나라 때는 타이스산에 제사를 지내기 위해 타이스츠(太室祠 태실사)가 세워졌다. 북위

때는 타이스츠를 도교사원으로 증축하고 지금의 중웨먀오(中岳庙 중악묘)로 개칭하였다. 중웨먀오는 당 현종 때에 대대적으로 증축해 현재와 같은 모습을 갖추었고, 이후 중국 도교의 성지로 꼽히게 되었다. 타이스산 서쪽 기슭에는 불교의 유명한 성지인 쑹웨쓰(嵩岳寺 송악사)가 있다. 쑹웨쓰는 수·당시대에 북종선(北宗禅)의 중심이었으며, 북위 때 건축된 12각 15층의 쑹웨쓰타는 현존하는 중국 최고(最古) 전탑으로 유명하다.

중웨먀오

쑹웨쓰타

③ 중국 무술의 발원지 사오린쓰

쑹산의 중심에는 선종(禅宗)의 조종이자 중국 무술의 발원지라 할 수 있는 사오린쓰(少林寺 Shàolínsì 소림사)가 있다. 사오스산의 무성한 숲속에 자리해 사오린쓰라 이름하였다. 북위 효문제(孝文帝)가 495년 인도의 발타(跋陀)선사를 기념하기 위해 창건했다고 전해진다. 527년에는 인도 고승 달마선사가 여기서 9년간 면벽(벽을 마주 대하고 하는 좌선 수행) 수련해 중국 선종을 창시한 것으로 유명하다.

왕조가 바뀔 때마다 증축을 거듭하였기 때문에 현재 남아 있는 구조는 대부분 명·청대 것이다. 소림사에서 가장 핵심이 되는 건축물은 상주원(常住院)이다. 남쪽에서 북쪽으로 산문(山门), 천왕전(天王殿), 대웅보전(大雄宝殿), 장격각(藏经阁), 방장원(方丈院), 입설정(立雪亭) 그리고 정교한 벽화 장식으로 유명한 천불전(千佛殿) 등이 차례대로 나열되어 있다. 사오린쓰 서북 방향의 초조(初祖)인 달마선사를 기념하기 위해 만든 초조암(初祖庵)과 당대에서 청대까지 다양한 탑 248개가 숲을 이룬 현존하는 중국 최대 탑림(塔林) 또한 빼놓을 수 없는 볼거리이다.

사오린쓰

사오린쓰 탑림

② 중국인의 최초 활동무대 샤안시

샤안시성

샤안시성(陝西省 Shǎnxīshěng)의 공식 약칭은 '샤안(陝 Shǎn)'이다. 진나라 영토였으므로 '진(秦 Qín)'이라 불리고, 진이 멸망한 뒤에는 항우(項羽)가 진나라를 삼분하였기 때문에 '삼진(三秦)'이라고도 불린다. '샤안'은 주나라 때 '섬(陝)'이라는 지역 명칭을 사용했던 데서 비롯했다. 주나라 무왕의 형제인 주공과 소공(召公)이 섬현(陝縣)을 경계로 봉지를 동서로 나누어 가지면서 섬현 서쪽이라는 뜻의 '섬서'라는 이름을 사용한 데서 유래하였다.

샤안시성은 현재의 중국을 만든 시조들의 활동무대라고 할 수 있다. 80만 년 전 직립보행을 했다고 추정되는 란톈런(藍田人 남전인)과 26만 년 전 초기 호모 사피엔스(Homo sapiens)로 분류되는 다리런(大荔人 대려인)이 이곳을 중심으로 수렵과 채집생활을 하였다. 이후 6,000여 년 전에는 시안의 반포(半坡 반파)를 중심으로 황허문명을 대표하는 양사오(仰韶 Yǎngsháo)문명 시기의 촌락이 형성되었다. 또 5,000여 년 전에는 황제와 염제 세력이 연합하여 중국 역사상 최초의 민족공동체인 화하(华夏)족을 형성한 곳이기도 하다.

샤안시성은 남북으로 긴 지형인데 남북이 높고 중간이 낮다. 북쪽에는 샤안시의 40%를 차지하는 황투(黃土 황토)고원이, 남쪽에는 친링(秦岭 진령)산맥과 다바(大巴 대파)산맥이 가로놓여 있다. 친링산맥에는 유명한 타이바이산(태백산), 화산(华山 화산), 중난산(终南山 종남산), 리산(骊山 려산) 등이 솟아 있다. 중간에는 친링산맥 북부를 흐르는 웨이허(渭河 Wèihé)강에 의해 형성된 충적평원인 관중(关中)평원이 펼쳐져 있다. 바오지(宝鸡 Bǎojī), 퉁촨(铜川 Tóngchuān), 시안, 셴양(咸阳 Xiányáng), 웨이난(渭南 Wèinán) 등 샤안시를 대표하는 도시들이 모두 이 관중평원에 모여 있다. 수리자원 또한 풍부하다. 관중평원의 웨이허강과 북쪽의 뤄허(洛河 Luòhé)강, 징허(泾河 Jīnghé)강이 동서를 가로지르며, 남쪽으로는 창장강 지류인 자링장(嘉陵江 Jiālíngjiāng)강과 한장(汉江 Hànjiāng)강 등이 문명의 젖줄을 이루고 있다.

(1) 격랑의 천년고도 시안

시안(西安 Xī'ān)은 현재 샤안시성의 성도로 약칭은 '하오(镐 Hào)'다. 과거에는 '장안', '경조(京兆)', '호경' 등으로 불렸다. '하오(镐, 현재 시안 두문현 일대)'의 기원은 주나라까지 거슬러 올라간다. 주나라 무왕은 은나라를 멸망시키고 주나라를 건국하면서 풍(丰)에서 호로 도읍을 옮겼다. '하오'는 바로 무왕이 천도한 수도 이름에서 따온 것이다.

시안에는 신석기시대 양사오문화를 대표하는 반포유적지가 있다. 또 역사적으로 가장 많은 서주, 서한(西漢), 서진(西晉), 전조(前趙), 전진(前秦), 후진(後秦), 서위(西魏), 북주(北周), 수, 당 등 10개 이상 왕조가 수도로 삼은 곳으로 유네스코 세계 4대 고도 중 하나로 지정되어 있다. 명실상부한 역사문화 도시 시안은 곳곳에 과거와 현재의 자취가 뒤섞여 있으며, 건물 하나하나마다 당시의 굵직한 역사적 사건이 파노라마처럼 얽혀 있다.

반포유적지

① 살기등등한 파티의 대명사 홍문연

진시황(秦始皇)은 천하를 통일한 후 셴양(咸阳 함양)을 도읍으로 삼았다. 당시 셴양은 지금의 시안 서북부를 모두 포함했다. 따라서 화려함의 대명사로 불리는 진시황의 황궁인 아방궁(阿房官) 그리고 진시황릉과 병마용(兵马俑)이 모두 현재 시안 경내에 있다. **TIP** 병마용과 진시황릉이 있는 리산(骊山)은 시안 린퉁(临潼)현에 위치한다. 항우가 천하를 통일하기 위해 유방(刘邦)을 해치려고 했다는 홍문연(鸿门宴) 고사의 홍문이 바로 이곳이다.

진나라 말기에 봉기한 항량(项梁)은 항우와 유방에게 병사를 나누어 진나라를 치게 하고, 진나라 수도 셴양을 먼저 점령하는 자에게 관중왕 자리를 내리겠다고 약속했다. 유방이 먼저 함곡관(函谷关)에 도착해 관중을 지배하자 항우는 총력을 기울여 단번에 함곡관을 돌파하고 홍문에 진을 쳤다. 곤궁에 처한 유방은 장량(张良)의 친구 항백(项伯)의 중재로 항우에게 사과하는 형식으로 회견(会见)을 하는데, 이것이 역사적으로 유명한 홍문연이다. 본래 유방을 죽일 계획이었지만 항우의 우유부단함과 번쾌(樊哙)의 활약으로 유방은 위기를 모면할 수 있었다. 항우는 군사를 셴양으로 진군시켜 진왕(秦王) 자영(子婴)을 죽이고 시황제의 능을 파헤쳐 금은보화를 약탈한 뒤 아방궁에 불을 질렀다. 그 불은 3개월에 걸쳐 계속 타올랐으며, 이로써 도읍이었던 셴양은 옛날 모습을 찾아볼 수 없을 정도로 철저하게 파괴되었다. 초한전의 포문을 연 홍문연에서 위기를 모면한 유방은 가는 곳마다 민심을 얻어 결국 항우를 패하(坝下)에서 물리치고 한(汉)나라를 건국했다.

병마용과 진시황릉

② 수도의 대명사 장안

동아시아에서 '장안(長安)'이라는 말은 수도를 가리키는 대명사이다. 중국 역대 왕조의 수도였던 장안은 바로 지금의 시안을 말한다. 초한전에서 승리를 거둔 한 고조 유방은 기원전 202년 지금의 시안인 장안을 수도로 삼아 한 왕조를 건국한다. 장안은 '오래도록 평안함'을 의미한다. 장안은 이후 수나라와 당나라 때까지도 계속 수도 자리를 유지하면서 '한 나라의 수도' 또는 '한 나라 전체'를 지칭하는 단어로 사용되었고 대도시의 대명사가 되었다. 한 고조 유방은 장안에 정치의 중심이자 국가의 상징인 미앙궁(未央宮)을 지어 한제국 200여 년의 서막을 열었다. 미앙궁은 당나라 말기 전란으로 전소되기 전까지 중국 역사상 가장 오랜 시간 황궁으로 사용되었으며, 역대 황궁 건축의 기본 틀이 되었다.

장안은 당나라 때 인구 100만이 넘는 거대 도시로 발전한다. 당시 장안은 중앙아시아, 페르시아제국, 아라비아에서 온 무슬림뿐 아니라 크리스천도 함께 거주하는 명실상부한 국제도시였다. 비단길의 개통으로 장안은 동방 문명의 중심이 되어 서쪽에 로마가 있다면 동쪽에 장안이 있다는 말이 생겨났다.

③ 실크로드의 출발지

장건은 한 무제의 명을 받아 13년간 서역을 다니며 당시까지 미지의 땅이었던 중앙아시아와 서부아시아 곳곳에 한나라의 영향력을 알리는 데 중요한 역할을 했다. 장건의 여행은 본래 흉노의 침공에 대비해 서역의 나라들과 정치적·외교적 동맹을 맺는 것이 주된 목적이었으나 그 성과는 사실 미미했다. 오히려 훗날 실크로드라 불리는 동서양의 상업적·문화적 교류를 위한 초석을 마련했다는 점에서 큰 의의를 찾을 수 있다.

한 무제는 장건이 수집해온 자료로 서역의 풍토와 산물에 대해 아주 흥미로운 관심을 보였다. 무엇보다도 대월지(大月氏), 강거(康居), 오손(烏孫) 등 군사력이 강한 유목민족들을 흡수해 한나라를 세계 강국으로 끌어올리고자 했다. 한 무제는 기원전 60년 흉노를 굴복시키면서 서역을 완전히 손에 넣는다. 이때부터 중국의 비단은 본격적으로 로마까지 팔려나갔다. 실크로드를 통해 기린과 사자와 같은 진귀한 동물을 비롯하여 호마(胡馬 서역의 말), 호두, 후추, 호마(胡麻 깨) 등의 물산과 유리를 만드는 기술 등이 중국으로 전해졌다. 중국에서는 비단, 칠기, 도자기 같은 물품과 양잠, 화약, 종이 등이 서역으로 건너갔다. 시안은 바로 실크로드의 동쪽 종점이었다. 장건이 서역을 개척한 이래 중국의 역대 왕조는 중앙아시아 및 서아시아 여러 나라와 빈번하게 교류했다는 점에서 실크로드는 상업적 측면에서뿐만 아니라 동서문화의 교류 측면에서도 역사적으로 큰 의의를 지니고 있다.

④ 러브스토리와 역사적 사변의 무대 화칭츠

화칭츠(华清池 화청지)는 43도의 뜨거운 물이 나오는 온천으로, 주나라 때부터 역대 황제들이 즐겨 찾은 보양지였다. 이곳에서 사랑을 맺은 당 현종과 양귀비 **TIP** 의 로맨스는 1,000여 년이 지난 지금까지도 각종 문학작품과 영화의 주요 소재로 사용될 만큼 중국 역사상 가장 대표적인 러브스토리로 손꼽힌다. 당 현종 이융기(李隆基)는 당나라 6대 황제로 당나라 제2의 전성기인 '개원의 치(开元之治)'를 열었지만 양귀비(杨贵妃)를 만나면서 제국의 몰락을 촉진한 황제이기도 하다. 당 현종은 양귀비를 위해 화칭츠를 대대적으로 보수했는데, 지금 남아 있

TIP

양귀비

이름은 양옥환(杨玉环). 현종의 18남 수왕(寿王) 이모(李瑁)의 비(妃)로 현종의 며느리였다. 현종의 무혜비(武惠妃)가 죽자 현종은 양옥환을 권력으로 차지하고 귀비로 책봉한다. 안녹산의 난 때 쓰촨으로 피난 가던 길에 경호대가 반란을 일으키자 현종은 이를 무마하기 위해 양귀비를 사사(賜死)하였다. 양귀비와 현종의 이야기는 당대 백거이(白居易)의 장편시 「장한가(长恨歌)」와 원대 백박(白朴)의 희곡 「오동우(梧桐雨)」를 통해 지금도 아름다운 로맨스로 전해진다.

는 화칭츠 모습에서 양귀비에 대한 그의 애정을 느낄 수 있다. 계단 두 개가 인상적인 해당탕(海堂汤)과 화칭츠 중앙에 자리 잡은 양귀비 동상 그리고 양귀비가 목욕한 후 머리를 말릴 수 있도록 2층 높이의 누각 양발전(养发殿)을 만들었다. 석류를 좋아하는

화칭궁

화칭츠

해당탕

양귀비가 매일 석류를 따 먹을 수 있도록 곳곳에 석류나무를 심어놓기도 했다. 하지만 현종이 양귀비에게 빠져 사는 동안 모든 권력은 양국충(楊国忠)을 비롯한 외척에게 넘어갔고, 안녹산(安禄山)의 난이 일어나면서 이들의 로맨스는 비극으로 끝나고 말았다.

현종과 양귀비의 비극적 로맨스가 막을 내리고 1,200여 년이 지난 뒤 화칭츠에서는 중국의 현대사를 바꾸어놓는 역사적 사건이 일어났는데 그것이 바로 시안사변이다. 1931년 만주사변을 빌미로 일본의 침략이 가속화하자 국민당과 공산당은 확연히 다른 노선을 지향했다. 장제스(蔣介石 Jiǎng Jièshí)를 중심으로 한 국민당은 '양외필선안내(攘外必先安内, 밖을 막으려면 안을 먼저 안정시켜야 한다)' 정책을 고집하면서 공산당을 박멸하는 데 혈안이 되어 있었다. 반면 마오쩌둥을 중심으로 한 공산당은 '항일민족통일전선공작'을 펴며 일본 침략자를 물리치자는 기치를 올렸다.

1936년 10월 장제스는 동북 군벌 장쉐량(張学良)과 서북 군벌 양후청(楊虎城)이 공산당의 홍군 토벌에 힘쓸 것을 독려하기 위해 시안에 도착하여 화칭츠에서 묵었다. 장쉐량과 양후청은 장제스에게 공산당과 연합하여 항일할 것을 권유했지만 거부하자 결국 장제스를 체포하기에 이른다. 이 사건을 계기로 제2차 국공합작이 결성되고 항일투쟁의 전환점을 맞게 된다. 이렇듯 화칭츠에는 당 현종과 양귀비의 로맨스와 함께 장제스를 체포하기 위한 총성의 여운도 남아 있다.

⑤ 과거와 현재가 공존하는 시안

다탕부예청(大唐不夜城 Dàtáng búyèchéng, 당나라의 불야성)은 다양한 조각상으로 꾸며놓은 아시아 최대 규모의 조각 거리다. 폭 500m에 남북으로 2.1km에 달하는 엄청난 규모와 화려함을 자랑한다. 당대(唐代)의 문화와 역사, 건축에 현대의 최첨단 기술을 응용한 형형색색의 조명을 덧입혀 과거와 현재가

다탕부예청

공존한다는 평가를 받는다. 이곳에는 옌타(雁塔 안탑)북광장, 쉬안짱(玄奘 현장)광장, 전관(贞观 정관)광장, 창링신스다이(创领新时代)광장 등 4대 광장과 시안음악청(西安音乐

厅), 샤안시대극원(陝西大剧院), 시안미술관(西安美术馆), 취장타이핑양극장(曲江太平洋电影城) 등 4대 문화공간이 있다. 그리고 세계 각국에서 온 사신들이 조회하는 모습, 측천무후(則天武后)의 자태, 당대 48가지 중요한 사건과 인물을 양각으로 새겨놓은 24개 원형 기둥, 다탕부예청의 상징적 표지라 할 수 있

정관기념비

는 정관(贞观)기념비 등이 있다. 정관기념비는 당태종 이세민(李世民)이 말을 타는 모습과 주위 군속의 조형물이 웅장하게 배치되어 당시 성세를 잘 상징한다.

휘황찬란한 조명으로 수놓은 당나라의 궁궐 아래에는 대형 쇼핑센터의 조명과 수많은 인파, 바닥 피아노, 크고 작은 포장마차가 가득하며 버스킹, 마술쇼, 댄스 동호회의 공연 등 곳곳에 불야성의 활력이 넘친다. 다탕부예청과 도로를 사이에 두고 북쪽으로는 다옌타(大雁塔 대안탑)와 쉬안짱(玄奘 현장)법사의 동상이 있는 다옌타광장과 츠언쓰(慈恩寺 자은사)가 있다. 다옌타는 589년 처음 창건되어 현재까지 시안을 대표하는 가장 상징적인 건축물로 손꼽힌다. 『서유기』에 등장하는 쉬안짱법사가 이곳에서 불경을 번역했다고 한다.

다옌타와 샤오옌타

다옌타는 652년 당나라 고승 삼장법사 쉬안짱(玄奘 현장)이 인도에서 귀국할 때 가지고 온 경전이나 불상 등을 보존하기 위해 고종에게 요청하여 건립한 탑이다. 높이는 7층 64m로 현재 시안시 동남 교외에 있는 츠언쓰(慈恩寺) 경내에 세워져 있다. 처음에 5층이었던 탑은 이후 10층까지 증축되었지만 지금은 7층만 남았다. 지금도 최상층까지 오르는 것이 가능하며 입장료를 따로 받는다. 츠언쓰는 당 고종이 어려서 여읜 어머니 문덕황후를 기리기 위해 648년에 건립했다.

샤오옌타는 707년 고종의 아들 예종이 아버지를 공양하기 위해 세운 젠푸쓰(荐福寺) 경내에 있는 탑이다. 원래 높이는 15층이었으나 1556년 샤안시 대지진 때 훼손되어 현재는 13층 높이의 탑으로 남아 있다. 의정(义净)이 인도에서 많은 경전을 가져와 이곳에서 56부 230권을 번역했다고 알려져 있다. 다옌타와 상반된 모습인 샤오옌타는 처마 간격이 좁은 밀첨식으로 지어졌다. 내부는 좁고 가파르지만 나름의 멋을 느낄 수 있다. 직선적이고 남성적인 다옌타와 비교하면 완만한 곡선을 그리는 여성적인 느낌을 풍긴다.

다옌타

샤오옌타

시안 더파창(德发长 Défācháng)과 카이펑 디이러우(第一楼 Dìyī lóu)

허난과 샤안시는 밀가루로 만든 국수와 만두가 유명하다. 이 두 지역을
대표하는 만둣집으로 시안의 '더파창'과 카이펑의 '디이러우'가 있는데
두 곳 모두 근 100년의 역사를 자랑한다.

'더파창'에서는 다양한 맛과 모양의 교자(饺子)를, '디이러우'에서는 10
가지 다른 맛이 나는 샤오룽바오쯔(小笼包)를 맛볼 수 있다. 시안의
'더파창'은 다양한 교자를 맛볼 수 있는 자오쯔옌(饺子宴)으로 유명하
다. 1936년 시안 중심가에 개관했으며, 총 4층 1,200석의 어마어마한 규
모를 자랑한다. 이곳의 교자는 매우 얇은 교자피에 새우, 돼지고기, 부
추, 달걀 볶음 등 수십 종의 소를 넣어 각양각색의 모양으로 빚어내는
데 그 종류가 200종이 넘는다.

더파창의 자오쯔옌

카이펑의 '디이러우'는 10가지 다른 맛의 바오쯔를 맛볼 수 있는 스진바
오쯔옌(什锦包子宴)으로 유명하다. '디이러우'는 1922년 허난 카이펑
에 세워졌다. 이곳의 바오쯔는 여러 가지 재료의 소를 얇은 만두피에
싸서 센 불에 쪄내 풍부한 육즙을 머금고 있다. 또 바오쯔를 맛보면서
서커스, 마술, 지방극 등 다양한 문화예술을 감상할 수도 있다.

디이러우의 스진바오쯔옌

⑵ 인간승리 다창정의 종착지 옌안

1934년 10월, 중국공산당은 국민당의 공격을 피해
역사적인 다창정(大长征 Dàchángzhēng 대장정)을 시
작하여 1년 뒤인 1935년 10월 샤안시성의 옌안(延安
Yán'ān)에 도착한다. 1만 km가 넘는 그 여정은 역사
적으로 전무후무한 고행길이라 할 수 있었다.

중앙홍군대장정 승리기념비

1925년 쑨원(孙文 Sūn Wén)이 사망하자 국공합작
이 결렬되었다. 서구 열강과 자본가의 지지를 받던 장제스가 공산당 토벌에 나서면서
공산당은 거의 궤멸 직전까지 몰린다. 루이진(瑞金 Ruìjīn)을 중심으로 한 장시(江西) 소
비에트정부의 중국공산당은 국민당의 공격을 피해 장시 소비에트를 포기하고 대장정
에 오른다. 대장정에는 10만 이상의 홍군이 참여하였으며, 이동 거리만 1만 km 이상으
로 무려 18개 산맥, 24개 강, 11개 성을 가로질러야 했다. 장정 기간을 1년으로 환산할
때 매일 30~40km 이상을 걸었으며, 종착지에 도착했을 때 생존자는 8,000여 명에 지

나지 않았다.

대장정 과정에서 마오쩌둥은 중국공산당의 실질적 지도자로 부상했고, 1936년 12월에는 옌안으로 본부를 옮겨 급속히 세를 불려 나갔다. 중국공산당은 항일전과 국공내전을 승리로 이끌고 결국 장제스군을 타이완으로 몰아내며 중국 본토를 통일하기에 이른다. 옌안은 바로 대장정의 종착지이자 중국공산당 혁명의 근거지다. 옌안 정신은 오늘날의 중국을 만든 정신적 동력이라 할 수 있다.

(3) 황투고원과 후커우폭포

중국의 4대 고원 중 황투(黃土)고원은 산시, 샤안시, 간쑤, 닝샤 등에 걸쳐 넓게 분포된 황토지구를 가리키는 말이다. 세계 최대 규모인 황투고원은 주변의 몽골사막과 타클라마칸사막 등지에서 날아온 고운 황토가 쌓여 만들어졌으며, 해발고도는 약 1,000~2,000m에 면적은 약 40만 ㎢에 달한다. 황토 특유의 부드러운 지질 탓에 강우에 의한 침식과 하천에 의한 토사 유실이 엄청나다. 이런 이유로 비가 내리면 물이 흐르는 곳은 날카롭게 파이고 한 번 깎인 곳은 더욱 깊게 파여 거친 협곡을 형성한다. 메마른 황토는 식물이 자라기 힘든 척박한 환경이었지만 약 6,000년 전부터 사람이 살았다. 사람들은 황토를 파낸 토굴 속에 보금자리를 만들었는데 이것을 '토굴집'이라는 의미의 야오둥(窰洞 yáodòng)이라고 한다. 황투고원 일대에는 춘추시대부터 야오둥 주거가 밀집되기 시작했으며, 현재까지도 많은 사람이 야오둥에서 거주한다. 황토로 만들어진 집은 열을 차단하기 때문에 여름에는 시원하고 겨울에는 따뜻하다.

황투고원과 토굴집 야오둥

황투고원 동남부에는 황허강에서 가장 큰 폭포이자 중국에서 두 번째 규모를 자랑하는 후커우(壺口 húkǒu 호구, 주전자 주둥이)폭포가 있다. 너비 500m로 흐르던 황허강이 이곳

후커우폭포

에 이르면 갑자기 너비가 20~30m로 좁아지면서 50m 높이로 격렬하게 쏟아져 내린다. 이 모습이 마치 주전자 주둥이에서 물이 흐르는 것과 같다고 해서 '후커우'라는 이름으로 불리게 되었다. 봄에는 황허강 상류의 얼음이 녹아 수량이 늘어나면서 거대한 소용돌이의 장관을 연출하고, 겨울에는 완전히 얼어붙어 또 다른 절경을 이룬다.

⑷ 세상에서 가장 위험한 산 화산

오악 중 서악(西岳)인 화산(华山 Huàshān)은 웨이난(渭南 Wèinán)에 위치한다. 기이하고 험준한 바위산으로 유명하며 중화(中华)의 '화(华)'가 화산에서 기원하였기 때문에 중화민족의 뿌리로 여겨지기도 한다. 화산에는 동봉, 서봉, 남봉, 북봉, 중봉의 큰 봉우리가 다섯 개 있다. 화산은 도교의 주류인 전진교(全真道)[01]의 성지로도 유명하다. 아직도 화산에는 절벽 면의 동굴인 현공동(悬空洞)이 72개 있고 도관(道观 도교사원)이 20여 개 있다. 이 가운데 위취안위안(玉泉院 옥천원), 더우룽먀오(都龙庙 도룡묘), 둥다오위안(东道院 동도원), 전웨궁(镇岳宫 진악궁) 등은 전국중요도관(全国重要道观)으로 지정되어 있다.

창쿵잔다오

화산에는 총 210여 곳에 이르는 명승지가 있다. 그중에서도 창쿵잔다오(长空栈道 장공잔도)는 CNN 방송이 '세상에서 가장 위험한 길'로 선정할 정도로 보기만 해도 아찔하고 오금이 저리는 잔도다. 창쿵잔다오는 원나라 때 화산파의 1대 종사인 하지진(贺志真)이 속세를 떠나 수련하기 위해 절벽에 구멍을 뚫고 돌을 박은 다음 그 위에 나뭇조각을 걸쳐 놓은 것으로 시작되었다. 지금까지도 철로 보강하고 발판을 30~40cm 정도 너비로 확장해놓은 것이 전부이다.

---

01 전진교: 중국 금나라 때 왕중양(王重阳)이 주창한 도교의 신파다. 불교의 영향을 받아 정신의 수양과 양생을 강조하고 불로불사나 부적술 같은 주술적인 개념을 멀리하는 것이 특징이다. 강남의 정일교(正一教)를 남종이라고 부른 것에 반하여 북종이라고도 불린다.

동봉(東峰)의 샤치팅(下棋亭)에 가려면 창쿵잔다오에
버금가는 야오쯔판선(鷂子翻身 요자번신)이라는 험로를
거쳐야 한다. 길은 보이지 않고 보이는 것이라고는 허
공에 놓인 동아줄뿐이다. 동아줄을 잡고 발끝으로 절
벽의 구멍을 찾아 번갈아 짚으면서 내려가야 하는데,
그중 몇 걸음은 반드시 '새매(鷂子)'처럼 좌우로 몸을 뒤
척여야(翻身)' 통과할 수 있기 때문에 야오쯔판선이라

야오쯔판선

는 이름이 붙었다. 이외에도 한대에 건립하여 역대 제왕이 화산에 제사를 지내는 요지
였던 시웨먀오(西岳庙 서악묘)와 양쪽의 천 길 낭떠러지 사이로 형성된 첸츠좡(千尺幢 천
척당)과 바이츠샤(百尺峡 백척협) 등도 둘러볼 가치가 있다.

후커우폭포

친구 따라 강남 간다

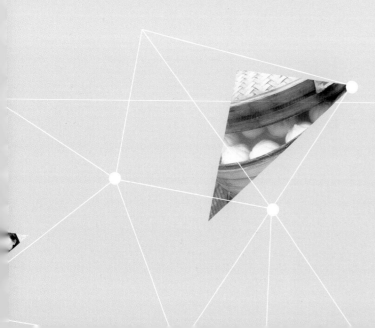

강남 3성

속담과 옛이야기에서 "친구 따라 강남 간다", "강남 갔던 제비 박씨 물고 온다" 등에 등장하는 '강남'을 '한강의 남쪽'이라고 생각하는 사람들도 있다. 1970년대 이후 산업발전과 강남 개발이 맞물리면서 강남이라는 단어가 개발과 발전에 따른 부와 환락의 대명사처럼 쓰이기 시작했기 때문이다. 하지만 속담과 옛이야기 속 '강'은 중국의 창장강을 가리키는 것으로, 강남(江南)은 다름 아닌 '중국 창장강의 남쪽'을 말한다. 행정구역상 장쑤성(江苏省 Jiāngsūshěng 강소성), 저장성(浙江省 Zhèjiāngshěng 절강성), 안후이성(安徽省 Ānhuīshěng 안휘성)이 대체로 강남에 해당한다.

상고시대 중국 정치·경제·문화의 중심은 이른바 '중원'으로 불리는 황허강 유역이었다. 강남 지역은 삼국시대 손권(孙权)의 오(吴)나라 이후 비로소 개발되기 시작했으며, 남북조시대에 이르러서야 본격적인 발전을 이룬다. 물론 이와 같은 정치적·역사적 배경 이외에도 기후, 지리 등 자연환경도 강남 지방 발전의 토대가 되었다. 온난한 기후, 수많은 하천 그리고 비옥한 토양에서 생산되는 풍부한 물자는 강남 지역에 풍요로움을 가져다주었으며, 이 지역의 경제적·문화적 번영을 가능하게 하였다. 그래서인지 강남 지역 요리인 '쑤차이(苏菜)', '저차이(浙菜)', '후이차이(徽菜)'가 모두 중국 8대 요리에 포함될 정도로 음식문화 또한 다른 어느 지역보다 발달했다.

① 치세의 영광과 난세의 비극 장쑤

장쑤성은 창장강 하류에 있다. 성도는 난징(南京 Nánjīng)이고 약칭은 '쑤(苏 Sū)'이다. '장쑤(江苏)'라는 명칭은 이 지역을 대표하는 두 도시인 '장닝(江宁, 난징의 옛 이름)'과 '쑤저우(苏州)'의 첫 글자를 따서 지었다. 장쑤성은 저장성의 항저우와 베이징을 잇는 세계

에서 가장 긴 징항대운하(京杭大运河 경항대운하)와 장
쑤문화의 발원지인 창장강이 교차하는 지점에 있기 때
문에 곡식과 수산물이 모두 풍부했다. 그래서 중국인
은 예부터 이곳을 '어미지향(鱼米之乡, 물고기와 쌀의 고
장)'이라 불렀으며, 오늘날도 살기 좋은 곳으로 첫손가
락에 꼽는다. 한편 장쑤성은 강남과 강북을 잇는 교통

징항대운하

의 중심지였다. 대규모 전쟁이 일어나면 군사적 요
충지 역할을 했고 이로써 비극적 참상이 종종 벌
어지기도 했다. 이를테면, 삼국시대 조조(曹操)가
부모 원수를 갚기 위해 벌인 '서주대학살', 청나라
군대가 양저우(扬州)에서 자행한 열흘간의 대학
살인 '양주십일(扬州十日)', 중일전쟁으로 인한 난
징대학살 등 대량학살의 비극이 서린 곳이기도
하다.

오늘날 장쑤성은 중국의 31개 성급 행정기관 가
운데 가장 부유한 지역으로 꼽힌다. 중국 내 GDP
규모가 광둥성(广东省)에 이어 전국 2위이며, 2019
년 기준 1인당 GDP는 베이징, 상하이 등의 직할

장쑤성

시를 제외하고 전국에서 가장 높은 수준을 기록했다. 한국과의 경제 교류도 매우 활발
하다. 장쑤성은 중국 내에서 한국과 교역량이 많은 지역 중 하나로, 2018년 기준 한국
과 장쑤성 간의 교역액은 787억 달러에 달한다. 옌청(盐城)의 기아차, 난징의 LG화학,
우시(无锡)의 SK하이닉스 등 한국 기업 2,700여 개가 진출해 있다.

⑴ 강인한 생명력, 고도 난징

장쑤성의 성도 난징은 치세의 화려한 영광과 난세의 비극적 아픔이 공존하는 도시
다. 일찍이 전국시대 초나라의 금릉읍(金陵邑)이었던 난징은 삼국시대에는 건업(建业)
으로, 남송 때는 건강부(建康府)로, 원나라 때는 집경부(集庆府)로, 명나라 때는 응천부

(应天府)로 불렸다. 오랜 역사를 간직한 도시 난징은 '육조고도(六朝古都)', '십조도회(十朝都会)' 등의 영예로운 별칭이 있는가 하면 난징조약과 난징대학살 같은 암울한 치욕과 비극적 참상을 지닌 곳이기도 하다.

난징은 삼국시대였던 229년 손권이 오나라 도읍으로 삼고 '건업'으로 개칭한 이래 강남의 중심지로 발돋움했다. 318년 동진(东晋)의 원제(元帝)가 도읍으로 삼은 이후 남북조시대의 남조 왕조였던 송(宋), 제(齐), 양(梁), 진(陈)의 도읍지였다. 이렇게 오나라와 동진, 송, 제, 양, 진 등 여섯 왕조의 수도였기 때문에 '육조고도'라고 한다. 이후에도 오대십국(五代十国)시기의 남당(南唐)이 20여 년간 도읍으로 삼았고 명나라, 태평천국(太平天国), 국민정부를 더하면 '십조도회'가 된다. 명나라 태조 주원장(朱元璋)이 1368년 난징을 도읍으로 정하고 처음에는 응천부로 부르다가 이후 난징으로 개칭했다. 그러니 현재의 난징이라는 명칭은 명나라 때 비롯한 것이다. 1441년 명나라 3대 황제 영락제(永乐帝)가 베이징으로 천도한 뒤에도 난징은 제2의 수도로 여전히 강남 지방의 중심 역할을 했다. 1853년에는 기독교 교리를 통치이념으로 삼았던 홍수전(洪秀全)의 태평천국이 난징을 도읍지로 삼아 천경(天京)으로 불렀다. 또한 1912년 중화민국 임시정부가 수립되고 쑨원이 임시대통령으로 취임한 곳이며, 1927년 장제스의 국민정부가 중화민국의 수도로 삼은 곳이다.

이렇듯 난징은 역대 수많은 왕조의 수도였지만 지속 기간이 오래지 못했다는 공통점이 있다. 전하는 바에 따르면 '금릉'으로 불리던 때부터 풍수가들은 난징을 왕기(王气)가 서린 땅으로 여겼지만, 이를 못마땅하게 여긴 진시황이 이곳의 왕기를 없애기 위해 산맥을 끊고 난징을 관통하는 친화이허(秦淮河)강의 흐름을 바꾸었기 때문이라고 한다.

화려한 역사를 간직한 난징은 근현대사에서 치욕과 아픔의 도시로 등장한다. 1842년 아편전쟁에서 패배한 중국이 영국에 홍콩을 할양하고 상하이 등

기독교와 태평천국

태평천국(1851~1864)은 중국 청나라 말기에 홍수전이 세운 기독교적 이념의 신정(神政) 국가이다. 홍수전은 꿈 내용을 성경 내용과 접목해 스스로 예수의 동생이라고 주장하면서 자신을 교주로 세우고 기독교 조직인 배상제회(拜上帝会)를 만들었는데, 이것이 태평천국의 전신이라 할 수 있다. 배상제회는 1851년 국호를 태평천국으로 하고 홍수전을 천왕(天王)이라 칭하면서 청나라 조정에 대해 반기를 들었다. 태평천국은 초기에는 작은 세력이었지만 크리스트교 교리를 전파하면서 하층민들에게 인기를 얻어서 점차 세력을 확장했다. 이후 태평천국군은 장닝(江宁 지금의 난징)을 함락시키고 이곳을 천경(天京)이라고 이름을 바꾸었다. 홍수전은 당시 청나라에 반대하는 사람들의 신념이 기독교라는 새로운 종교를 통해 발전했다고 주장했다. 또 태평천국의 지주들에게서 토지를 몰수하여 농민들에게 공평하게 나눠준다는 토지균분제도는 농민들에게 상당한 지지를 얻었다.

의 항구를 개방한다는 치욕적인 불평등 조약이 바로 난징에서 체결되었다. 또 중일전쟁이 한창이던 1937년 12월 13일, 당시 중화민국 수도였던 난징을 점령한 일본군이 이듬해 2월까지 30만 명에 이르는 중국인을 잔인하게 학살한 '난징대학살'도 바로 이곳에서 벌어졌다.

난징대학살기념관

중국을 대표하는 고도(古都)답게 난징 곳곳에 역사문화 유적지가 있다. 대표적으로 명 태조 주원장의 밍샤오링(明孝陵), 중화민국 건국자 쑨원의 중산링(中山陵), 태평천국 역사박물관, 난징대학살기념관 등을 꼽을 수 있다. 난징시 북서쪽을 흐르는 창장강에는 난징을 대표하는 현대적 건축물 난징창장대교(长江大桥)가 놓여 있다. 충칭(重庆)이나 우한(武汉)에 놓인 창장대교와 달리 중국 자체 기술과 소재로 건설한 최초의 철도와 도로 겸용 교량으로, 중국 현대 건축 기술의 발전을 상징하는 건축물로 평가된다. 난징창장대교는 난징시의 시화(市花)인 세한삼우(歲寒三友) 매화(梅花)의 이미지와 어우러져 시련의 역사를 극복한 난징의 강인한 생명력을 보여준다.

난징창장대교

⑵ 중국 국가대표 요리의 고장 양저우

당나라 시인 두목(杜牧)의 "봄바람 부는 양주성 십 리 길(春風十里揚州路)"이라는 시구가 떠오르는 도시, 마르코 폴로(Marco Polo)가 '놀라운 땅(Wonder Land)'으로 표현한 아름다운 도시가 바로 양저우(揚州)다. 장쑤성 중부 창장강 하류에 위치한 양저우는 규모는 작지만 오랜 역사를 자랑하는 고도이며, 아름다운 호수와 원림이 강남의 정취를 물씬 풍기는 아름다운 도시다.

현재 양저우는 쑤저우(苏州)의 화려한 원림이나 난징의 유구한 역사에 미치지 못한다는 이유로 관광객에게 가장 매력적인 도시로 손꼽히지는 않는다. 하지만 과거에는 신라, 인도, 일본, 중앙아시아 등 세계 여러 지역에서 온 상인들과 그들이 가지고 온 물자로 번영했던

수대 대운하

국제적 도시였다. 특히 당나라 때 양저우는 국경을 넘어 세계 각국의 문물이 집산하는 대규모 무역의 중심지로 발전한다. 그 배경에는 수나라 양제의 대운하가 있었다. 양제는 북방의 황허강과 남방의 창장강을 연결하는 대운하를 건설하였고, 양저우는 이때부터 창장과 대운하가 교차하는 곳에 위치한다는 지리적 이점을 이용해 교통의 요지이자 물류 중심지로 크게 번영하였다.

풍요로운 경제의 번영은 문화와 예술 발전의 근간이 된다. 특히 양저우는 소금 집산지로 명나라 때는 소금을 파는 염상(盐商)의 집합소였다. 소금 매매로 부를 축적한 염상은 막강한 경제력으로 예술가를 후원했다. 전국 각지의 시인·묵객·화가들이 양저우로 몰려들었고, 이들은 염상의 후원을 받아 활발한 창작 활동을 펼쳤다. 그 대표적인 예로 청대 화단(画坛)을 풍미했던 '양주팔괴(扬州八怪)'를 들 수 있다.

양주팔괴

양주팔괴는 18세기 청나라 중기 양저우에서 활약한 화가들을 가리킨다. 팔괴에 대해서는 '여덟 명의 화가'라는 견해도 있고, 특정 화가 여덟 명을 일컫기보다는 '양저우 화단에서 새로운 화풍을 형성한 일군의 화가를 통칭'한다는 견해도 있다. 염상의 전폭적인 후원을 받은 양주팔괴는 중국 회화사에서 시대변화를 반영하는 새로운 풍격을 형성함으로써 회화를 발전시켰다는 평가를 받는다. 양저우의 개방적인 분위기 속에서 이들의 화풍이 전통 화풍에서 벗어나 자유롭고 개성적인 화풍을 형성하였다는 이유로 '괴상하다(怪)'라는 이름이 붙게 되었다. **TIP**

염상의 예술계 후원은 회화에 국한되지 않고 '원림' 건축에도 영향을 주었다. 현재 양저우의 원림은 쑤저우의 원림만큼 화려하지는 않지만 개인 소유의 독특한 원림이 적지 않다는 평가를 받는다. 거위안(个园)과 허위안

TIP

양주팔괴 정판교

청나라 때 양저우에서 활약한 화가들인 양주팔괴 중 가장 대표적 인물로 정판교(郑板桥, 1693~1765)를 꼽을 수 있다. 정판교는 정섭(郑燮)으로도 알려져 있는데, 섭(燮)이 이름이고 판교가 호이다. 진사에 급제해 벼슬길에 올

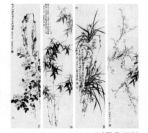

난득호도경

랐으나 파직되고 만년에는 양저우에서 그림을 그려 팔았다. 그림뿐만 아니라 서예에도 뛰어났으며, 특히 독특한 화풍의 대나무 그림으로 유명하다. 그의 작품 중 〈난득호도경(难得糊涂经)〉에서 비롯된 '난득호도'라는 말은 중국인 사이에서 자주 인용된다. 이는 '바보인 척하기 어렵다'는 뜻으로, 청나라 말기 혼란한 세상에서 능력을 드러내면 화를 당할 것이기에 재주를 감추고 바보인 척 인생을 살아간다는 의미인데 이로써 당시 사회 모습을 짐작할 수 있다.

(何园) 등 독특한 건축양식으로 조성된 원림은 양저우의 손꼽히는 관광명소가 되었다.

이러한 분위기 속에서 양저우에 온 수양제는 돌아갈 줄 몰랐고, 청대 건륭제는 서우시후(瘦西湖 Shòuxīhú 수서호)의 별장에서 휴가를 즐겼다. 서우시후는 양저우 최고 명승지로 양저우 서쪽 교외에 있는 호수인데 예부터 경치가 매우 아름다웠다. 경내에 있는 바이타(白塔 백탑)는 거부(巨富) 염상들이 건륭제의 환심을 사기 위해 베이징의 베이하이(北海)에 있는 바이타를 모방해 소금으로 하룻밤 사이에 완성했다는 '일야조백탑(一夜造白塔)'의 전설이 야사에 전한다. **01**

서우시후 바이타

양저우는 우리나라 신라시대 학자 최치원과도 관련 있는 도시로, 최초의 외국인 기념관인 '최치원기념관'도 설치되어 있다. 최치원은 당나라 때 중국 중앙정부의 장학금을 받아 유학했고, 약 4년간 양저우에서 관직을 맡은 인물이다. 이러한 사실은 양저우가 국제적이고 개방적인 도시였음을 보여주는 증거라고 할 수 있다.

최치원기념관 내 최치원 동상

중국에서 가장 유명한 볶음밥에도 양저우라는 도시 이름이 붙어 있다. 양저우차오판(扬州炒饭)은 쌀밥에 달걀과 중국식 햄, 새우, 파, 죽순, 완두콩 등 다양한 재료와 양념을 넣고 볶아내 담백한 맛이 특징이다. 수양제가 대운하를 건설하려고 양주에 머물 때 가장 좋아했던 음식이었다고 한다. 황제가 즐겨 먹은 음식이라 하여 '쑤이진판(碎金饭, 금을 부수어 만든 밥)'이라고 불렀다. 그런데 사실 양저우차오판은 운하의 뱃사람이 즐겨 먹던 저녁식사에서 비롯했다. 그들이 점심에 먹고 남긴 밥을 따뜻하게 데워 먹기 위해 각종 양념과 재료를 넣고 뜨거운 기름으로 볶아 먹은 것이 바로 양저우차

양저우차오판

---

01 서우시후: 역대 황제들이 즐겨 찾던 호수. 양저우 서쪽에 위치하여 '시후(西湖)'라고 했는데, 항저우의 시후에 비해 규모가 작다는 의미로 앞에 '서우(瘦)'를 붙였다. 바이타는 양저우 염상의 경제력을 단적으로 보여준다.

오판의 기원이다. 평범한 백성들의 지혜로 탄생된 서민적 음식이 중국을 대표하는 요리로 발전한 셈이다.

(3) 미려한 원림의 도시 쑤저우

쑤저우(苏州 Sūzhōu)는 장쑤성 남동쪽, 창장강 하류에 위치한 대도시로 운하와 아름다운 원림(园林)으로 유명하다. 장쑤성의 '쑤'가 이 도시의 이름을 따서 만들어진 데서 알 수 있듯이 역사적으로도 중요한 도시이다. 또 쑤저우는 저장성의 항저우와 함께 아름다운 자연경관으로 유명해 "하늘에는 천당이 있고, 땅에는 쑤저우와 항저우가 있다(上有天堂, 下有苏杭)"는 말이 있을 정도다. 도처에 크고 작은 호수와 하천이 있어 예부터 '강남수향(江南水乡)'의 대명사로 여겨졌다. 원나라 때 쑤저우를 방문한 마르코 폴로는 쑤저우를 '동양의 베니스로 표현하기도 했다. 수나라 때 대운하가 개통된 이후 강남쌀(江南米) 운송의 수송기지 역할을 하면서 강남 경제발전의 주축이 된다.

쑤저우가 하늘의 천당에 비할 만큼 아름다운 도시가 된 데는 뛰어난 자연풍광 외에 경제적 번영의 산물이라 할 수 있는 원림도 한몫했다. 수나라 때부터 강남 경제발전의 주요 도시로 등판한 쑤저우는 송나라 때 비단 생산지이자 중요한 상업도시로 발전했다. '원림'은 일반적으로 주택 내에 조성된 '정원'과 구별하여 독립적인 정원을 가리키는 말이다. 특히 개인 소유 원림은 도시의 경제 번영과 함께 증가하였고 그로써 원림 예술도 발달하였다. 즉 쑤저우 원림은 도시의 경제적 풍요로움이 꽃피운 문화예술의 한 장르였던 셈이다. 현재 쑤저우의 4대 원림인 창랑팅(沧浪亭 Cānglàngtíng 창랑정), 류위안, 스쯔린(狮子林 Shīzilín 사자림), 쥐정위안이 유네스코 세계문화유산으로 지정되어 있으며, 이 중 쥐정위안과 류위안은 중국 4대 원림으로 일컬어지니 쑤

쥐정위안의 태호석

저우는 명실상부 '원림의 도시(园林之都)'라고 할 수 있다. ⁰²

4대 원림 외에 한산사(寒山寺) 또한 쑤저우를 대표하는 명승지로 현재 유네스코 세계문화유산에 등재되어 있다. 한산사는 당나라 시인 장계(张继)가 과거에 낙방한 뒤 고향으로 돌아가는 길에 풍교에서 심경을 노래한 시 「풍교야박(枫桥夜泊, 풍교에 배를 대고 하룻밤 묵으며)」으로 유명하다. 풍교(枫桥)는 징항대운하에 놓인 아치형 돌다리이다. 남송 때는 한산사보다 풍교가 더 알려지면서 한산사를 풍교사로 부른 적도 있다. 잘 지어진 문학작품 한 편의 위력을 알 수 있는 대목이다. ⁰³

아치형 돌다리 풍교

세계 최대 시비 한산사의 풍교야박

한때 강남 지역 경제 번영과 함께 화려한 문화예술의 중심지였던 쑤저우는 근현대 들어 상하이 등 주변 도시가 크게 발전하면서 경제적 번영이 과거에 미치지 못하고 있다. 그러나 여전히 다양한 문화예술 행사를 여는 등 강남문화의 중심지로서 그 명성을 이어가고 있다.

---

02 중국 4대 원림: 베이징의 이허위안, 청더의 비수산좡 그리고 쑤저우의 줘정위안과 류위안이다. 쑤저우 4대 원림 중 창랑팅은 쑤저우에서 가장 오래된 원림이고, 류위안은 명대에 조성되었다. 줘정위안은 면적이 5만 1,950 ㎡로 쑤저우에서 가장 큰 원림이다. 스쯔린은 태호석(太湖石)으로 만든 가산(假山)이 특징이다. 태호석은 석회암으로, 가산은 크고 작은 구멍이 나 있는 기묘한 형상의 석회암을 산 모양으로 교묘하게 맞물려 쌓아올린 것이다.

03 장계의 「풍교야박」
月落烏啼霜满天(월락오제상만천)　달은 지고 까마귀 울며 서릿발 찬데
江枫渔火对愁眠(강풍어화대수면)　강가 단풍과 고기잡이 불은 근심으로 잠 못 드는 나를 마주하네.
姑苏城外寒山寺(고소성외한산사)　고소성 밖 한산사의
夜半锺声到客船(야반종성도객선)　한밤중 종소리가 나그네 탄 배에까지 들려오네.

② 강남 중 강남 저장

저장성(浙江省) 성도는 항저우이다. 성의 명칭은 성내 최대 하천인 첸탕장(钱塘江 전당강)강의 옛 이름인 저장(浙江)강에서 따왔다. 약칭은 '저(浙 Zhè)'이다. 저장성은 춘추전국시대 월(越)나라 영토였으며, 남송시대에 수도를 린안(临安 임안, 지금의 항저우)으로 옮기면서 강남 지역 경제와 문화예술의 메카가 되었다. 오늘날에는 장쑤성, 상하이와 함께 창장강삼각주 경제벨트를 형성하면서 강남 지역 발전의 중심에 서 있다.

저장성에는 수많은 역사문화 콘텐츠를 가지고 있는 닝보(宁波 영파), 사오싱, 저우산(舟山 주산)을 비롯해 11개 도시가 속해 있다. 사오싱주로 유명한 사오싱은 현대문학의 아버지 루쉰의 고향이다. 항구도시 닝보는 국민정부 수장 장제스의 고향이고, 신라시대 장보고와도 관련 있는 곳이다. 중국에서 세 번째로 큰 섬인 저우산에 있는 푸퉈산(普陀山 보타산)은 불교 4대 명산 중 하나로 잘 알려져 있다.

저장성

⑴ 민간전설의 요람 항저우

남송시대 수도였던 항저우는 중국 7대 고도 중 하나이며 귀족문화로 대표되는 강남 문화예술의 메카이다. 항저우에 가면 누구나 시인이 된다는 말이 있을 정도로 수려한 자연풍광을 지녀 쑤저우와 함께 '지상의 천국(人间天堂)'으로 불린다. 항저우는 아름다운 경치뿐 아니라 다양한 역사문화 고사가 담긴 고품격 문화도시의 면모를 유지하고 있다. 이런 이유로 항저우는 '중국 최우수 관광도시' 중 하나로 선정되었고, 도시 전체

가 유네스코 세계문화유산으로 지정되었다. [04]

항저우 시후

항저우의 랜드마크는 단연코 시후(西湖 서호)다. '항저우 서쪽에 위치한 호수'라는 뜻으로 시후라고 부른다. 첸탕장강의 토사가 떠내려와 만들어진 호수로, 중국 10대 명승지 중 하나로 꼽힐 만큼 아름다운 경관을 자랑한다. 시후는 역대 수많은 문장가의 사랑을 받은 곳으로 종종 문학작품의 소재와 배경이 되곤 했다. 일례로 송나라의 소동파(苏东坡)는 시후의 빼어난 절경을 월나라 미인 서시(西施)에 빗대어 표현했다. 시후의 또 다른 이름인 '시쯔후(西子湖 서자호)'도 소동파의 이 작품에서 비롯됐다. 서시는 월왕 구천이 오왕 부차에게 바친 여인이다. 그녀의 빼어난 미모는 '침어낙안(沉鱼落雁, 미인을 보고 부끄러워서 물고기는 물속으로 들어가고 기러기는 땅으로 떨어진다)'으로 묘사되었다. 오왕 부차가 이러한 서시의 미모에 빠져 정사(政事)를 돌보지 않자 오나라는 결국 멸망의 길로 접어들게 된다.

시후에 있는 바이디(白堤 백제)와 쑤디(苏堤 소제)도 당송시대 문장가들과 직접 관련이 있는 곳이다. 바이디와 쑤디의 디(堤)는 제방을 뜻한다. 당나라 때 백거이(白居易)가 항저우 태수로 부임해 둑을 다시 쌓게 하는 등 제방을 손질한 뒤로 수원(水源)이 풍부해지면서 가뭄이 해결되었다. 그러자 사람들이 백거이의 성을 따서 이 제방을 바이디라고 불렀다. 그로부터 200년 뒤 소동파가 항저우 자사(刺使)로 부임해 새로 제방을 건설했는데 이때 만들어진 제방을 소동파의 성을 따서 쑤디라고 하였다.

동파육

항저우를 대표하는 요리 가운데 하나인 동파육(东坡肉 둥포러우)도 소동파와 관계가 있다. 동파육의 기원에 대해 여러 설이 있는데 그중 하나를 소개하면 다음과 같다. 마을 사람들이 소동파에게 제방을 건설해준 것에 대한 감사의 표시로 돼지고기를 선물로 보냈는데, 고기

---

04 7대 고도(古都): 수도로서 유구한 역사를 간직한 시안, 베이징, 뤄양, 난징, 카이펑, 항저우, 안양을 꼽는다.

가 너무 많아 소동파가 상하지 않도록 술에 재워놓았다가 찜 요리를 만들어 백성들에게 되돌려주었다고 한다. 그런데 그 맛이 일품이어서 백성들도 똑같이 만들어 동파육이라는 이름을 붙여 시장에 내다 팔았고, 이것이 오늘날 항저우 대표 요리가 되었다는 것이다.

시후의 단교잔설

시후는 종종 아픈 사랑이 담긴 민간 전설의 배경으로 등장한다. 특히 시후 다리에는 사랑을 이루지 못한 연인들의 갖가지 슬픈 사연이 깃들어 있다. 중국 4대 민간전설 가운데 「백사전(白蛇传)」과 「양축(梁祝)」은 각각 시후의 단교(断桥)와 장교(长桥)를 배경으로 탄생했다. 단교는 시후 10경 중 하나인 '단교잔설(断桥残雪)'로 유명하며, 「백사전」 전설의 두 주인공인 백소정(白素贞, 백사가 변신한 여인)과 허선(许仙)이 만난 장소다. 레이펑타(雷峰塔 뇌봉탑)는 도력이 높은 승려 법해에게 붙잡힌 백소정이 갇혀 있던 곳이다.

장교(长桥)는 중국판 로미오와 줄리엣으로 알려진 '양축전설'의 주인공 양산백(梁山伯)과 축영대(祝英台)가 헤어짐을 아쉬워하며 서로 전송하던 곳이다. 남장한 축영대가 서원에 들어갔다가 양산백을 만난다. 두 사람은 둘도 없이 친한 사이가 되어 늘 함께 다닌다. 몇 년 뒤 축영대가 여자라는 사실을 알게 된 양산백은 축영대에게 청혼하지만, 축영대 집안의 강력한 반대에 부딪히고 결국 상사병에 걸려 죽는다. 이 사실을 안 축영대가 양산백의 무덤에 찾아가자 무덤이 갈라졌고 축영대는 무덤 안으로 뛰어들었다. 그러고는 두 영혼이 나비가 되어 날아갔다. 장교는 쌍투교(双投桥)라고도 하는데, 송나라 때 왕선교(王宣教)와 도사아(陶师儿) '두 사람이(双) 투신한(投) 다리(桥)'라는 뜻에서 붙여진 이름이다. 두 사람은 자신들의 사랑이 집안의 반대에 부딪혀 이루어질 수 없자 꼭 껴안고 장교에서 몸을 던졌다고 한다.

(2) 문인의 향기 가득한 사오싱

사오싱(绍兴 Shàoxīng 소흥)은 창장강삼각주 남쪽에 위치한 도시다. 규모는 작지만 수많은 명사를 배출한 고장이다. 춘추전국시대 월나라 도읍이었으며, 남송 때부터 사오싱이라고 불렸다. 항저우, 닝보와 함께

사오싱주

저장성 3대 도시이다. 현대문학의 아버지 루쉰의 고향이자 찹쌀로 빚은 사오싱주(绍兴酒 소흥주)로 유명한 곳이다.

사오싱은 "굴욕을 참으며 복수의 칼을 간다"는 의미로 사용되는 고사성어 '와신상담(臥薪尝胆)'의 주된 무대이다. 와신상담은 '오월동주(吳越同舟)'의 주인공 오나라 부차(夫差)와 월나라 구천(勾践)의 이야기이다. 월왕 구천에게 패한 오왕 합려(阖间)의 아들 부차가 장작더미(薪) 위에서 자며(臥) 아버지 원수를 갚겠다고 다짐했다. 이 소식을 들은 월왕 구천은 오나라를 공격하려다가 오히려 콰이지산(会稽山 회계산)에 갇히는 신세가 된다. 오나라의 속국임을 맹세하고 풀려난 구천은 곰 쓸개(胆)를 옆에 두고 핥으며(尝) 치욕을 잊지 않으려 했다. 현재 콰이지산에 있는 푸산(府山)공원 앞 웨왕뎬(越王殿 월왕전)에는 월왕 구천의 상담(尝胆) 벽화가 있다. TIP

TIP

오나라와 월나라의 피 터지는 싸움

춘추시대 말기, 창장강 하류의 오나라와 월나라는 24년 동안 치열한 전투를 벌였다. 오나라 왕 부차는 월나라와 전투에서 입은 부상으로 사망한 아버지 합려의 유언을 잊지 않기 위해 섶에서 잠을 자며 복수의 칼을 갈았다. 결국 월나라를 정복하고 월왕 구천의 항복을 받는다. 구천은 스스로 부차의 말고삐를 쥐고 노비를 자처하는 등 온갖 궂은일을 참아내며 목숨을 부지했다. 훗날 고국으로 돌아온 구천은 이때의 치욕을 떠올리며 방 안에 쓰디쓴 곰의 쓸개를 달아놓고 매일 아침저녁으로 그 쓸개를 핥으며 복수를 다짐한다. 복수심에 불탄 구천은 다시 벌어진 전투에서 오나라를 정복하는데 오왕 부차는 패배를 부끄러워하며 스스로 목숨을 끊는다. 와신상담(臥薪尝胆), 오월동주(吳越同舟), 토사구팽(兔死狗烹) 등 여러 고사성어는 이처럼 치열했던 오월전쟁에서 비롯되었다.

사오싱 남서쪽에 위치한 난팅(兰亭 난정)은 동진 때 서예가 왕희지(王羲之)가 명사들과 유상곡수(流觞曲水)를 한 정자이다. 왕희지는 해서(楷书), 행서(行书), 초서(草书) 등 전통 서법을 집대성한 서성(书圣)으로 추앙받는다. 유상곡수는 자연석을 이용해 굴곡지게 만든 수로의 흐르는 물 위에 술잔을 띄우고 그 잔이 멈추는 자리에 앉은 사람이 술을 마시고 시를 짓는 놀이다. 난정에서 유상곡수를 즐기면서 지은 시를 모아 『난정집(兰亭集)』을 편찬하면서 왕희지가 「난정집서(兰亭集序)」를 썼다. 이 「난정집서」는 지금까지도 행서의 전범으로 꼽히며, 왕희지의 글씨를 사랑했던 당 태종이 무덤까지 가지고 간 것으로도 유명하다.

사오싱 난팅에 있는 유상곡수

사오싱은 남송시대 시인 육유(陆游)와 중국 현대문학의 아버지 루쉰 등 걸출한 문장가와 정치가를 배출한 명사의 고장이다. 특히 중국이 낳은 가장 위대한 문학가이자 사

사오싱에 있는 루쉰 고거와 삼미서옥

상가로 추앙받는 루쉰을 기념하는 루쉰기념관이 있고, 그 주변에는 루쉰이 살았던 생가인 루쉰 고거(故居)와 루쉰이 공부했던 삼미서옥(三味书屋)도 잘 보존되어 있다.

루쉰의 본명은 저우수런(周树人 Zhōu Shùrén 주수인)으로, 일본으로 유학 가서 의학을 공부하였으나 중국과 중국인의 비참한 현실을 깨닫고 중국인의 의식을 일깨우기 위해 문학가가 되었다. 중국 최초의 백화문(白话文) 소설인 「광인일기(狂人日记)」, 몰락하는 중국 고대 지식인을 비판한 「쿵이지(孔乙己 공을기)」, 아Q라는 인물을 통해 정신승리법으로 대변되는 중국인의 국민성을 꼬집은 「아Q정전」 등이 대표작이다. 「쿵이지」의 실제 배경이 된 셴헝주뎬(咸亨酒店 함형주점)은 사오싱주와 루쉰의 소설이 만나는 관광명소다. 사오싱주는 찹쌀을 발효시켜 젠후(鉴湖 감호)호 물로 담그는 술로, 중국의 황주(黄酒) 가운데 가장 역사가 오래된 술이다. TIP

TIP

바이주와 황주

유구한 역사를 지닌 중국의 술은 지역마다 선호하는 종류가 다양하며, 술마다 도수와 맛과 질감이 다르다. 중국 술은 제조법과 재료에 따라 크게 백주, 황주, 홍주 등으로 나뉘는데 이 가운데 가장 대표적인 것은 바이주(白酒 백주)와 황주(黄酒 황주)다. 백주는 전통 증류주로 무색투명하며 주로 옥수수, 쌀, 보리 같은 곡물을 주재료로 한다. 강한 향과 함께 40도부터 80도까지 이르는 다양하고 높은 알코올 도수가 특징이다. 중국에서 고가의 선물로 자주 등장하는 마오타이주(茅台酒 모태주), 중식당에서 쉽게 보는 얼궈터우주(二锅头酒 이과두주), 가오량주(高粱酒 고량주)는 모두 백주다. 특히 전국에 거쳐 생산되는 가오량주 가운데 옌타이(烟台 연태) 가오량주와 진먼(金门 금문) 가오량주는 한국인에게도 인기 있는 술이다. 황주는 찹쌀을 주원료로 하며 지역에 따라 보리, 누룩, 수수, 기장 등 다양한 곡물을 원료로 하여 만든다. 황주는 증류하지 않고 밑술을 숙성하여 만든다. 도수는 14도에서 20도 정도로 백주보다 편안하게 마실 수 있고 따뜻하게 데워 마시는 것이 특징이다. 저장성에서 생산되는 사오싱주가 가장 대표적이다.

마오타이주(바이주)

사오싱주(황주)

③ 벼슬길 아니면 장삿길 안후이

안후이성(安徽省 Ānhuīshěng)의 성도는 허페이(合肥 Héféi)이고 장쑤, 저장, 장시, 후베이, 허난 등 5개 성과 인접해 있다. 안후이성의 명칭은 과거 북쪽의 안칭부(安庆府)와 남쪽의 후이저우부(徽州府)의 첫 글자를 딴 것이다. 공식적 약칭은 완(皖 Wǎn)이지만, 화이(淮 Huái)로 표기하기도 한다. '완'은 안후이 경내에 있는 완산(皖山)과 완허(皖河)에서, '화이'는 안후이성 북부를 가로지르는 화이허(淮河)강에서 유래했다.

지형적으로 중부와 북부는 평야가 주를 이루지만 남부는 산지가 많다. 남부에 위치한 후이저우 사람들은 농사지을 땅이 부족해서 일찍부터 장사에 뛰어들었다. 장사하러 외지로 떠나기 위해 배에 올라 가족과 이별하

안후이성

는 장면을 담은 후이저우문화박물관의 전시품은 후이저우의 모습을 단적으로 보여준다. 이들 후이저우 출신 상인집단을 후이상(徽商 휘상)이라고 부른다. 후이상은 상인으로 성공하여 금의환향한 뒤 직접 학문에 힘쓰거나 후대 교육을 적극 지원했다. 이들의 높은 교육열 덕분에 이 지역에서는 걸출한 인재가 많이 배출되었다. 삼국시대 조조, 우리에게 판관 포청천(包青天)으로 익숙한 북송 때의 포증, 명나라 태조 주원장, 청나라의 북양대신 이홍장(李鸿章) 등이 모두 안후이성 출신이다. 중국인은 흔히 안후이 사람은 장사를 하거나 과거시험을 준비하거나 둘 중 하나라고 이야기했는데 안후이 지역의 역사 문화적 특징을 적절히 반영한 표현이다.

⑴ 후이상과 문방사우의 후이저우

안후이성 남부의 후이저우(徽州 휘주)는 북쪽으로 황산(黃山 황산), 동남쪽으로 톈무산(天目山 천목산) 등 많은 산으로 둘러싸여 있어 외부와 단절된 느낌이 든다. 이러한 지형적 특성은 후이저우문화(徽州文化)로 불리는 독특한 지역 문화를 형성했다. 후이

저우문화의 특징을 한마디로 표현하면 '유가(儒家)를 품은 상인문화' 정도가 될 것이다. 후이저우 사람들은 상대적으로 농사지을 땅이 부족했기 때문에 지역 특산품을 내다 팔며 생계를 유지해야만 했다. 다행히 이 지역에서는 삼나무와 대나무, 차 등 질 좋은 특산품이 생산되었다. 첸탕장강 지류인 신안장(新安江)강은 저장성 항저우로 통하는데, 후이저우 사람은 이 물길을 이용해 지역 특산품을 다른 지역에 가져가 팔았다. 일찍부터 장사를 접하면서 자연스레 상인으로서 자질이 길러졌고 이를 바탕으로 큰 부를 축적했다.

후이저우의 상인집단인 '후이상'은 특히 명·청대에 창장강 일대 상권을 장악했다. 명나라 때는 "후이상이 없으면 도시도 없다(无徽不成镇)"는 말이 생겨날 정도였다. 후이상은 큰 부자가 되어 고향으로 돌아가 후이저우의 경제, 문화 발전의 원동력이 됨으로써 지금의 후이저우문화를 꽃피웠다. 후이상은 또한 유학의 영향을 받았다 하여 '유상(儒商)'으로도 불렸다. 송대 성리학의 집대성자 주희(朱熹)가 이 지역 출신이라는 것은 후이저우가 유가적 색채가 짙은 지역이었음을 알게 해준다. 각 지역 상인의 특징을 설명하는 말 중 "진상(晋商, 산시山西 상인)은 관우를 섬기고, 후이상은 주희를 숭상한다"는 말이 있는데, 유가를 중시하는 후이상의 특징을 잘 보여준다.

호설암의 저택

후이저우 지역의 건축양식

후이상을 대표하는 상인으로는 '장사의 신'으로 불리며 청나라를 주름잡은 거상 호설암(胡雪岩)을 들 수 있다. 후이저우의 가난한 농가에서 태어난 호설암은 뛰어난 장사 수완으로 정치 권력과 결탁해 사업을 확장하고 엄청난 부를 축적했다. 그는 당시 정치 실세였던 좌종당(左宗棠)에게 아낌없이 정치자금을 지원했고, 그 결과 상인 신분으로 유일하게 홍정상인(紅頂商人)이라는 고위 관직까지 받았다. 정치와 밀접하게 유착되어 있던 호설암은 관상(官商)으로 불리기도 했다. 저장성 항저우에 있는 호설암의 호화로운 저택은 과거 그의 명성을 실감케 한다. 오늘날 중국인 사이에서는 뛰어난 상인 자질을 지닌 '성상(圣商)'으로 불리기도 한다.

후이상은 이 지역의 건축양식에도 영향을 미쳤다. 후이저우의 집들은 하얀 벽에 검은 지붕이고, 벽과 창문이 높으며 집성촌을 이루고 있다. 남자들이 대부분 외지로 장사를 나가고 여자들만 집에 있었기 때문에 치안 목적으로 이런 형태의 집을 짓게 된 것이다.

후이저우는 명품 문방사우(文房四友)의 산지로도 유명하다. 문방사우는 글방에 필요한 붓, 먹, 종이, 벼루 네 가지 도구를 가리킨다. 후이저우의 각 생산지 지명으로 표기된 선성(宣城)의 선필(宣笔)과 선지(宣纸), 후이저우의 휘묵(徽墨), 흡주(歙州)의 흡연(歙砚)을 최고 품질로 손꼽는다.

(2) 세계가 인정한 황산과 훙춘

황산(黃山 Huángshān)과 훙춘(宏村 Hóngcūn)도 안후이성에서 빼놓을 수 없는 명소다. 두 곳 모두 유네스코 세계문화유산으로 지정되었고 영화 촬영의 배경이 되었다. 황산은 중국 10대 명산 중 하나로 중국에서 가장 아름다운 산으로 꼽힌다. 명나라 학자 서하객(徐霞客)의 "오악을 보고 오니 다른 산이 눈에 안 차고, 황산을 보고 오니 오악이 눈에 안 찬다(五岳归来

황산

不看山, 黃山归来不看岳)"는 말은 황산의 절경을 극찬한 것이다. 제임스 카메룬 감독의 영화 〈아바타〉에 나오는 할렐루야산은 황산을 비롯해 장자제와 구이린의 산에서 영감을 얻은 것이라고 한다.

훙춘은 안후이성 남부에 위치한 전통 마을로 명·청시대 전통가옥과 생활방식을 엿볼 수 있다. 마을 모양이 소의 형상과 닮았다 하여 일명 '뉴싱춘(牛形村 우형촌)'이라고도 불린다. 특히 모든 집을 거치도록 만든 인공수로가 특징이다. 2000년에 유네스코 세계문화유산에 지정되었으며 영화 〈와호장룡(卧虎藏龙)〉의 촬영지로 유명하다.

영화 〈와호장룡〉의 촬영지 뉴싱춘

안후이는 상하이, 장쑤성, 저장성과 함께 강남으로 분류되지만 동부 연안 지역에 비해 상대적으로 낙후되어 있다. 이로써 개혁개방 이후 안후이의 많은 농민은 다른 지역, 특히 인근 창장강삼각주 지역과 베이징 등의 대도시에 나가 낮은 임금을 받고 일했다. 당시 베이징의 보모(保姆)는 모두 안후이 출신이라는 빈정거림은 중국 내 빈부격차가 심했던 경제 상황을 여실히 드러내는 말이다. 2005년 중국 정부는 안후이, 장시, 산시, 허난, 후베이, 후난 등 상대적으로 뒤처져 있는 중부지역 6개 성을 집중 개발해 균형 있는 지역 발전을 이루겠다는 '중부굴기(中部崛起)'

중국의 중부굴기 정책이 펼쳐지는 지역

정책을 발표했다. 특히 안후이성은 강남과 강북, 중원과 동부 해안을 잇는 요충지라서 중부 지역 경제발전의 주축이 되었다.

Chapter
08

창장강 중류 혁명의 땅

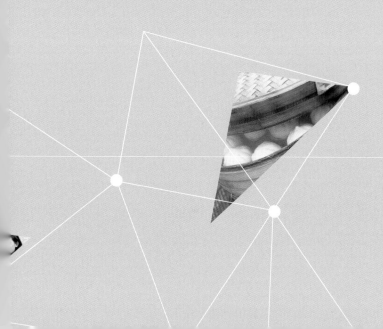

중국 사람들은 주로 배를 타고 이동한다. 당나라 때 쓰촨성 출신의 이백(李白)이 고향을 떠나 수도인 장안에 올 때도 배를 타고 창장강 물길을 따라 내려왔다. 칭하이성에서 발원한 창장강은 쓰촨성을 지나면서 흔히 산샤(三峽 Sānxiá 삼협)라고 불리는 취탕샤(瞿塘峽), 우샤(巫峽), 시링샤(西陵峽) 협곡을 힘겹게 헤치고 중원으로 들어서면서 후베이성, 후난성, 장시성을 지난다. 창장강의 중류에 자리한 이 세 성의 이름에는 모두 호수를 가리키는 '호수 호(湖)'자와 강을 가리키는 '강 강(江)'자가 들어 있다. [01] 이름에서도 알 수 있듯이 이들 성의 이름은 모두 창장강과 둥팅후(동정호)에서 비롯했다. 이 세 성은 전국시대 초나라 영토였으며, 현대에는 신해혁명과 공산혁명의 요람이었다.

창장강

칭하이성에서 발원한 창장강은 세계에서 세 번째로 길다 보니 지역별로 부르는 이름이 다르다. 윈난성에서는 진사장(金沙江)강으로, 쓰촨성에서는 촨장(川江)강으로 불린다. 삼국시대를 뜨겁게 달구었던 징저우(荊州 형주) 지역에서는 징장(荊江)강으로, 상하이 부근에서는 양쯔장(扬子江)강으로 불린다.

1840년 아편전쟁 이후 상하이에 상륙한 영국 사람들이 지도를 제작하면서 하류 지역 사람들이 부르는 양쯔장강이라는 명칭으로 강 전체를 표기하기 시작하면서 창장강과 양쯔장강이라는 이름이 혼용되었다. 강 전체를 가리킬 때는 창장강이라고 하는 것이 옳다.

창장강 발원지와 창장강

① 삼국지의 배경 후베이

후베이(湖北 Húběi)라는 명칭은 중국에서 두 번째로 큰 담수호인 '둥팅후 북쪽'이라는 의미다. 후베이성은 둥팅후 외에도 천 개가 넘는 호수가 있어서 '천호지성(千湖之省)'이라고도 불린다. 후베이성 성도는 우한(武汉 Wǔhàn)이며, 약칭은 어(鄂 È)이다. 원나라

---

[01] 중국에서 강을 가리키는 글자에는 강(江), 하(河), 수(水) 등이 있다. 이 중에서 '강'은 창장강을, '하'는 황허강을 가리킨다.

때 호광성(湖广省)으로 불렸던 후
베이의 성도가 악주(鄂州 Èzhōu)였
기 때문에 '어(鄂 È 악)'로 불리게 되
었다는 설이 가장 유력하다. 이외
에도 초나라 영토였기 때문에 '추
(楚 chǔ 초)' 또는 '징추(荆楚 Jīng
chǔ 형초)'라는 별칭도 있다.

후베이성

(1) 형주와 징저우

후베이성은 중국의 중앙에 있는 중국 지리의 심장부라고 할
수 있다. 후베이성은 베이징에서 광저우(广州 Guǎngzhōu)까지
중국을 남북으로 관통하는 징광선(京广线) 철도가 지난다. 그
리고 중국 중앙부를 동서로 관통하는 창장강도 후베이성을 지
난다. 또 후난성, 장시성, 허난성, 샤안시성, 안후이성, 충칭시
등 여러 지역과 인접해 있다. 이러한 지리적 특성으로 후베이
성은 예부터 전략적 요충지였다. 춘추시대에는 춘추오패 [02] 중
초, 오, 월이 이 지역을 차지하기 위해 각축전을 벌였다. 전국

징광선 철도 노선

시대에는 이 지역을 완전히 차지한 초나라가 전국칠웅 [03] 으로 군림했다.

후베이는 소설 『삼국지』에서 전략적 요충지인 형주(荆州)로 등장한다. 제갈량의 천하
삼분지계(天下三分之计) [04] 의 핵심이 되는 지역으로, 관우가 목숨을 걸고 지켰던 형주

---

[02] 춘추오패(春秋五霸): 춘추시대의 다섯 패자(霸者)를 가리킨다. 분류하는 사람에 따라 다르기도 하지만 대체로
제(齐)의 환공(桓公), 진(晋)의 문공(文公), 초(楚)의 장왕(莊王), 오(吴)의 합려(阖闾), 월(越)의 구천(勾践)을
지칭한다. 오의 합려, 월의 구천 대신 진(秦)의 목공(穆公), 송(宋)의 양공(襄公)이 포함되기도 한다.

[03] 전국칠웅(战国七雄): 전국시대의 7개 강국. 중앙의 위·한·조나라, 동쪽의 제, 남쪽의 초, 서쪽의 진(秦), 북
쪽의 연나라를 지칭한다.

[04] 천하삼분지계: 유비가 삼고초려 끝에 제갈량을 만났을 때, 제갈량이 유비에게 내놓은 계획이다. 북쪽의 조조와
단독으로는 대적할 수 없으니 손권과 동맹을 맺어 힘의 균형을 이루고, 부유하고 기름진 형주와 익주(益州, 지
금의 쓰촨성)를 발판으로 세력을 다지면서 때를 기다려야 한다는 내용이다.

가 바로 지금의 후베이다. 조조, 유비, 손권이 이 형주 땅을 차지하기 위해 전쟁사에 길이 남을 적벽대전(赤壁大战)을 치른 곳이기도 하고, "유비가 형주를 빌리다(刘备借荆州)", "관우가 대의를 지키려다 형주를 잃다(关羽大意失荆州)" 등 『삼국지』의 주요 사건이 있었던 장소이기도 하다. 05 TIP

적벽대전

창장강 남안에 있는 적벽(赤壁)이란 곳에서 적벽대전이 있었다. 후한(后汉) 말 중국의 북부를 장악한 조조가 남으로 진격하자 유비와 손권은 연합하여 조조 군대에 대항했다. 물에 익숙하지 않았던 조조 군대는 배들을 쇠고리로 연결해서 흔들림을 적게 하였다. 이러한 조조의 군선에 제갈량이 동남풍을 불게 한 후 화공을 퍼부어 섬멸했던 전투를 적벽대전이라고 한다. 이 전투를 계기로 조조 세력은 위축되고 유비와 손권 세력이 확장되면서 위, 촉, 오 삼국시대가 본격적으로 시작된다. 적벽대전의 주요 전장이었던 현재의 츠비시(赤壁市 적벽시)는 과거에 포은현(蒲圻县)이었는데, 1998년에 셴닝시(咸宁市)에 속한 현급시인 츠비시로 개명된 것이다.

적벽

형주는 고대의 구주(九州) 중 하나였고, 한나라 때는 13주 중 한 주였다. 『삼국지』 시대의 형주도 지금의 후베이성 대부분과 후난성 북부를 포함하는 비교적 넓은 지역을 가리킨다. 그러나 지금의 징저우(荆州 Jīngzhōu)시는 그 규모가 후베이성에 속한 지급시(地级市)에 불과하며, 징저우시 경내에는 징저우구(荆州区)가 또 있다. 현재 징저우구에는 징저우구청(荆州古城 형주고성)이 보존되어 있다. 과거 오랜 기간 형주 지역의 중심이었던 형주성은 강릉성(江陵城)으로도 불렸다. 진(秦)나라가 초나라 수도였던 영(郢 Yǐng)을 점령한 뒤 강릉현(江陵县)을 설치하고 치소(治所)를 두면서부터 이 지역을 강릉으로 불렀기 때문이다. TIP

---

05 우리가 통상적으로 일컫는 『삼국지』는 본래 원(元)나라 말기 나관중의 장편 역사소설을 말한다. 원명은 『삼국지연의』이며, 정통 역사서인 진수(陈寿)의 『삼국지(三国志)』와 구분된다. 진수의 『삼국지』가 조조를 정통으로 세운 반면, 나관중의 소설은 유비를 정통으로 삼았다.

이백이 노래한 강릉성

이백이 노래한 「아침 일찍 백제성을 떠나(早发白帝城)」에도 강릉이 등장한다. 이백은 역적죄로 몰려 죽을 고비를 넘긴 후 귀주성(贵州省) 야랑(夜郎)으로 유배 가던 길에 사면받은 홀가분함을 시로 묘사하였다.

朝辞白帝彩云间(조사백제채운간)	아침에 오색구름 속의 백제성을 떠나
千里江陵一日还(천리강릉일일환)	천 리 길 강릉을 하루 만에 돌아가네.
两岸猿声啼不住(양안원성제부주)	양쪽 강기슭의 잔나비 끊임없이 우는 사이
轻舟已过万重山(경주이과만중산)	날랜 배는 훌쩍 첩첩산중을 지나네.

형주가 천하의 요충지이다 보니 "하늘에 머리 아홉 달린 새가 있다면, 땅에는 후베이 사람이 있다(天上九头鸟, 地上湖北佬)"는 말도 생겨났다. 후베이 사람의 성격을 비유하는 말이다. 이 말에는 긍정과 부정의 의미가 모두 들어 있다. 긍정적으로 보면 지혜를 갖추었다는 뜻이지만 부정적으로 보면 권모술수에 능하고 교활하다는 의미이다.

후베이를 대표하는 역사적 인물로 굴원(屈原)을 꼽을 수 있다. 굴원은 전국시대 초나라의 시인이자 정치가로, 강한 진나라에 대항하기 위해서는 제나라와 동맹해야 한다는 합종책을 주장했다. 그러나 회왕(怀王)은 합종책이 아닌 연횡책 06 을 따르다가 진나라에서 객사하고 말았다. 이로써 굴원은 오히려 모함에 빠진 채 쫓겨났으며, 울분을 삭이지 못하고 결국 멱라강(汨罗江)에 몸을 던져 생을 마감했다. 굴원이 사망한 날짜는 정확하지 않지만, 음력 5월 5일 단오절이 되면 굴원을 기리기 위해 쭝쯔(粽子)를 먹고 용선(龙

쭝쯔와 용선 경기

06 합종연횡(合纵连横): 전국칠웅이 각자 살아남기 위해 취했던 일종의 편 가르기 싸움. 합종책은 공손연(公孙衍)과 소진(苏秦)이 제안한 것으로, 서쪽의 진에 대응하기 위해 6개국이 종적으로 연합하자는 전략이다. 합종책을 깨기 위해 진나라는 장의(张仪)를 통해 연횡책을 제안했다. 6개국이 각각 서쪽에 있는 진과 횡적으로 연합하자는 전략이다. 연횡책을 택한 6개국은 차례로 멸망했고, 결국 진이 중국을 통일하였다.

船) 경기를 한다. 굴원이 멱라강에 빠져 자살했다는 소식을 들은 백성들이 굴원의 시신을 찾기 위해 배를 강에 띄우고, 물고기가 굴원의 시신을 해치지 못하도록 찹쌀을 쪄서 만든 쫑쯔를 강물에 던진 것에서 유래했다.

굴원은 또한 '중국 시의 아버지'라고 불리는 위대한 시인이기도 하다. 그는 현실에서 겪은 정치적 불우함을 자유로운 상상력을 발휘하여 초현실적으로 표현했다. 이는 '초사(楚辞)'라는 독특한 풍격의 시로 이어졌다. 굴원의 대표작으로는 「이소(离骚)」, 「천문(天问)」, 「어부사(漁父辞)」 등이 있다. [07]

(2) 혁명의 도시 우한

후베이 성도인 우한(武汉, Wǔhàn)은 인구가 1,000만 명이 넘는 큰 도시다. 중국 중부의 정치, 경제, 금융, 문화, 교통의 중심지이기도 하다. 또 자동차와 반도체 등 중요한 산업시설과 과학기술 시설이 밀집해 있다. 우한은 우창(武昌), 한커우(汉口), 한양(汉阳)을 합병하여 만들어진 도시다. '우한'이라는 명칭도 강 남쪽에 있는 우창과 북쪽에 있는 한양의 첫 글자를 따서 만들었다.

우한에는 강남 3대 누각 중 하나인 황허러우(黄鹤楼 황학루)가 있다. 황허러우는 삼국시대의 손권이 전쟁을 대비하기 위해 만들었는데, 전망이 좋아 후대에 최호(崔颢), 이백, 백거이 등 많은 유명 시인이 이곳에 올라 시를 남기기도 했다. TIP

황허러우

---

07 『초사(楚辞)』: 서한시기 유향(刘向)이 전국시대 초나라에서 유행했던 시가를 모아서 엮은 작품집. 유향의 『초사』에는 총 16개 작품이 실려 있는데, 굴원의 작품이 가장 대표적이다. 『시경』으로 대표되는 실용 위주의 중원 문화와 달리 『초사』는 기이한 상상력을 화려한 언어로 표현했다. 이러한 『초사』의 특징은 중국 문학사에 큰 영향을 미쳤고, 『시경』과 함께 중국 운문 문학의 양대 산맥으로 평가된다.

최호의 「황허러우(黃鶴楼)」

昔人已乘黃鶴去(석인이승황학거)	옛사람이 황학을 타고 떠나
此地空余黃鶴楼(차지공여황학루)	이곳에는 부질없이 황허러우만 남아 있네.
黃鶴一去不复返(황학일거불부반)	황학은 한 번 떠나 다시 돌아오지 않으니
白云千载空悠悠(백운천재공유유)	천 년 동안 흰 구름만 부질없이 떠 있구나.
晴川历历汉阳树(청천역력한양수)	맑은 냇물에는 한양 땅의 나무 또렷하고
芳草萋萋鹦鹉洲(방초처처앵무주)	앵무섬에는 향기로운 풀들 무성하네.
日暮乡关何处是(일모향관하처시)	날 저무는데 고향은 어디인가?
烟波江上使人愁(연파강상사인수)	물안개 이는 강가에서 수심에 잠기네.

우한은 중국 내륙의 항구도시이기도 하다. 창장강과 한수이(汉水)강이 만나는 곳에 있어 대형 상선이 드나들 수 있기 때문이다. 수상운송뿐 아니라 도로, 철도운송, 항공운송 등이 두루 발달해 '구성통구(九省通衢, 9개 성을 연결하는 통로)'라는 별칭도 가지고 있다. 우한은 1858년 개항 이후 근대화에 성공하였고, 마오쩌둥 시대에는 대약진운동을 상징하는 도시가 되었다. 현재 우한은 교통의 요지라는 장점을 바탕으로 '동방의 시카고'라 불릴 정도로 상공업이 번창한 도시로 발전했다.

① 신해혁명의 시발점 우창봉기

1911년 10월 10일 [08] 우창에서 우창봉기(武昌起义)가 일어났다. 이 우창봉기는 청나라를 무너뜨리고 중화민국을 세운 신해혁명(辛亥革命)의 시발점이 된다. 청일전쟁에서 패한 청 조정은 어설픈 개혁을 단행하면서 백성들에게 무거운 세금을 부과하였다. 이에 대한 백성들의 불만이 점점 커졌는데, 청나라가 철도까지 외국에 넘기려 하자 화가 난 군인들이 혁명파와 손잡고 우창에서 봉기를 일으켰다. 청은 현대화된 군대 신군(神军)

---

[08] 쌍십절(双十节): 신해혁명으로 탄생한 중화민국을 계승한 타이완은 우창봉기가 일어난 날을 건국기념일로 지정하고 매년 축하 행사를 개최한다. '10'이 두 번 들어가는 날이라서 '쌍십절'이라고 부른다.

TIP

쑨원

원래 의사였던 쑨원은 나라가 무너져가자 혁명운동에 뛰어들었다. 그는 여러 혁명조직을 하나로 묶기 위해 노력하고 혁명운동을 이끌어 '중국 혁명의 아버지' 로 불린다. 쑨원은 민족주의, 민권주의, 민생주의로 요약되는 삼민주의(三民主義)를 주창했다. 민족주의는 만주족이 세운 청을 무너뜨리자는 것이고 민권주의는 국민이 주인이 되는 공화국을 만들자는 것이며 민생주의는 국민의 생활 안정을 위해 토지를 균등하게 분배하자는 것이다.

쑨원

을 무장하기 위해 우한에서 현대적인 무기를 많이 제조하고 있었던 데다 결정적으로 이 지역에 쑨원이 제창한 혁명이론까지 퍼졌다. 우한에 주둔하던 신군 중에는 쑨원 사상에 동조하는 군인이 많았는데, 결국 무장한 신군이 만주족 국가인 청나라를 타도하자고 봉기했다. 혁명의 불길은 전국으로 번져 나갔으며, 이듬해인 1912년 혁명군은 쑨원을 임시 대총통으로 선출하고 난징에서 중화민국 건국을 선언하였다. 혁명을 진압하려 안간힘을 쓰던 청나라는 무너지고 공화 정부가 들어섰다. TIP

② 좌파의 수도 우한

창장강과 한수이강이 만나는 곳에 위치한 우한은 자연적인 방어 지형이 없을 뿐 아니라 지대가 낮아 비가 많이 오면 홍수가 일어날 수밖에 없다. 우한은 이러한 지리적 특성으로 교통의 요충지임에도 중국 역대 정권에서 공식적인 수도로 지정된 적이 없다. 하지만 신해혁명 이후 국민당 좌파와 공산당이 수도로 삼아 장제스에 대항한 곳이 바로 우한이다.

1925년 쑨원의 사망으로 장제스(蔣介石)가 정권을 장악한 후 성공적으로 북벌을 완수하였다. 그러나 이 과정에서 좌파와 우파 사이에 잠재했던 균열이 표면으로 드러났다. 1927년 3월 왕징웨이(汪精卫 Wāng Jīngwèi) 등이 이끄는 국민당 좌파와 공산당은 대규모 공업지역인 우한을 새로운 수도로 선포하였다. 그러나 장제스가 난징정부를 수립하고 국제적으로 인정받으면서 국민당과 공산당 간의 다툼이 본격화되자 수도로서의 운명도 종지부를 찍었다.

(3) 창장싼샤와 싼샤댐

창장싼샤(长江三峡 장강삼협)는 충칭시(重庆市) 펑제현(奉节县)의 바이디청(白帝城)에서 후베이성 이창시(宜昌市) 난진관(南津关)까지 193km에 이르는 창장강의 좁은 물길을 일컫는 말이다. 강 양안으로는 절벽이 솟구쳐 있으며 취탕샤(瞿塘峡), 우샤(巫峡), 시링샤(西陵峡) 등 3개 협곡이 차례로 나타난다.

싼샤는 한 폭의 산수화 같은 절경과 유구한 역사문화를 담은 콘텐츠로 유명하다. 창자가 끊어질 정도로 슬프다는 의미의 '단장(断肠)', 남녀 간의 육체적 관계를 가리키는 '무산지몽(巫山之梦)'과 '운우지정(云雨之情)' 등의 고사도 이 지역에서 유래했다. 관우의 죽음을 복수하기 위해 오나라를 정벌했던 유비가 임종 직전 제갈량에게 후사를 부탁한 바이디청도 이곳에 있다.

이창(宜昌)의 싼샤댐(三峡大坝)은 높이 185m, 길이 2,309m, 너비 135m에 이르며, 최대 저수량은 393억 톤, 최고 수위는 175m의 세계 최대 수력발전 댐이다. 싼샤댐은 홍수 예방, 전력난 해소, 선박 운항 조건 개선 등의 목적으로 건설되었다. 유구한 문화유산을 수몰시키고 수질오염이 심화되고 해양 생태계에 심각한 영향을 미친다는 이유로 댐 건설에 반대하는 목소리도 있었다. 하지만 1994년 착공되어 2006년 주 구조물의 토목공사가 완공되었으며 전체 공정은 2009년에 준공되었다.

싼샤댐

(4) 도가(道家)의 산실 우당산

우당산(武当山 무당산)은 후베이성 서북부 스옌(十堰 Shíyàn)시에 있는 도교의 성지일 뿐만 아니라 우당 무술의 발원지이기도 하다. 타이허산(太和山), 찬상산(参上山), 셰뤄산(谢罗山) 등으로도 불린다. 산세가 기이하고 웅장하며 늘 안개가 끼어 있는 신비한 경치는 이 산이 도교의 성지가 된 이유를 절로 알게 해준다.

우당산은 춘추시대부터 종교 활동 장소로 이용되었으며 역대 황실에서도 매우 중시했다. 당 태종이 우당산에 오룡사(五龙祠)를 건립한 이후 송나라와 명나라를 거치면서 많은 도교 건축물을 남겼다. 특히 명대에는 '진무수선(真武修仙)'이란 도교 고사에 따라 160만 ㎡에 달하는 면적에 33개 건축물을 축조하기도 했다. 원래 우당산에는

우당산고건축군

도관(道观)이 200여 개 있었으나 일부는 문화대혁명 때 파괴되었고 일부는 단장(丹江)댐 건설로 수몰되었다. 현재 남아 있는 53개 건축물을 비롯한 기타 문물들은 우당산고건축군(武当山古建筑群 Ancient Building Complex in the Wǔdāng Mountains)으로 1994년 유네스코 세계문화유산으로 등재되었다.

우당 무술은 중국 무술을 대표하는 중요 유파의 하나다. "북쪽에서 사오린 무술을 숭상한다면, 남쪽에서는 우당 무술을 숭상한다(北崇少林, 南尊武当)"는 말이 있을 정도다. 우당 무술은 원말 명초 도사 장삼봉(张三丰)이 기존 무당산 도사들의 무공을 집대성하여 무당파(武当派)를 창시하면서 시작되었다. 우리가 흔히 알고 있는 태극권(太极拳)이나 기공(气功)은 우당 무술의 한 종류이다.

② 신화·문학·혁명의 고향 후난

후난성(湖南省 Húnánshěng)은 둥팅후의 남쪽이라는 데서 그 이름이 유래했다. 후난성의 약칭 샹(湘 Xiāng)은 후난성에서 제일 큰 강인 샹장(湘江)강에서 기원한다. 후난성 성도는 창사(长沙)이며, 후베이성과 마찬가지로 춘추전국시대에는 초나라에 속했다.

후난성

(1) 마왕두이의 도시 창사

창사(长沙 Chángshā)는 후난성 성도로 후난성 동북부 샹장강과 류양허(浏阳河)강이 합류하는 샹류분지(湘浏盆地) 서쪽 가장자리에 있다. 3,000년 역사를 지닌 후난성의 행정, 경제, 교통, 문화의 중심지이며, 싱청(星城) 또는 탄저우(潭州)라고도 불린다. 화베이(华北)와 화난(华南)을 잇는 교통의 요충지로 샹장강 유역 물자가 이곳에서 집산되면서 일찍부터 도시로 발달했다. 창사시 동쪽 교외에 있는 마왕두이(马王堆 Mǎwángduī 마왕퇴) 한무(汉墓 Hànmù 한묘)에서 출토된 유물들은 서한시기 이 지역 상류층 사람들의 호화로운 생활과 발달된 공예기술을 보여준다.

마왕두이 한무는 후난성 창사시에 있는 전한(前汉) 초기 장사국(长沙国)의 승상 대후(轪侯) 이창(利苍)의 가족무덤이다. 1972~1974년 3차에 걸쳐 발굴되었는데, 발굴 당시 오대(五代) 때 초왕(楚王) 마은(马殷)의 무덤으로 잘못 전해지면서 마왕(马王)의 무덤이라는 의미로 '마왕두이'라 불리게 되었다. 하지만 발굴이 완료된 뒤 출토된 문물을 고증해 이 무덤이 전한시기 장사국의 승상 이창과 그의 처 그리고 아들의 것이라는 사실이 알려졌다.

마왕두이는 안장 모양의 두 언덕에 무덤 3기가 있다. 모두 거대한 지하식 묘광(墓圹 무덤구덩이) 안에 매장시설인 목곽(木椁 덧널)을 안치하고 흙을 채웠으며 그 위에 거대한 봉토를 올린 형태를 취하고 있다. 마왕두이의 무덤은 1호는 이창의 처, 2호는 이창, 3호는 이창 아들의 것이다. 이창과 아들의 무덤에는

마왕두이 한무 3호 무덤

유골도 제대로 남아 있지 않지만, 1호 무덤에서 전혀 부패되지 않고 완벽하게 보존된 대후 부인의 시신이 발견되었다. 마와 견직물로 시신을 싸고 산소와 수분을 차단하기 위해 숯과 회점토로 밀봉한 관에 안치되었기 때문에 2,000년이 지나도록 미라의 보존 상태가 좋았던 것이다.

그밖에 출토된 3,000여 가지의 진귀한 문물 중에는 비단, 칠기, 목기, 도기 등의 생활용품 외에도 인장(印章), 나무인형(木俑), 악기, 죽간(竹简), 백화(帛画), 백서(帛书) 등이 있다. 출토품은 대부분 1호와 3호 무덤에서 발굴되었고, 2호 이창의 무덤은 거의 도굴되어 인장 3개만 출토되

마왕두이 한무에서 발굴된 백화

었다. 부장품 중 백화에서 당시 생활모습과 전통풍속을 짐작할 수 있는데, 그중에는 그림 모양이 T자형으로 된 것도 있다. 백서 중에는 『전국책』, 『노자』, 『춘추』 등의 희귀본과 천문, 점술, 의학, 병법에 관한 내용을 기록한 것도 있으며, 장사국 지도 등도 있어 학술적 가치가 매우 높다. 현재 유물은 대부분 후난성박물관에 전시되어 있다.

(2) 천하제일의 호수 둥팅후

둥팅후

둥팅후(洞庭湖 Dòngtínghú 동정호)는 포양후(鄱阳湖 Póyánghú 파양호)에 이어 중국에서 두 번째로 큰 담수호다. 둥팅후는 창장강이 저지대를 만나 형성된 호수로, 주변에는 창사(长沙), 창더(常德 Chángdé), 웨양(岳阳 Yuèyáng) 등의 도시가 있다. 둥팅후는 예부터 '천하제일의 호수'라는 칭송을 들어왔다. 특히 둥팅후 남쪽 샤오수이(潇水 Xiāoshuǐ)강과 샹장강이 합류하는 곳은 빼어난 경치로 유명하다. 이 두 강의 첫 글자를 따서 이 일대의 아름다운 경관을 '소상팔경(潇湘八景)'이라고 하는데, 예부터 시와 그림의 소재로 각광받았다. 최근에는 지속적인 퇴적물 유입과 개발 사업으로 유량이 많이 줄었다. 그러나 장마 때는 일시적으로 유량이 최대 열 배까지 불어나 둥팅후 일대가 수몰되기도 한다. 이러한 범람 때문에 둥팅후 일대 농지는 토질이 비옥하여 오랜 세월 농업의 중심지가 되었다.

① 문학의 보고 웨양러우

웨양러우

둥팅후는 중국 문학과 신화의 보고이다. 둥팅후를 끼고 있는 도시 웨양에는 강남 3대 누각의 하나로 꼽히는 웨양러우(岳阳楼 악양루)가 있다. 삼국시대 오나라는 조조 군대에 대적하기 위해 둥팅후에서 수군을 훈련했는데,

수군의 훈련을 검열하기 위한 열군루(阅军楼)가 바로 웨양러우였다. 지금의 웨양러우는 청나라 말기에 중건한 것을 1984년 복원하였다. 20m 높이의 3층 건물을 못을 하나도 쓰지 않고 나무로만 지었다. 황색 지붕에 중국 건축 특유의 네 귀가 치솟은 처마가 특징이다. [09]

웨양러우라는 이름은 당나라 때 붙여졌다. 당 개원(开元) 4년(716) 중서령(中书令) 장설(张说)이 악주(岳州)로 부임하여 문인들을 이곳에 오르게 한 뒤 시를 짓게 하였다. 뒤를 이어 맹호연(孟浩然), 이백, 두보(杜甫), 백거이, 이상은(李商隐), 한유(韩愈) 등 무수한 유명 문인이 시와 글을 남겼다. 그중에서도 당대의 시성(诗圣) 두보가 지은 「웨양러우에 올라(登岳阳楼)」는 절창 중의 절창으로 꼽힌다. TIP

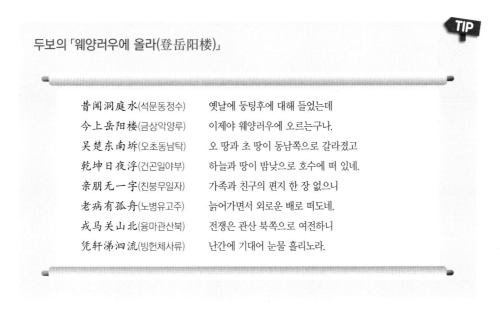

TIP

두보의 「웨양러우에 올라(登岳阳楼)」

昔闻洞庭水(석문동정수)	옛날에 둥팅후에 대해 들었는데
今上岳阳楼(금상악양루)	이제야 웨양러우에 오르는구나.
吴楚东南坼(오초동남탁)	오 땅과 초 땅이 동남쪽으로 갈라졌고
乾坤日夜浮(건곤일야부)	하늘과 땅이 밤낮으로 호수에 떠 있네.
亲朋无一字(친붕무일자)	가족과 친구의 편지 한 장 없으니
老病有孤舟(노병유고주)	늙어가면서 외로운 배로 떠도네.
戎马关山北(융마관산북)	전쟁은 관산 북쪽으로 여전하니
凭轩涕泗流(빙헌체사류)	난간에 기대어 눈물 흘리노라.

② 신화의 섬 쥔산다오

둥팅후 안에는 70개가 넘는 섬이 있다. 그중 가장 유서 깊고 아름다운 섬이 쥔산다오(君山岛 Jūnshāndǎo 군산도)다. 순임금의 두 왕비 아황(阿皇)과 여영(女英)에 관한 전설

---

09 강남 3대 누각: 후베이 우한의 황허러우(황학루), 후난 웨양의 웨양러우(악양루), 장시성 난창(南昌)의 텅왕거(滕王阁 등왕각)를 말한다.

쥔산다오와 샹페이츠

을 담고 있는 쥔산다오는 예전에 둥팅산(洞庭山 동정산)이라고도 불렸으며, 아황과 여영을 모신 샹페이츠(湘妃祠 상비사)라는 사당이 있다. 샹페이츠 내부 벽면에는 순임금이 두 부인과 함께 요임금을 뵙는 그림과 두 부인이 등천하는 그림이 있다.

샹페이츠에 얽힌 전설은 4,000여 년 전으로 거슬러 올라간다. 중국 최고의 태평성대인 요순시대를 열었던 요임금에게는 단주(丹朱)라는 아들과 아황과 여영이라는 두 딸이 있었다. 단주가 제위를 이을 만한 인물이 되지 못하자 요임금은 순을 후계자로 삼고자 아황과 여영을 순에게 시집보냈다. 순임금은 장인인 요임금 못지않은 성군이 되었으며, 우(禹)를 등용하여 황허강 치수에도 성공하였다. 우의 성공적인 치수로 농토가 증대되자 사람들이 순임금의 뛰어난 인재 등용을 칭송하였다. 순임금은 우를 천거하여 후계자로 삼았다.

순임금은 재위 39년이 되던 해에 후난의 형산(衡山)[10]으로 순행을 나갔다. 순임금의 두 부인도 따라왔으나 바람 때문에 배는 둥팅산에 정박하고 있었다. 그러던 차에 순임금이 창오(蒼梧)에서 갑자기 세상을 떠나고 말았다. 이 소식을 들은 두 부인은 슬픔에 겨워 망망한 둥팅후를 바라보며 눈물을 흘렸다. 산 위의 대나무숲을 헤매던 두 부인은 결국 둥팅후에 몸을 던졌다. 지금도 상군(湘君) 또는 상부인(湘夫人)이라고 불리는 여신이 바로 아황과 여영이다. 아황과 여영의 시신을 둥팅산 동쪽 기슭에 묻은 뒤 이들을 기리기 위해 둥팅산을 쥔산(君山)으로 개칭하였다.

소상반죽의 대나무

샹페이츠 근처에는 '소상반죽(瀟湘斑竹)'이라고 하는 대나무숲이 있다. 소상반죽은 표면에 한결같이 검은 반점이 있는데, 이

---

10 남악 형산: 형산(衡山)은 중국의 5대 명산 중 하나로 후난성 중부 상장강 서쪽에 있다. 오악 중에서 남쪽에 있어 남악(南岳)이라고도 하고, 예부터 사람들이 형산의 주신 축융씨(祝融氏)에게 복과 장수를 기원해왔기에 수악(壽岳)이라고도 한다. 형산은 유명한 도교와 불교의 성지로 200여 곳의 사당, 사찰, 도관 등이 산을 둘러싸고 자리해 있다.

반점은 순임금의 죽음을 슬퍼한 아황과 여영이 흘린 눈물 자국이라고 전해진다. 소상
반죽으로 만든 젓가락은 우리나라 조선시대의 선비들도 갖고 싶어 하던 명품이었다.
소상반죽에 얽힌 충혼과 정절을 높이 샀기 때문이다. 소상반죽 숲 주변에는 차밭도 있
다. 이곳의 차는 잎이 희고 가늘어서 '은침차(银针茶)'라고 하는데, 황제에게 진상할 정
도의 명차다.

(3) 무릉도원의 언저리 장자제

장자제(张家界 Zhāngjiājiè 장가계)는 중국의 대표적 여행 도시
로, 특히 우리나라 사람들이 좋아하는 중국 관광지 중 하나다.
한국인에게 후난성은 둥팅후보다 장자제로 더 잘 알려져 있다.
"사람이 태어나 장자제에 가보지 못하면 백 살이 되어서도 어찌
늙은이라 할 수 있겠는가(人生不到张家界, 百岁岂能称老翁)"라
는 말이 있다. 이는 장자제를 광고할 때 흔히 사용하는 문구이
기도 하다. 높게 치솟은 기암괴석들 사이로 케이블카가 지나간
다. 천 길 낭떠러지 위로는 잔교가 아슬아슬 공중에 매달려 있

장자제

다. 안개에 쌓인 풍경 사이를 걷다 보면 신비로운 느낌마저 감돈다. 장자제는 1992년 유
네스코 세계자연유산으로 등록되었으며, 2009년 개봉된 영화 〈아바타〉를 이곳에서 촬
영했다.

(4) 혁명가 마오쩌둥

후난성은 인류문화가 비교적 일찍 발달하여 역사적 인물이 많이 배출되었다. 대표적
인물로는 채륜(蔡伦, 50?~121?), 구양순(欧阳询, 557~641), 왕부지(王夫之, 1619~1692), 마오
쩌둥(毛泽东 Máo Zédōng, 1893~1976), 류사오치(刘少奇, 1898~1969) 등이 있다. 채륜은 후
한시기에 종이를 발명했고 구양순은 당나라 서예가이며, 왕부지는 명말청초의 사상가
이다. 마오쩌둥과 류사오치는 무산계급 혁명가다.

마오쩌둥은 1893년 후난성 샹탄현(湘潭县) 사오산(韶山)의 농민 가정에서 태어났다.

문화대혁명

대약진운동의 실패로 권위가 추락한 마오쩌둥은 1966년 정치적 입지를 회복하고 반대파들을 제거하기 위해 문화대혁명을 일으켰다. 문화대혁명의 공식 명칭은 '무산계급문화대혁명(无产阶级文化大革命)'이며 줄여서 '문화혁명' 또는 '문혁'이라고도 한다.

문화대혁명 지지를 표현한 우표

문화대혁명 시기 중국은 거의 모든 학교의 문이 닫히고 도서관의 책들이 불태워졌다. 공장도 가동을 중단한 채 극도의 사회 혼란과 경제 파탄에 빠졌다. 그 결과 중국은 경제, 사회, 교육, 문화 등 사회 각 영역에서 몇십 년 이상 후퇴하게 된다.

문화대혁명 시기 마오쩌둥의 이념을 종교처럼 숭배하며 그를 비호한 세력을 홍웨이빙이라고 한다. 홍웨이빙은 대부분 중학생에서 대학생 사이의 젊은이들이었다. 그들은 윗세대와 교사의 부패와 비리 등을 추궁하고 기존의 사상, 문화, 관습 등을 근원부터 파괴했다. 타도 대상이 된 자본주의 추종 세력인 주자파(走资派)와 지식인은 극심한 탄압을 받았다. 재판도 받지 않고 즉결 처형되거나 폭행을 당했으며, 인격적 모욕을 이기지 못해 자살한 사람도 많았다.

마오쩌둥은 문화대혁명이 시행된 지 3년 만인 1969년에 종료를 공식 선포했다. 그러나 그의 측근인 장칭(江青), 왕훙원(王洪文), 장춘차오(张春桥), 야오원위안(姚文元) '4인방'이 실세 권력으로 등장하면서 문화대혁명은 10년간이나 지속되었다. 혼돈과 폭력으로 얼룩져 내전과도 같았던 이 시기를 중국에서는 '10년 동란(十年动乱)'이라고도 부른다.

어릴 때는 집안의 농사일을 도우며 『논어』, 『맹자』, 『대학』, 『중용』 같은 사서(四书)를 주로 읽었다. 1911년 10월 혁명군에 입대하였다가 이듬해 제대했으며 1918년 창사 제1사범학교를 졸업했다. 외국 유학은 하지 못했으나 영국 유학파 출신인 교사 양창지(杨昌济)로부터 유물론을 배웠다. 비밀 학생단체와 접촉하고 무정부주의에 관한 책을 읽으면서 마르크스주의에 빠져들었다.

마오쩌둥은 1921년 상하이에서 공산당을 창당할 때 후난성 대표로 참가하였다. 국민당의 공세에 밀린 공산당이 1934년 10월 대장정을 시작하면서 마오쩌둥의 당내 지배력이 강화되었다. 1949년 10월 1일 중화인민공화국 수립과 동시에 마오쩌둥은 초대 국가주석에 취임했다. 국가재건사업인 대약진운동(大跃进运动 Dàyuèjìn Yùndòng)[11]을 대대적으로 실시했으나 참담한 실패로 끝났다. 이로써 마오쩌둥의 권위가 추락하여 1959년 4월 국가주석직을 사임했다. 정치적 위기에 몰리게 되자 마오쩌둥은 홍웨이빙(红卫兵 Hóngwèibīng 홍위병)을 앞세워 1966년 문화대혁명을 주도했다. TIP

1968년 10월 마오쩌둥은 당시 국가주석인 류샤오치를 실각시켰으며, 1970년에는 헌

---

11 대약진운동: 마오쩌둥 주도로 시작된 중국의 농공업 발전 정책. 중국 농촌의 현실을 무시한 채 집단농장을 추진하고 철강 생산 등을 무리하게 진행했다. 그 결과 4,000만 명에 이르는 사상 최악의 아사자를 내며 실패로 끝났다.

법수정초안을 채택하여 1인 체제를 확립하고 실질적인 중국 최고지도자로 군림하였다. 1976년 4월에 저우언라이(周恩来, 1898~1976)를 추도하기 위해 톈안먼광장에 모인 군중이 민주화를 요구한 제1차 톈안먼사건이 일어났고 그해 9월 마오쩌둥은 사망했다.

(5) 혁명의 맛 샹차이

후난성 출신인 마오쩌둥은 "매운 것을 먹지 않으면 혁명을 할 수 없다"고 했다. 우리나라 사람은 쓰촨 지역 음식인 촨차이가 중국에서 제일 매울 거라고 생각한다. 그러나 후난 요리도 이에 못지않다. 오죽하면 "쓰촨 사람은 매운 것을 두려워하지 않고, 구이저우 사람은 매워도 두려워하지 않으며, 후난 사람은 맵지 않을까 두려워한다(四川人不怕辣, 贵州人辣不怕, 湖南人怕不辣)"는 말이 있을 정도다. 이 말에서 알 수 있듯이 쓰촨, 구이저우, 후난 요리 모두 매운맛을 특징으로 한다. 촨차이 매운맛의 특징을 입이 얼얼한 마라(麻辣)라고 한다면, 후난 요리는 고추를 사용한 매운맛에다 시고 짠맛까지 더한 것이 특징이다.

우리나라에는 잘 알려지지 않았지만 후난 요리는 중국 8대 요리에 속한다. 후난성을 '샹'이라고 약칭하듯이 후난 요리는 '샹차이'[12]라고 한다. 후난 지역의 대표적 조리법은 웨이(煨 wēi)와 둔(炖 dùn)이다. '웨이'나 '둔' 둘 다 불의 세기를 약하게 해서 오랫동안 졸이거나 끓이는 방법이지만 '웨이'는 농도가 진한 탕을, '둔'은 맑은 탕을 만든다는 차이점이 있다. 음식 대부분을 중탕하는 것도 특징이다. 오랫동안 끓여 재료 본연의 맛이 우러나게 하는 것이다.

대표적 샹차이 둬자오위터우(剁椒鱼头)

---

[12] 샹차이: 중국 요리나 베트남 쌀국수에 들어가는 '고수'를 뜻하는 샹차이(香菜 xiāngcài)와 후난 요리를 뜻하는 샹차이(湘菜)는 중국어 발음은 같으나 글자와 의미가 다르다.

③ 신선이 사는 혁명의 요람 장시

장시성(江西省 Jiāngxīshěng)의 명칭은 당 현종이 이곳에 강남서도(江南西道)를 설치한 데서 유래했다. 장시성의 약칭은 간(贛 Gàn)인데, 장시성에서 가장 큰 하천인 간장(贛江)강의 이름에서 유래했다. 성도는 난창(南昌 Nánchāng)이다. 장시성 역시 춘추전국시대 초나라 땅이었다. 장시 출신의 대표적 인물로는 동진(东晋) 시대의 전원시인 도연명(陶渊明), 당 송팔대가인 구양수(欧阳修), 증공(曾巩), 왕안석(王安石) 등이 있다.

장시성

⑴ 공산혁명의 요람 징강산

징강산(井冈山 Jǐnggāngshān)은 인민해방군의 전신인 홍군(红军)의 탄생지로, 혁명의 요람으로 불린다. 1921년 창당한 공산당은 1924년 쑨원의 중국국민당과 제1차 국공합작을 결성했다. 이를 통해 공산당과 국민당은 손을 잡고 군벌과 자본가 계급에 맞섰다. 1925년 쑨원이 사망하고 장제스가 정권을 장악했다. 장제스는 난징에 국민당 정부를 세우고 공산당과 대립하며 공세를 펼쳤다. 1927년 마오쩌둥은 후난성 창사에서 일으켰던 최초의 농민무장봉기인 추수봉기(秋收起义)가 실패하자 징강산에 근거지를 마련했다. 이듬해인 1928년 주더(朱德 Zhū Dé)가 합류하면서 중국공농혁명군 제4군(中国工农革命军第四军)을 창설하였다. 뒤에 중국공농혁명군 제4군은 중국공농홍군 제4군(中国工农红军第四军)으로 명칭을 바꾸었는데, 이를 줄여 '홍군'이라고 한다. 홍군은 항일전쟁기에는 팔로군(八路军), 신사군(新四军)으로도 불렸다. 일본이 항복한 뒤 국공내전이 시작되자 1947년 인민해방군으로 이름을 바꾸었다.

⑵ 소비에트공화국의 임시 수도 루이진

루이진(瑞金 Ruìjīn)은 장시성 간저우(贛州 Gànzhōu)시 관할의 현급시로 장시성 남동부 푸젠성과 경계 지역에 있는 인구 63만 명 규모의 소도시다. 1920년대 후반 공산당 세력은 국민당에 밀려 징강산에서 비교적 떨어진 산악지대인 루이진으로 쫓겨왔다. 중국공산당은 국민당과 대치하는 상황에서 1931년 마오쩌둥을 주석으로 하는 중화소비에트공화국을 수립하고 루이진을 임시 수도로 정한다. 소비에트 정부는 토지재분배와 농민보호정책으로 농민의 지지를 얻으며 세력을 폭발적으로 확장했다. 이에 위협을 느낀 국민당 정부는 공산당에 대한 대대적인 공세를 퍼부었고, 양적으로나 수적으로 열세에 몰린 홍군은 후퇴할 수밖에 없었다. 1934년에서 1935년까지 홍군은 국민당군과 사투를 벌이면서 루이진에서 샤안시성 북부의 옌안(延安)까지 행군했다. 이를 대장정이라고 한다. 대장정을 통해 샤안시성 옌안에 새로운 근거지를 확보한 공산당은 항일전과 국공내전에서 승리하고, 장제스를 타이완으로 몰아내면서 본토를 통일했다.

⑶ 시심이 머무르는 곳 루산

주장(九江 Jiǔjiāng)시 소재 명산 루산(庐山 Lúshān 여산)은 북쪽으로는 창장강, 동쪽으로는 중국 최대 담수호인 포양후와 접하고 있다. 산, 강, 호수가 함께 어우러져 웅장함과 기이함, 아름다움을 동시에 가지고 있다. 1996년에는 유네스코 세계자연유산에 그리고 2004년에는 세계지질공원에 등재되었다.

루산

루산은 풍광뿐 아니라 종교·문화·정치적으로도 중요한 명소이다. 기원전 126년에는 사마천(司马迁)이 루산에 올라 『사기(史记)』를 썼으며, 4세기에는 동진의 혜원(慧远)스님이 이곳에 머물며 정토종(净土宗)을 창건했다. 또 도연명, 이백, 백거이, 소식, 왕안석, 황정견(黄庭坚), 육유 등 수많은 문인이 루산과 관련된 작품을 남겼다.

1930년대에는 국민당 정부의 여름 수도로 지정되었으며, 1937년에는 장제스가 이곳에서 항일담화를 발표하고 전면 항전을 개시했다. 1959년에는 중국 공산당 제8기 중앙 위원회 8차 총회인 루산회의가 열렸다. 이 회의에서 국방부장 펑더화이(彭德怀 Péng Déhuái)는 마오쩌둥의 총노선(总路线), 대약진(大跃进), 인민공사(人民公社)의 '3면홍기(三面红旗)' 정책에 반대하면서 마오쩌둥과 공개적으로 충돌했다.

루산회의가 열렸던 루산인민극장

⑷ 도자기의 도시 징더전

장시성 동북부 안후이성과의 경계 지역에 있는 징더전(景德镇 Jǐngdézhèn)은 옛날부터 도자기 생산지로 유명하다. 양질의 도토(陶土)가 생산되고 수륙 교통이 편리하여 도공들이 많이 모여들었다. 문헌에 따르면, 한나라 때부터 이미 도자기를 생산했고 남조의 진(陈) 때부터 본격적으로 도자기를 생산했다. 북송시기에 징더전의 청화백자 기술이 알려지면서 세계인의 관심을 받는 도시로 발달했다.

징더전의 청화백자

징더전이라는 지명도 송의 경덕(景德) 연간(1004~1007)에 궁중에서 필요로 하는 도자기에 연호를 새긴 데서 유래했다. 명대에 이르러 징더전은 중국 최대 도자기 생산지로 자리매김했다. 이때 만들어진 자기가 '차이나(China)'로 불리면서 유럽으로 수출되었고, '차이나'는 서양에서 중국을 부르는 이름이 되었다. 지금도 주민 대부분이 도자기 생산에 종사하며 최근에는 일부 고급 도자기 제작 외에 대량생산도 하고 있다.

장자제의 운해

파촉의 땅 그리고
옛길 차마고도

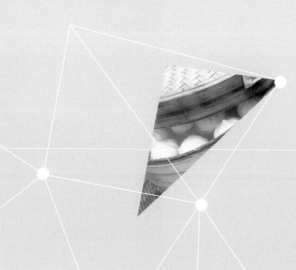

① 『삼국지』의 보고 쓰촨성

"젊어서는 쓰촨성(四川省 Sìchuānshěng)에 들어가지 말고, 나이 들어서는 촉 땅에서 나오지 말라"는 격언이 있다. 이런 격언이 나온 이유는 무엇일까? 청춘 세대의 발전 동력이 될 수 있는 우여곡절, 결핍, 도전정신을 가지기에는 쓰촨성이 너무나 여유롭다는 의미다. 반대로 나이 든 사람은 이 쓰촨성에서 지난 삶을 회고하며 유유자적하게 살 수 있으니 더할 나위 없이 좋다는 뜻이다. 이렇듯 쓰촨성은 여유롭고 유유자적한 환경이다. 또 사람들은 사교적·낙천적·외향적이며 성실하고 약속을 잘 지킨다.

쓰촨성

(1) 파촉의 땅, 그 의미와 배경

중원에서 촉으로 가는 길이 얼마나 힘들었으면 이백은 "촉 땅으로 가는 길, 푸른 하늘 오르기보다 더 어렵구나(蜀道之难, 难于上青天)"라고 읊었다. 제갈량(诸葛亮)이 위나라를 토벌하기 위해 머물던 검문관(剑门关)이 중원으로 통하는 유일한 통로였다. 이 검문관을 통해 중국의 차와 소금 그리고 티베트의 말이 오갔다. 차와 말을 교역했기에 '차마고도(茶马古道)'라고 불린 이 길은 실크로드와 함께 인류 최고(最古)의 교역로로 꼽힌다. 이렇듯 쓰촨은 중국이면서도 중국과는 격리되어 있

검문관과 차마고도

었다. 그래서 쓰촨과 충칭은 예로부터 '파촉(巴蜀)'으로 불리며 이국적인 것을 상징하는 단어로도 많이 사용되었다.

쓰촨성의 성도는 청두(成都 Chéngdū)이며 약칭은 촨(川 Chuān)이지만 수(蜀 Shǔ)로도 불린다. 지금은 산둥성의 뒤를 이어 두 번째로 큰 성이지만 1997년 충칭(重庆)이 직할시로 승격되기 전까지 쓰촨성은 인구가 가장 많은 성이었다. 북송시대에 쓰촨분지 일대의 행정단위를 바꾸면서 기존의 천협로(川峽路)를 익주(益州), 재주(梓州), 이주(利州), 기주(夔州)의 4개 '로(路)'로 나누고 이를 통칭해서 천협사로(川峽四路) 또는 사천로(四川路)라고 불렀던 데서 '사천'이라는 이름이 유래하였다.

쓰촨은 '천부지국(天府之国)'이라는 별칭을 가지고 있다. '하늘이 내린 곳간'이라는 의미다. 쓰촨이 풍요의 상징이 된 데는 진나라 때 촉군 태수였던 이빙(李冰)의 공이 크다. 이빙은 청두 서쪽을 흐르는 민장(岷江)강에 두장옌(都江堰 Dūjiāngyàn 도강언)이라는 수리시설을 설치하고 물길을 통제해 농업을 발전시켰다. 이를 계기로 비옥한 쓰촨의 물산은 더욱 풍부해져 '천부지국'이라는 별칭을 얻게 되었다.

쓰촨성 북부에 위치한 주자이거우(九寨沟 구채구) TIP에는 "주자이거우의 물을 보고 나면 다른 물을 보지 않는다"라는 말이 있다. 탄산칼슘이 함유된 물이 얼었다 녹았다를 반복하면서 호수마다 기묘한 물빛이 더할 나위 없이 아름다워 붙여진 말이다. 1992년 유네스코에서 세계자연유산으로 지정한 명소다. 원시삼림, 만년설산, 청정습지, 호수와 폭포가 어우러진 경치, 호숫가를 따라 목재 덱이 깔린 트레일은 신선이 노니는 것처럼 아름답다. [01]

TIP

주자이거우

'지구에서 가장 아름다운 물빛'이란 수식어가 따라다니는 주자이거우는 오랜 세월에 걸쳐 탄산칼슘의 물이 얼었다 녹았다를 반복하면서 만들어졌다. 호수마다 독특한 비취색 물빛을 자랑하는데, 1992년 유네스코 세계자연유산으로 등재되었다. 주자이거우는 크게 Y자 형태로 이어진 세 계곡으로 이루어져 있다. 호수 물빛이 너무 아름다워 간혹 손이나 발을 담그는 이들이 있는데, 인민폐로 500위안 정도를 벌금으로 내야 한다.

주자이거우

---

[01] 슝마오(熊猫 판다): 쓰촨의 대나무숲에 서식하며, 청두에 판다국립공원이 있다. 주로 대나무를 먹고살며 행동이 느리고 귀여운 모습으로 많은 이의 사랑을 받고 있다. 평화를 상징하는 마스코트처럼 사용되며 중국 정부의 특별한 보호를 받고 있다.

⑵ 촨쥐와 볜롄

베이징의 연극을 '징쥐'라고 하듯 쓰촨 지역의 연극을 '촨쥐(川剧)'라고 한다. '촨쥐'는 쓰촨에서 만들어진 '쓰촨의 연극'이라는 뜻이다. 또 '쓰촨의 모든 공연예술'을 총칭하는 단어로 사용되기도 하며, 쓰촨의 크고 작은 모든 공연예술을 통칭하는 말이기도 하다. 촨쥐는 쓰촨의 별칭인 '하늘 곳간에 핀 꽃(天府之花)'이라 불릴 정도로 파촉문화의 정수로 꼽힌다.

볜롄

촨쥐 중에는 다른 지방의 공연예술에서는 찾아볼 수 없는 '볜롄(变脸 biànliǎn 변검)'이라는 장르가 있다. 볜롄은 "얼굴의 분장인 롄푸(脸谱 liǎnpǔ 검보)를 바꾸다"는 뜻으로 '촨쥐의 꽃(川剧之花)'으로 여겨진다. 볜롄은 영화 〈변검〉뿐 아니라 여러 예능 프로그램을 통해 우리나라에도 잘 알려져 있다.

⑶ 황제를 넘어서는 제갈량의 인기

청두의 우허우쓰(武候祠 무후사)는 제갈량을 모신 사당이다. 유비의 무덤과 함께 있지만 '유비의 능'으로 불리지 않고 '제갈공명의 사당'이라고 불린다. 제갈량의 인기가 유비의 인기를 능가하는 데는 여러 이유가 있을 것이다. 제갈량 정도의 지혜와 전략을 갖추고 대중적 지지를 얻은 사람이라면 얼마든지 유비의 아들 유선(刘禅)을 제치고 제위에 올라도 되었을 것이다. 그러나 제갈량은 유선을 잘 보살펴달라는 유비의 유언을 지킨다. 그뿐 아니라 위나라와의 전쟁을 준비하면서 불세출의 명작 「출사표(出师表)」 두 편

우허우쓰

을 남기고 조국을 위해 헌신하다 전장에서 죽음을 맞이한다. 제갈량이 길지 않은 생애에서 보인 인품과 인간미 그리고 죽는 날까지 지켰던 충신의 면모 때문에 사람들이 오랫동안 그를 기념하는 것이 아닐까? 청두를 대표하는 대형 공연 〈천부촉운(天府蜀韵)〉에도 제갈량과 적벽대전 이야기가 들어 있을 정도다. TIP

유비와 제갈량

북방을 평정한 조조에게 천하통일의 대업을 위해 남은 것은 남쪽의 형주(후베이와 후난)와 강동(장쑤와 저장)을 평정하는 일이었다. 당시 유비는 신야(新野)라는 변두리 지역에서 무기력하게 의탁하고 있었다. 이러한 절체절명의 시기에 유비는 삼고초려(三顾草庐)하여 제갈량을 영입한다. 제갈량은 유비에게 "동쪽 오나라의 손권과 연합하고, 서쪽 형주와 익주(益州 쓰촨)를 차지한 다음 남쪽의 이월(夷越)과 화친을 맺고, 북쪽의 조조에게 대항해야 한다"는 '천하삼분지계'를 제시했다. 이러한 전략하에 수행된 적벽대전은 소수의 군사력으로 절대다수를 이겼다는 점에서 전사에 길이 남는다. 정확한 상황 판단과 철저한 약점 분석, 긴밀한 협력과 치밀한 전략이 있었기 때문이다. 적벽대전에서 조조가 패하고 강남 지역 병합을 포기함으로써 천하 통일의 시기는 더욱 늦어졌다. 바로 제갈량의 '천하를 세 개로 나누자는 계책'이 완성된 것을 의미한다. 적벽대전 이후 형주는 관우가 다스리게 되었고, 유비는 익주를 차지해서 촉한(蜀汉)을 세울 수 있었다.

⑷ 청두, 시인의 도시를 그리다

유비와 제갈량의 도시라고 할 수 있는 청두시는 금관성(锦官城)이라고도 불린다. 도시를 상징하는 꽃 부용화와 비단으로 유명하기 때문이다. 당대(唐代) 시선(诗仙) 이백은 청두에서 성장했고, 시성(诗圣) 두보는 그의 시 1,400여 수 가운데 800여 수를 청두에서 지었다. 두보가 4년 가까이 머물던 두보초당(杜甫草堂)은 지금도 많은 관광객이 찾

어메이산(峨眉山)

아미산. 중국 불교의 4대 명산 중 하나로 해발 3,000m가 넘는다. 특히 정상에 있는 사찰 금정사에는 높이 48m의 사면십방보현좌상(四面十方普贤座像)이 설치되어 있다. 정상에는 항상 차가운 기운이 감돌고, 늘 구름과 안개에 덮여 있어 '불광(佛光)', 즉 브로켄(brocken) 현상을 볼 수 있으며 일출, 운해 등도 장관을 이룬다. 어메이산의 케이블카는 101명이 탑승할 수 있는 아시아 최대 규모다.

어메이산의 가을

러산다포(樂山大佛)

낙산대불. 어메이산과 청두 중간에 위치한 러산다포는 8세기(713)에 조각하기 시작하여 90년 동안 절벽을 깎아 만든 거대 석불상이다. 오른쪽으로는 민장강, 왼쪽으로는 다두허(大渡河)강, 그리고 가운데로는 칭이장(青衣江)강의 강줄기가 합쳐지는 곳에 있다. 높이가 71m인데, 한쪽 귀 안에 세 사람이 앉을 수 있으며, 발등의 폭은 8.5m로 100여 명이 앉을 수 있다고 한다. 현존하는 세계에서 가장 큰 마애조각상으로 "산이 부처가 되고, 부처가 산이 되었다"고 말해진다.

러산다포와 유람선

는 명소다. 게다가 당송팔대가 8명 중 세 사람인 소식(苏轼)과 형 소철(苏辙) 그리고 이 두 사람의 아버지인 소순(苏洵) 삼부자는 청두 남쪽 미산(眉山) 출신이다. 소식은 소동파라고도 알려진 시인이자 사인(词人)으로 호방한 사풍을 창시했다. 또 불교적이고 도교적인 색채를 띤 문인으로 「적벽부(赤壁赋)」라는 문장은 지금까지도 애송된다.

두보의 시 「춘야희우(春夜喜雨)」 **02** 는 평생 힘들게 살다가 50세 무렵 청두에 '두보초당'을 세우고 여유로운 생활을 누릴 때 지은 시다.

이백이 어디서 태어났는지는 지금의 쓰촨성 창밍현(彰明县)인 면주(绵州)에서 출생했다는 설도 있고, 5세 때 서역에서 이주해 왔다는 설도 있다. 어찌 되었거나 이백은 풍족한 가정에서 어려움을 모르고 자랐으며, 25세까지는 대부분 시간을 쓰촨성에서 보냈다. 자유분방한 낭만주의자 이백과 시대의 아픔과 슬픔을 노래한 현실주의자 두보는 극과 극의 성향을 가지고 있었다. 하지만 서로 뛰어난 능력을 인정한 그들은 시를 통해 교감하고 공감했으며, 이는 그들 사이의 깊은 신뢰와 우정으로 이어졌다. 자주 만나지 못했던 이백과 두보의 서로에 대한 그리움은 이들이 지은 시에 고스란히 담겨 있다.

TIP

(5) 매운맛의 대명사 촨차이

촨차이(川菜)는 창장강 상류의 쓰촨성과 충칭 지역을 중심으로 발달한 쓰촨요리를 말한다. 촨차이는 중국 4대 요리 중의 하나로, 향신료를 많이 사용한 얼얼하고 매운맛이 특징이다. 쓰

향신료 산초와 고추

---

02 두보 「춘야희우」

好雨知时节(호우지시절)	좋은 비는 때를 알아
当春乃发生(당춘내발생)	봄이 되니 내리네.
随风潜入夜(수풍잠입야)	바람 따라 몰래 밤에 들어와
润物细无声(윤물세무성)	소리 없이 촉촉이 만물을 적시네.
野径云俱黑(야경운구흑)	들길은 구름 낮게 깔려 어둡고
江船火独明(강선화독명)	강 위에 뜬 배는 불빛만 비치네.
晓看红湿处(효간홍습처)	새벽에 붉게 젖은 곳을 보니
花重锦官城(화중금관성)	금관성에 꽃이 활짝 피었네.

TIP

이백과 두보의 우정이 나타난 시

「사구성 아래에서 두보에게(沙丘城下寄杜甫)」

이백

我来竟何事(아래경하사)	내가 무슨 일로 여기까지 와
高卧沙丘城(고와사구성)	사구성 아래 드러누워 있나.
城边有古树(성변유고수)	성 둘레 아름드리나무에는
日夕连秋声(일석연추성)	밤낮으로 가을 소리 잇닿는다네.
鲁酒不可醉(노주불가취)	노 땅의 술은 취하지도 않고,
齐歌空复情(제가공부정)	제 땅의 노래는 부질없이 옛정만 일깨우네.
思君若汶水(사군약문수)	그대 생각하는 내 마음은 저 문수와 같으려니,
浩荡寄南征(호탕기남정)	호탕하게 남으로 흐르는 물에 내 마음 부쳐 본다.

「봄날 이백을 추억해본다(春日忆李白)」

두보

白也诗无敌(백야시무적)	이백의 시는 당할 이가 없으니
飘然思不群(표연사불군)	자유분방한 그 생각 워낙 뛰어나네.
清新庾开府(청신유개부)	시의 청신한 맛은 유신(庾信)과 같고
俊逸鲍参军(준일포참군)	빼어난 기풍은 포조(鲍照)와 같네.
渭北春天树(위북춘천수)	여기 위수 북쪽엔 나무마다 봄빛이 완연한데
江东日暮云(강동일모운)	그곳 강동 땅엔 저녁노을 일고 있겠지.
何时一樽酒(하시일준주)	언제 다시 만나 동이 술 비우며
重与细论文(중흥세논문)	다시 그대와 세세히 시를 논할 수 있으려나.

촨은 바다에서 멀리 떨어진 중부 내륙에 있기 때문에 해산물 요리가 거의 없다. 주로 육류와 채소, 곡류를 주재료로 하여 산초(花椒 huājiāo), 고추(辣椒 làjiāo) 등의 향신료를 넣어 만든다. 쓰촨은 분지 지형이라 더위와 추위가 심한데, 이런 악천후를 이겨내기 위해 쓰촨 사람들은 산초, 고추, 마늘, 생강, 후추 등 매운맛이 나는 각종 향신료를 사용해 음식을 만들었다. 그중에서 고추는 17세기에 쓰촨으로 유입되었는데, 지금 우리가 보는 붉게 매운 촨차이는 이때부터 시작되었다. 또 촨차이는 내륙 깊은 곳에 위치한다는 지역적 특성 때문에 식품 저장법에 대한 연구가 활발해 소금으로 절이거나 말려

서 보관하는 보존식품이 발달했다. 중국 음식점의
기본 밑반찬으로 제공되는 자차이(榨菜 zhàcài)가 대
표적이다.

자차이

　찬차이는 사용하는 향신료와 조리법에 따라 24
가지 다른 맛을 보여준다. 가장 대표적인 맛은 짭짤
하고 매콤한 맛 위샹(鱼香 yúxiāng), 얼얼하게 매운 맛 마라(麻辣 málà), 새콤하고 매운
맛 쏸라(酸辣 suānlà) 등이다. 짭짤하고 매콤한 위샹 맛은 검붉은 빛깔에 매콤 달콤하
면서 짭짤하고 신맛도 나는 찬차이 특유의 위샹소스를 사용해서 낸다. 위샹소스는 쓰
촨 사람들이 주로 민물생선을 요리할 때 비린내를 없애려고 사용하는데, 생선을 사용
하지 않더라도 다양한 향신료와 어우러져 신선한 생선의 맛을 낸다. 가늘게 채 썬 돼
지고기에 위샹소스를 넣고 볶아낸 위샹러우쓰(鱼香肉丝 yúxiāng ròusī)와 가지에 위샹
소스를 넣어 볶은 위샹체쯔(鱼香茄子 yúxiāng qiézi)가 대표적이다. 얼얼하게 매운 마라
맛은 산초와 건고추를 중심으로 한 향신료들이 어우러져 내는 맛이다. 우리나라 사람
들에게도 익숙한 마포더우푸(麻婆豆腐 mápó dòufu), 마라탕(麻辣烫 málàtàng), 훠궈(火
锅 huǒguō) 등이 마라 맛을 띠는 대표적
인 요리다. 새콤하고 매운 쏸라 맛은 쓰
촨 더우반장(豆瓣酱 dòubànjiàng)에 파,
마늘, 생강, 식초, 설탕, 고추기름 등을
넣어 만든 쏸라소스에서 나오는 맛이다.
쏸라탕(酸辣汤 suānlàtāng)이 대표적인데,
쓰촨 사람들이 입맛을 돌아오게 하거나
해장이 필요할 때 또는 느끼한 음식을
먹을 때 주로 함께 먹는다.

위샹러우쓰

마포더우푸

마라탕

훠궈

② 훠궈의 도시 충칭

충칭시

1997년 쓰촨성에서 분리되어 직할시가 된 충칭(重庆 Chóngqìng)은 약칭이 위(渝 Yú)이다. 산으로 둘러싸이고 창장강과 자링장(嘉陵江)강의 합류 지점에 있어 '강성(江城)'으로 불리기도 한다. 또 안개가 많이 끼어서 '무도(雾都)'로, 다리가 많아서 '교도(桥都)'로 불리기도 한다. 하지만 충칭의 대표적 별칭은 '산성(山城)'이다. 고대에는 파국(巴国)의 땅이었으며, 한나라 때는 익주(益州)에 속하였고, 당나라 때는 자링장강의 당시 이름을 따서 유주(渝州)라고 불렀다. 송나라 광종(光宗)이 정월에 이 지역을 다스리는 공왕(恭王)에 봉해졌다가 같은 해 황제에 즉위하는 겹경사가 생기자 '쌍중희경(双重喜庆 겹경사)'이라고 한 데서 지금의 '충칭'이라는 지명이 유래하였다.

충칭은 서남부 최대 상업도시로 창장강 상류 지역의 경제, 금융, 과학, 항운(航运)의 중심도시이다. 명대와 청대

우룽협곡

에 이미 물류의 중심지였던 충칭은 1895년 일본과 맺은 시모노세키조약을 통해 사시(沙市), 쑤저우, 항저우와 함께 하항(河港)으로 개항되었다. 삼협뿐 아니라 유네스코 세계문화유산에 등재된 대족석각(大足石刻)이 유명하며, 카르스트지형의 우룽(武隆)협곡은 영화 〈트랜스포머 4〉 촬영지로 잘 알려진 곳이다.

충칭의 여름은 우한, 난징과 함께 중국의 3대 화로로 꼽힐 만큼 무덥다. 겨울에는 영하로 내려가지는 않지만 안개와 습한 날씨 때문에 체감온도는 만만치 않다. 충칭에서 훠궈가 발달하게 된 것도 이런 겨울 날씨와 무관하지 않다. 냄비에 붉은 고추기름이 둥둥 떠 있는 중국식 샤부샤부인 훠궈는 20세기 초까지는 하급노동자들의 먹거리였지만 지금은 전 세계인의 별미가 되었다.

훠궈소스 만들기

중국의 마라훠궈를 먹을 때 소스를 만들어 곁들이면 더욱 풍미가 높아진다. 일반적으로 굴소스에 참기름, 마늘, 파, 설탕, 간장 등을 입맛에 맞게 섞어 만드는데, 굴소스 대신 들깨로 만든 쯔마장을 넣기도 하고, 타이완에서는 달걀 노른자를 곁들이기도 한다.

충칭의 훠궈는 마오두(毛肚)훠궈 또는 마라(麻辣)훠궈라고도 하는데 소의 천엽, 돼지 동맥, 오리 내장, 선지 등을 주원료로 한다. 훠궈는 지금부터 400여 년 전인 명말청초에 자링장강변과 조천문(朝天门) 부두 등에서 일하는 선원이나 노동자가 손쉽게 만들어 먹던 먹거리였다. 19세기부터는 충칭의 연회 자리에서도 마오두훠궈를 쉽게 볼 수 있었다. 1937년 중일전쟁이 일어나고 일본군의 공세가 거세지자 국민정부는 충칭을 '전시 수도'로 결정했다. 충칭이 전시 수도가 되면서 거리 곳곳에 규모를 갖춘 훠궈음식점이 생겨났고 이것이 현재의 충칭훠궈로 발전했다. 그와 함께 충칭은 '훠궈의 도시(火锅之都)'라는 별칭을 얻었다. **TIP**

중일전쟁 당시 일본군은 수도 난징을 점령한 뒤 대학살을 자행했고, 당시 전시 수도였던 충칭에도 '충칭대공습(重庆大轰炸)'이라는 대규모 폭격을 수년 동안 강행하였다. 이 폭격으로 죽거나 부상당한 민간인이 3만 9,000명에 이를 정도였다.

③ 험준한 옛길 차마고도의 윈난성

윈난성(云南省 Yúnnánshěng)의 약칭은 '윈(云 Yún)' 또는 '뎬(滇 Diān)'이고, 성도는 쿤밍(昆明)이다. '뎬'이라는 약칭은 쿤밍 시내에 있는 '뎬츠(滇池)'라는 호수 이름에서 유래했다는 설이 있다. 윈난성은 동쪽으로는 구이저우(贵州 Guìzhōu)와 광시, 서북쪽으로는 티베트(시짱), 북쪽으로는

윈난성

쓰촨과 경계를 이루고 있다. 남쪽으로는 라오스와 베트남, 서쪽으로는 미얀마와 국경을 맞대고 있다. 윈난의 상주인구는 2019년 말 현재 4,858만 3천 명으로, 중국 전체에서 소수민족이 가장 많이 사는 지역이다. 현재 한족을 제외한 25개 소수민족이 거주하며, 인구 100만 이상인 소수민족으로는 이족(彝族), 바이족(白族), 하니족(哈尼族), 다이족(傣族), 좡족(壯族) 등이 있다. 윈난성에는 쿤밍, 다리(大理), 리장(丽江) 등 유명한 관광지들이 있다.

⑴ 오랜 교역로 샹그릴라와 다리

윈난성의 차마고도는 실크로드보다 200년이나 앞서 만들어졌다. 중국 서남부의 특산물인 차와 티베트의 말을 교환하기 위해 형성된 이 고대 무역로는 이제 흔적만 남았다. 차마고도는 서로 다른 문명과 문화 간의 전파, 민족 이동, 종교 전래 등 문명사에서 매우 중요한 역할을 해왔다.

여러 갈래의 차마고도 중 윈난에서 출발하여 메이리쉐산(梅里雪山)을 넘는 차마고도는 마방의 흔적이 지금까지도 군데군데 남아 있다. 중국 서남부에서 모은 차와 교역품이 리장과 다리에 모였고, 이곳에서 출발하는 마방의 목적지는 티베트였다. 윈난에서 티베트로 향하는 이 길에는 메이리쉐산이 있는데, 이는 티베트로 '설산의 신'이라는 뜻이다.

메이리쉐산

차마고도를 따라 물건을 교역하던 상인 조직인 마방은 이 메이리쉐산을 바라보며 부디 안전하게 이 길을 넘고 가족 품에 다시 돌아오길 기원했다고 한다.

1997년 이전까지 히말라야 인근의 인도, 네팔, 중국의 티베트자치구 등에 사는 사람들은 자신이 정한 지점을 '샹그릴라(香格里拉 Xiānggélǐlā)'로 불렀다. 이는 티베트어로 '내 마음속의 해와 달'이라는 뜻이다. 1993년 영국인 소설가 제임스 힐턴(1900~1954)이 쓴 소설 『잃어버린 지평선(Lost

샹그릴라

Horizon)』에서는 현대에 존재하는 인류의 낙원, 샹그릴라가 존재한다고 했다. 샹그릴라는 실존할까? 그렇다면 어디를 말할까? 1997년 중국 정부는 민족학자, 지리학자, 종교학자, 역사학자 등 국내외 학자 50여 명으로 구성된 공식 탐험대를 발족해 샹그릴라 찾기에 나섰다. 소설에서 샹그릴라는 설산, 강과 협곡, 대초원, 원시산림, 다양한 동식물, 티베트 종교 등이 그 기준이었는데, 공식 탐험대는 더친(德钦)과 중톈(中天) 지역을 샹그릴라라고 부르기로 했다. 윈난성의 디칭(迪庆) 티베트족 자치구에 속하는 곳이다.

중국의 '프로방스'라고 불리는 다리는 윈난과 티베트, 미얀마를 잇는 교통의 요지로 유서 깊은 도시다. 8세기에 세워진 남조국(南诏国)이 250년간 이 지역을 통치했고, 그 뒤를 이어 300년간 번성했던 다리궈(大理国 대리국)는 베트남 북부와 미얀마까지 세력을 확장했다. 당시 남방 실크로드의 중심지로 중계무역이 발달했던 다리에는 다양한 문화가 공존했다. 지금도 고성 일대에는 후이족의 이슬람 사원과 개신교 교회와 천주교 성당이 공존하고 있다. 그러나 다리 사람들은 마을의 수호신이라고 할 수 있는 본주(本主)를 섬긴다. 다리 지역에서 섬기는 본주만 해도 1,000여 명에 달하는데, 마을 하나에 본주가 하나씩 있는 셈이다. 다리 사람들이 가장 숭상하는 본주는 대흑천신(大黑天神)이다. 마을에 전염병이 퍼졌을 때 대흑천신이 전염병 씨앗을 먹고 온몸에 부스럼이 나서 죽으면서 주민을 살렸기 때문이다.

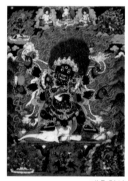

대흑천신

다리 얼하이

다리궈 시절의 성벽, 고성을 병풍처럼 감싸 안은 푸른 산, 푸르디푸른 얼하이(洱海), 드넓게 펼쳐진 평야, 두둥실 흘러가는 구름과 온화한 기후가 더해져 샹그릴라라는 말이 무색하지 않으며 평화로움과 자유로움, 유유자적이란 말이 절로 흘러나오는 곳이다.

⑵ 봄의 도시 쿤밍

쿤밍(昆明)은 윈난성 성도로 중국과 아세안 국가들 사이에서 허브 역할을 하는 도시다. '봄의 도시'라고 불리는 쿤밍은 중국인이 살고 싶어 하는 곳 중 하나다. 서남부 지역에서 가장 큰 호수로 꼽히는 뎬츠(滇池)가 도시 남쪽에 있고, 산이 도시를 감싸고 있다. 산이 겨울철 냉기를 막아주고, 여름이면 뎬츠가 습도를 조절해주기 때문에 1년 365일 봄처럼 온화한 기후를 자랑한다.

쿤밍 뎬츠

스린(石林)은 쿤밍 최대 대표 여행지로 2007년 유네스코 세계자연유산으로 지정되었다. 스린은 크고 작은 돌이 장관을 이룬다. 대석림은 돌들이 크고 웅장하여 남성적이고, 소석림은 아기자기한 돌들이 푸른 잔디와 함께 어우러져 여성적인 느낌을 준다.

스린

쿤밍은 윈난성의 교통 중심지로 기차와 버스를 이용해 다리, 리장, 샹그릴라로 빠르게 연결된다. 그래서 쿤밍은 중국 최초로 블록체인 기반 공공입찰 플랫폼을 개발하고 내부 테스트까지 마쳤다. 또 중앙정부 주도 아래 지방정부와 기술 기업들이 블록체인에 대한 투자를 확대하며 기술혁신을 계속하고 있다. 특히 텐센트(腾讯 Téngxùn Tencent)와 알리바바(阿里巴巴 Ālǐbābā Alibaba) 등 IT 대기업이 정부의 전폭적인 지원을 받으며 해당 분야를 주도하고 있다.

⑶ 윈난의 베니스 리장

해발 2,400m의 고지대에 자리 잡은 리장(丽江)은 나시족(纳西族)의 심장부로 동파(东巴)문화의 발원지다. 모계사회인 나시족은 점점 숫자가 줄어들고 있다. 이는 나시족의 문화도 차츰 사라져간다는 것을 의미한다. 천 년 역사를 지닌 고성(古城)은 송대에 처음 조성되었다고 하는데 '동방의 베니스'로 불릴 만큼 아름다운 곳이다. 세계문화유산

리장 고성

으로 지정된 리장은 몽환적인 느낌이 충만한 객잔과 홍등으로 둘러싸여 있는데, 이 몽환적 분위기에 취해 걷다 보면 길을 잃기 십상이다.

리장에서는 모계사회인 나시족의 생활상을 그대로 볼 수 있다. 집안일부터 사회적인 일까지 모든 일을 도맡아 하는 여자와 한가롭게 유유자적하는 남자를 쉽게 발견할 수 있다. 영웅이 '죽지 않는 불사약(不死药)'을 찾아서 가져오다가 그 약을 쏟는 바람에 불사약을 잃게 되었다는 나시족의 신화, 천신이 죽음과 질병의 씨앗을 세상에 뿌리는 까닭에 죽음이 시작되었다는 이족의 신화 등 모든 신화가 인간의 죽음을 다룬다. 죽음은 현대인에게는 여전히 무겁고 두려운 것이지만, 윈난의 신화 속에서 인간이 얼마만큼 자연적이고 순리적인 삶과 죽음을 추구했는지 알 수 있다.

(4) 여유의 미학 푸얼차

리장과 다리에 모인 차와 교역품을 싣고 떠나는 마방의 목적지는 티베트였다. 이러한 마방이 교역하던 품목은 차와 말 외에도 소금과 약재가 있었지만, 그중에서도 제일은 푸얼차(普洱茶 Pǔ'ěrchá 보이차)이다. 푸얼차는 서남부 지역의 소수민족이 마시던 발효 흑차다. 윈난성 등 여러 지방에서 생산된 차는 푸얼현의 차시장에서 출하되기 때문에 푸얼차라고 부른다. 푸얼차는 폴리페놀 성분이 체내의 단백질과 지방을 분해하고 몸에 쌓이지 않도록 해주어 다이어트에 좋고, 노화 방지와 항암에도 좋은 것으로 알려져 있다. TIP

푸얼차

한 번 덖은 찻잎을 퇴적하여 후발효를 한 흑차의 일종이다. 윈난성 여러 지역에서 생산된 차가 푸얼현(普洱县) 차시장에서 출하되었기 때문에 푸얼차라는 이름이 붙었다. 잎이 큰 찻잎을 햇볕에 말려 만든 쇄청모차(晒青毛茶)를 발효시켜 찻잎이 흩어져 있는 산차(散茶)와 빈대떡처럼 딱딱하게 뭉친 병차(饼茶)가 있다. 오래될수록 떫은맛이 덜하고 향기가 오래 지속된다. 차를 우려낸 색은 발효한 지 얼마 안 되었을 때는 옅은 홍색을 띠다가 발효 기간이 오래될수록 심홍색 계통으로 변한다.

푸얼차 병차

④ 생태의 보고 구이저우

구이저우성(贵州省 Guìzhōushěng)의 약칭은 '첸(黔 Qián)' 또는 '구이(贵 Guì)'이며, 성도는 구이양(贵阳)이다. 당나라 때 검중도(黔中道)가 설치되어 유종원(柳宗元)의 유명한 우언 소설인 「검중땅의 당나귀(黔中驴)」가 탄생한 곳이고, 반란죄를 덮어쓴 이백이 유배 가던 야랑(夜郎)의 땅이다. 974년 이족(彝族)의 수령 보귀(普贵)가 자신이 다스리던 구주(矩州, 지금

구이저우성

의 구이양 일대)를 송나라에 바치면서 귀순하였다. 송나라 조정에서 보귀에게 "다만 그대의 귀한 땅이 멀리 험하고 황량한 곳에 있도다(惟尔贵州, 远在要荒)"라는 칙어를 내리면서 '귀주'라는 명칭이 문헌상 최초로 사용되었다. 1119년에는 구이양 일대에 국한되기는 했지만, 귀주방어사(贵州防御使)라는 직책을 만들면서 '귀주'가 처음 행정구역명으로 사용되었다. 청대에 들어와서야 성이 되었으며, 2019년 말 현재 상주인구는 3,623만 명이다.

⑴ 천(天)의 자연을 노래하는 소수민족들

"하늘은 3일 이상 맑은 날이 없고, 땅은 3리 이상 평탄한 곳이 없으며, 사람은 돈 3푼도 가진 것이 없다"는 말은 구이저우성을 일컫는 것이다. 고대문화와 유적지 그리고 동굴이 많아 청정자연의 산지로 불리는 구이저우성은 윈난성 다음으로 소수민족이 많이 사는데, 55개 소수민족 중 49개 소수민족이 살고 있다. 한족, 먀오족(苗族), 부이족(布依族), 둥족(侗族), 투자족(土家族), 이족(彝族) 등이 모자이크를 이루며 다양한 문화와 역사가 공존하는 곳이다. 중국에서 가장 낙후되었다고 하지만 시각을 달리해서 보면 자연 그대로 '천(天)'의 자연환경을 간직한 곳이기도 하다.

구이저우에 가장 많이 사는 소수민족은 단연 먀오족이다. 먀오족의 민족 신화를 바

탕으로 한 금계무(锦鸡舞)는 날개를 활짝 편 새가 춤을 추는 것 같다. 바사(岜沙)먀오족의 망통(芒筒), 즉 대나무로 만든 전통 악기에서 내는 아주 낮은 소리는 묵직하게 산을 울리고, 커다란 가체(加髢)로 모양을 낸 챵먀오족(羌苗族) 여인들이 한쪽에서 너무나도 잘 어우러진다. '나후이'는 부이족의 말로 '아름답다'는 뜻이다. 이 아름다운 나후이허(纳灰河)를 끼고 강을 중심으로는 부이족이 살고, 산을 중심으로는 먀오족이 산다.

구러우

평위챠오(风雨侨)와 구러우(鼓楼)는 둥족의 역사와 문화를 이해할 수 있는 대표적 건축물이다. 둥족은 다리를 잘 놓는 것으로 유명한데, 이들이 마을 입구에 세우는 평위챠오는 물을 건너는 수단일 뿐 아니라 영혼을 위로하고 복을 기원하는 대상물이기도 하다. 또한 구러우는 철제 못을 사용하지 않고 조립해 견고하고 아름답다. 구러우 맨 위에는 북이 있는데, 이 북은 사람들과 소통하기 위한 것이다. 유독 노래와 시를 사랑한다는 둥족, 문자는 말을 다 담아내지 못하고 말은 마음을 다 담아내지 못하기에 둥족은 그 마음과 말을 노래에 담아낸다.

구이저우는 고원산지가 89%일 정도로 험준한 땅이며, 가파른 산세와 웅장한 자연 때문에 '천(天)의 자연'이라고 할 만하다. 구이저우는 절경마다 수많은 이야기와 전설이 있으며, 아시아에서 가장 큰 황궈수(黄果树)폭포는 산책로를 따라 다양한 각도에서 즐길 수 있다. 자연이 할퀴고 지나간 흔적은 고스란히 남는 법이다. '지구의 가장 아름다운 상처'라고 불리는 마링허(马岭河)대협곡은 수풀이 가득한 산책로를 한참 내려가야 그 얼굴을 드러낸다. 수만 년 전부터 탄산칼슘이 쌓이고 굳어서 만들어진 양쪽 절벽에서 총 56개 폭포가 은빛 물보라를 쏟아낸다. 느린 걸음으로 자연과 내가 대면하기에 더없이 좋은 장소다.

황궈수폭포와 마링허대협곡

(2) 바이주의 국가대표 마오타이

술은 마시는 사람의 입맛에 따라 호불호가 명확하게 갈리지만 바이주는 장향(酱香)의 마오타이주(茅台酒 Máotáijiǔ)와 쓰촨성 이빈(宜宾)에서 생산되는 농향(浓香)의 우량예(五粮液 Wǔliángyè)가 압도적인 1위와 2위를 차지하고 있다. '술의 국가대표'라는 의미의 '국주(国酒)'로 불리는 마오타이주는 구이저우성 제2의 도시 쭌이시(遵义市)의 현급시인 런화이시(仁怀市) 마오타이전(茅台镇)에서

마오타이주와 우량예

생산된다. 쭌이시는 공산당의 장정 중 마오쩌둥이 당권을 장악한 '쭌이회의'가 열렸던 곳이어서 '전환의 도시, 회의의 도시(转折之城, 会议之都)'라는 별칭을 가지고 있다.

장제스의 토벌 작전으로 궤멸 직전까지 몰린 공산당이 대장정 도중 1935년 1월 쭌이에서 잠시 쉬면서 당지도부를 비판하는 회의를 했다. 지도부 회의와 맞물려 병사들도 잠시나마 긴장의 끈을 늦추며 쭌이 특산인 마오타이주를 마시고, 독한 마오타이주로 부상병의 상처를 소독하기도 했다. 이 쭌이회의로 마오타이주는 공산당과 불가분의 관계를 맺었다. 마오타이주는 1972년 리처드 닉슨 미국 대통령이 중국을 국빈방문했을 때 접대한 술로도 유명하다. 2년 뒤 헨리 키신저 미국 국무장관이 덩샤오핑에게 "우리 두 사람이 마오타이를 충분히 마시면 어떤 문제든 해결할 수 있지 않겠는가"라고 말한 사실이 입소문으로 퍼질 정도로 국제적인 술이 되었다.

영화 〈와호장룡(卧虎藏龙)〉에는 무림의 대가들이 흰옷을 입고 죽해(竹海) 위를 날아다니는 장면이 그림처럼 나온다. 끝이 보이지 않는 푸르른 대나무 바다가 관심을 집중시키는 곳이다. 구이저우에 위치한 이 대나무의 바다는 온 산에 가득한 대나무와 그 사이로 흐르는 시냇물이 '별유천지비인간(別有天地非人间)'의 절경을 이루는 청정지구다. 이 곳에서 대나무 뿌리를 여과해 단맛이 나는 '죽근수(竹根水)'는 항암과 미용에 좋은 것으로 알려져 있다.

죽해

(3) 개발과 생태의 딜레마

구이저우성은 오랜 침식작용으로 형성된 고원의 일부분이다. 티베트대고원과 후난과 광시의 구릉 산지 사이에 놓여 있고, 남서쪽이 올라가는 경사 지형을 이루고 있다. 게다가 계곡과 경사가 급한 골짜기와 절벽이 많아 오랫동안 청정지역으로 남을 수 있었다.

구이저우가 중국의 영향을 크게 받기 시작한 것은 근세에 들어와서이며, 특히 구이저우를 성으로 만든 명나라 때부터 중국의 영향이 두드러졌다. 청나라 때는 소수민족 간에 반목이 심해졌으며, 특히 먀오족과 한족의 갈등이 심화되었다. 이 갈등으로 반란과 진압이라는 악순환이 반복되었다. 1854년과 1871년에 대규모 반란이 일어났고, 1941~1944년에 군벌의 착취와 억압으로 다시 대규모 반란이 일어났다. 마치 미국의 흑백 인종 갈등처럼 한족과 소수민족 간의 보이지 않는 갈등이 이어지고 있다.

창장강경제벨트

TIP

일대일로

일대일로는 내륙과 해상의 신(新)실크로드 경제권을 형성하고자 하는 중국의 대외노선에 대한 비전이자 국가 전략이다. '일대일로'에서 '일대'는 중국－중앙아시아－유럽을 연결하는 '실크로드 경제벨트(丝绸之路经济带)'를 말하고, '일로'는 중국－동남아시아－서남아시아－유럽－아프리카로 이어지는 '21세기 해상실크로드(21世纪海上丝绸之路)'를 말한다. 2013년 9~10월 시진핑 주석이 중앙아시아와 동남아시아 순방길에서 처음 제시했다.

중국은 개혁개방 이후 동부 연안과 서부 내륙 지역의 경제력 격차가 계속 커졌다. 중국 정부는 국토의 균형 발전과 지속적 경제성장을 도모하기 위해 '서부대개발'을 국가 정책의 하나로 추진해 왔으며 추후 일대일로 사업과 연계하려는 일환으로 '창장강 경제벨트(长江经济带)'를 구상하고 있다. 1,800km에 달하는 창장강 유역을 경제적으로 통합하고자 하는 광역경제발전 구상이다. 쓰촨성과 충칭시 외에도 상하이, 장쑤, 저장, 안후이, 장시, 후베이, 후난, 윈난, 구이저우 등 총 11개 성과 직할시를 포괄하고 있다. 최근에는 시진핑의 일대일로 사업이 강력하게 추진되면서 '남방실크로드' 또한 새롭게 주목받고 있다. **TIP**

과거는 현재의 개발에 밀리게 마련이다. 상당수 소수민족 신화와 의례는 서서히 사람들의 기억에서 잊히고 있다. 이는 소수민족이 당면한 문제이며, 인문학자들이 서둘러 연구해 나가야 할 중요한 과제이기도 하다.

⑤ '반역의 땅'에서 '전략적 경제 거점지'로, 광시쫭족자치구

(1) 광시의 유래와 위치

우리가 흔히 광서라고 하는 광시(广西)의 정식 명칭은 광시쫭족자치구(广西壯族自治区)이다. 기원전 214년에 진시황제가 점령하며 남해군(南海郡), 계림군(桂林郡), 상군(象郡) 등 세 군(郡)을 설치했는데, 현재 광시 대부분 지역이 당시의 계림군에 속한다. 지금도 구이린(桂林)은 광시를 대표하는 관광

광시쫭족자치구

지로 남아 있기에 광시성을 '구이(桂)'라고 줄여서 부른다. 송나라 때 이 지역에 광남로(广南路)라는 행정구역을 설치했는데, 지금의 광시는 광남서로(广南西路)에, 광둥은 광남동로(广南东路)에 속해 있었으므로 줄여서 각각 '광시'와 '광둥'이 된 것이다.

광시에는 인구 대부분을 차지하는 한족(汉族) 외에 소수민족 중 가장 많은 수를 차지하는 쫭족(壯族)이 90%이며, 이들은 주로 중부와 서부 지역에 살고 있다. 1958년 저우언라이(周恩來) 총리의 추천으로 쫭족자치구가 되었고, 이 결정으로 쫭족은 중국에서 가장 규모가 큰 소수민족이 되었다. 그리고 1978년부터 12월 11일을 경축일로 삼아 자치구 해방을 기념하고 있다.

중국 최남단에 있는 광시는 서쪽은 윈난성, 북쪽은 구이저우성과 후난성, 동쪽은 광둥성, 남쪽은 통킹만, 남서쪽은 베트남과 마주하고 있다. 광시는 중국에서 남쪽 끝에 있고 역사적으로도 중요시되지 않았으므로 지역적으로 고립되어 사람들에게 외진 곳으로 간주되었다. 따라서 찬란한 역사적 유적지를 자랑하

광시의 카르스트지형

는 다른 성들과 비교하면 유적지가 적은 편이다. 하지만 상대적으로 개발이 덜 되다 보니 자연 그대로의 아름다운 풍경이 잘 보존돼 있다. 카르스트지형이 많고 지각변동으로 해저가 돌출된 뒤 육지로 변하면서 만들어진 기암괴석이 장관을 이루고 있다.

(2) 반란의 땅

광시좡족자치구는 역사적으로 강하고 억센 소수민족의 땅이었고 '반란의 땅'으로 유명했다. 중국의 남쪽 끝에 있는 낙후한 땅이었으므로 과거 정권의 반역자들이 도망을 오거나 귀양을 와서 정착한 경우가 많았다. 이들의 자손들은 선조들 때문에 사회적 멸시와 차별 대우를 받고 사회 불만 세력으로 성장하기도 했다.

특히 청말(淸末)부터 중화인민공화국 수립 전까지 광시는 각종 반란과 혁명의 근거지가 되었다. 1851년 중국 역사상 최대 반란이었던 홍수전(洪秀全)의 '태평천국운동'이 시작된 금전기의(金田起义)의 장소가 광시성 동부 계평현(桂平县 구이핑현)이었다. 1885년 3월 23일 베트남과의 국경 지대인 진남관 지역에서 청프전쟁[03]의 진남관(镇南关)전투가 있었던 곳이다. 전투 기간에 프랑스 침입군은 풍자재(冯子才)가 이끄는 중국군에 패주하였고 이 사건은 그 후 중국 민족주의를 고양하는 사건이 되었다.

청프전쟁과 노장 풍자재

광시는 쑨원(孙文 Sūn Wén) 국민혁명의 본거지였다. 신해혁명의 성공으로 중화민국이 설립된 후에는 20세기 초 양쯔장강 이남 최강 군벌 광시파의 근거지가 되기도 하였다. 덩샤오핑이 이끄는 공산주의자들의 농민폭동인 바이써(百色)봉기(1929) **TIP** 역시

---

03 청프전쟁: 1884년 베트남을 둘러싸고 청나라와 프랑스가 벌인 전쟁.

광시에서 일어났다. 현재 바이써시(百色市)는 혁명 관광지로 유명하며 덩샤오핑의 동상과 기념관이 있다.

바이써봉기

중국 공산혁명 초기에 일어난 대규모 무장봉기를 말한다. 바이써는 1929년 6월 덩샤오핑 지휘 아래 부패한 국민당 정권을 상대로 무장투쟁을 일으켜 중국 노동자와 농민 홍군 7사단을 설립하고 소비에트 정권을 세워 혁명의 기반을 마련했으나 결국 국민당 군대에 의해 파괴되었다.

바이써봉기 기념관

(3) 서부대개발의 땅과 아세안의 관문으로 변화

1978년 개혁개방을 실시한 이후 중국은 연평균 9% 이상의 고도성장을 유지하였다. 하지만 그 성과는 동부 연해 지역에 집중되었고, 광시를 비롯한 서부 내륙 지역은 줄곧 빈곤에 시달렸다. 지역 간 경제적 격차에 따른 소외감과 박탈감을 느낀 서부 지역 사람들의 불만이 고조될 우려가 커졌다. 중국 정부는 2000년대부터 서부 지역에 인프라를 확충하고 지역 균형 발전에 힘쓰기 위해 서부대개발 전략을 추진하였다. 이에 따라 광시를 비롯한 서부 내륙의 12개 성과 시가 이 프로젝트에 포함되었다. 이들 지역은 석유, 천연가스, 철광석 등 천연자원과 수력을 포함한 에너지 자원이 풍부하였다. 이 지역의 풍부한 자원과 에너지를 다른 지역에 운송하고 서부 지역의 에너지 수급 문제를 해결하기 위한 정책 역시 실시되었다.

광시좡족자치구는 지리적으로 고립돼 있어 중국의 1선, 2선 도시들에 비해 경제력이나 도시 발전 및 규모가 현저히 떨어졌다. 하지만 최근에 산업화가 이뤄지고 저임금 노동력을 확보하기 위해 광둥의 공장들이 광시로 이전하였다. 이에 따라 광시 지역의 GDP가 비약적으로 증가하였다. 또한 중-아세안 FTA의 관문 역할을 할 수 있는 전략적 요충지로서 중요성이 갈수록 부각되고 있다.

광시좡족자치구는 서부 지역의 유일한 연해 지역으로, 21세기 해상 실크로드의 주요 기지로서 아세안과 전면 합작을 하기 위한 요충지 역할을 하고 있다. 2004년 중-아세안 FTA 체결 후 아세안과의 무역액 80%가 북부만을 통해 이루어졌다. 이에 따라 보하이만, 창장강삼각주, 주장강삼각주 경제권의 뒤를 잇는 중국의 제4경제권으로 성장하였다. 중국은 북부만을 개발해 아세안 국가와 소통을 꾀하고 대외개방에 힘쓰기 위해 2020년까지 산업, 인프라 건설 등 기초 분야에 2조 5,000억 위안을 투자했다. 2005

년 7,000여 개 수출입 품목 관세를 인하하는 상품 FTA 발효로 광시좡족자치구와 아세안 국가 간의 교역량이 매년 20% 이상 증가하였다. 이로써 광시좡족자치구는 대아세안 무역의 거점으로 자리매김하고 있다. 또한 중국 정부는 광시좡족자치구를 금융개혁 종합시험구, 국가중점 개발개방시험구로 지정해 경제발전을 위한 다각화된 시도를 하고 있다.

⑷ 하늘 아래 가장 아름다운 자연 구이린

광시좡족자치구 북동쪽에 위치한 구이린(桂林 Guilín)은 카르스트지형으로 바위의 병풍이 탑처럼 둘러싸여 있으며 아름다운 풍경으로 유명한 세계적 관광지이다.

'구이린의 산수는 천하제일이고, 양쉬의 산수는 구이린이 제일이다(桂林山水甲天下, 阳朔山水甲桂林)'라는 말이 있을 정도로 전 세계적으로 명성이 높다. 원래 바다였다가 지각변동으로 육지가 되면서 카르스트지형이 현재 모습을 갖추게 되었다. 430km의 리장(漓江)강이 굽이쳐 흐르고 다양한 봉우리 3만 6,000개가 환상적인 조화를 이루며 몽환적인 분위기를 연출한다. 중국의 아름다운 풍경을 담은 각종 사진과 엽서에서 가장 많이 볼 수 있는 것이 바로 구이린의 풍광이다. 중국의 20위안짜리 지폐 뒷면에도 구이린의 풍경이 담겼다.

구이린의 풍경과 리장강의 야경

20위안 지폐 속 구이린

(5) 중국 최대 소수민족 쫭족

쫭족

쫭족(壯族)은 인구수 1,692만 명의 중국 최대 소수민족으로, 인구의 87%가 광시에 거주하면서 쫭족자치구를 이루고 있다. 인접한 윈난성에도 100만 명 이상이 거주한다. 과거 한족은 쫭족을 야만적이라고 천시하여 개 견(犬)변이 들어간 퉁족(獞族)으로 불렀다. 1948년 이후 개 견 부수를 사람 인(人)변으로 바꿔 퉁족(僮族)으로 표기하였다. 1965년 저우언라이 총리의 제안으로 '강하다, 억세다'는 의미를 지닌 '쫭족(壯族)'으로 바꾸었다. 쫭족은 결혼 전에 자유연애를 즐기며, 결혼한 신부가 첫아이를 출산할 때까지 친정에서 생활하는 풍습이 있다. 예부터 가무를 즐겼으며 쫭족 여자들이 만든 공예품 쫭진(壯錦)이 유명하다. 전통 의상은 남녀 모두 검은색을 사용한다. 음력 정월 초하루에는 짐승을 희생하지 않는 관습이 있다. 주택은 나무로 만들어 위층에 거주하며 아래층은 축사나 창고로 사용한다.

중국의 최고 장수촌 – 광시성의 바마(巴马)

광시성 바마는 중국뿐만 아니라 세계에서도 유명한 장수촌이다. 바마는 광시성 서북쪽에 위치하며 바마야오족(巴马瑶族) 자치현에 속한다. 인구는 약 23만여 명인데, 놀랍게도 이 가운데 100세 이상이 81명이고, 90세 이상은 800여 명, 80세 이상은 3,100여 명(이상은 2009년 통계)으로 중국 최고의 장수인구 밀집도를 자랑한다. 바마 사람들은 다음의 다섯 가지 점에서 그 장수의 비결을 찾는다. 첫째, 땅에서 나오는 자기장이 일반 땅에서 나오는 것의 약 2배에 이른다. 둘째, 주변의 원시삼림으로 공기 중의 산소 농도가 매우 높다. 셋째, 바마 땅에서 샘솟는 광천수가 좋다.(중국 국내 항공기에서 '바마광천수'를 쉽게 찾아볼 수 있다.) 이밖에, 연간 평균온도가 20도 내외를 유지하여 햇빛이 좋으며, 땅에서 나는 농작물이 매우 풍부하다. 이러한 연유로, 역대로 바마는 '장수촌'의 미명(美名)을 놓치지 않아, 청나라 광서제(光绪帝)로부터 '오로지 어진 자만이 장수한다(惟仁者寿)'라는 친필 편액을 하사받기도 했고, 현대에 이르러 세계 5대 장수촌으로 지정되기도 했다. 또한 바마는 광시성 10대 유람지로 선정되기도 할 정도로 자연 명승지도 많아 공항이 개설되는 등 최근 중국인의 많은 관심을 받는 관광지로 떠오르고 있다.

장수촌 광시성 바마

Chapter
10

이주민과
문화 교류의 중심지

① '양안'으로 불리는 특수 관계

중국 정부의 방침은 예외 없는 '하나의 중국'이지만 타이완의 국호는 중화민국(中華民國)이며, 독립된 국가체제를 유지하고 있는 독립국가이다. 이러한 특수한 관계 때문에 중국과 중화민국, 중국과 타이완의 관계를 논할 때 양쪽의 해안이 타이완해협을 끼고 있는 특수 관계라는 의미로 '양안(兩岸)'이라고 한다.

(1) 공존과 압박의 양안관계

1990년대 이전의 중국과 타이완은 당시 전 세계를 휩쓸었던 냉전체제에 따른 대결로 긴장 관계가 유지되었다. 1958년 중국군은 샤먼에 인접한 진먼다오(金门岛 Jīnméndǎo 금문도)에 40여 만 발의 포탄을 쏟아부었지만, 진먼다오는 지하요새를 만들고 미국의 원조로 위기를 극복했다. 1978년까지 포격은 지속되었지만 1979년 1월 1일 미국과 중국의 수교에 따른 중지 호소로 종결되었다.

당시 중화민국과 중화인민공화국 양안의 군사 대치 상황은 국제 외교무대로까지 확대되었다. 1971년 유엔(UN)에서 안보리 상임이사국이었던 중화민국을 대신하여 중화인민공화국을 안보리 상임이사국으로 대체 선출하자 중화민국은 유엔을 탈퇴하였다. 이후 중화인민공화국의 '하나의 중국'이라는 정책에 따라 중화인민공화국과 수교하는 모든 나라는 중화민국과 단교하고 호칭도 타이완으로 부르게 했다. 이로써 중화민국은 국제무대에서 고립되었고 양안의 교류는 더욱더 통제되었다. '하나의 중국'을 고집하는 중국은 중화민국과 중화인민공화국의 동시 승인 또한 반대했기 때문에 1992년 대한민국도 중화인민공화국과 수교하면서 중화민국과 단교하였다.

(2) 새로운 모색 삼통정책

덩샤오핑의 개혁개방정책이 시행되면서 대륙의 경제발전을 위한 일환으로 양안의 공존과 호혜 평등을 추구하기 시작했다. 1990년대 이후 양안은 우편, 통상, 항공을 교류하자는 삼통(三通)정책과 무역진흥 방안을 모색했다. 중국은 타이완 정부에 홍콩과 같이 특별행정구를 만들어 심지어 외교, 국방 등의 모든 권한을 부여하겠다고 공언했다. 이에 대해 타이완 정부는 "중화민국은 홍콩과 같은 식민지 지역으로 환수되는 것이 아니고 실제로 영토와 주권, 외교력을 지닌 독립 국가이며, 헌법상으로 여전히 대륙 내의 주권을 포기한 것이 아니다"라고 반응했다.

2010년대에 접어들어 국민당이 집권하면서 양안 관계 정상화를 개선했고, 정기항로 개설과 타이완 관광 및 투자 확대를 통한 교류 증진과 경제협력을 추진했다. 하지만 2016년 시작된 홍콩 시위사태에 따른 암운과 대륙에 대한 경제 예속에 따른 경제 추락이라는 공포 때문에 타이완 시민 80% 이상이 이궈량즈(一国两制)를 반대하며 현 체제 유지에 찬성했다. 민진당 출신 차이잉원(蔡英文) 총통은 집권 이후 타이완의 독립과 미국과의 국교회복을 공공연히 단언하고 있다. 이에 시진핑 주석이 통일을 위해서는 타이완에 무력행사도 불사한다는 발언을 하면서 양안의 긴장 관계가 고조되고 있다.

타이완의 차이잉원 총통

② 이주와 교류의 성 푸젠

푸젠성(福建省 Fújiànshěng)의 약칭은 '민(闽 Mǐn)'이고 성도는 푸저우(福州 Fúzhōu)이며 2019년 현재 상주인구는 3,973만 명이다. 푸젠이라는 명칭은 당나라 개원(开元) 21년(733) 복주(福州)와 건주(建州)의 첫 글자를 따서 '복건경략사(福建经略使)'를 설치하면서 사용하기 시작했다. 푸젠은 "80%는 산이고 10%는 물이요, 나머지 10%만이 밭이다(八山一水一分田)"라는 말이 있을 정도로 산이 많다. 서부 지역은 험준한 산맥으로 이어지고, 동부는 연해 지방에 평원이 약간 있을 뿐이

푸젠성

다. 전체적으로 구릉지 90% 이상과 산림 지역 63%로 구성되어 있다. 매년 잦은 태풍과 홍수라는 악조건 속에서도 주민은 10% 남짓한 동부 평지에 거주하면서 농업보다는 대외무역 관련 산업에 종사하며 생활해 왔다.

푸젠 주민은 대부분 한족으로, 중원의 혼란기에 푸젠으로 이주해와 해외무역상으로 지역사회를 이루며 거주했다. 이들이 남긴 고유의 문화유산과 사원 등의 문물에서 민족 이동과 동서양 문화의 교류 흔적을 살펴볼 수 있다. 특히 푸젠의 길고 복잡한 해안선과 도서 지역은 대외 교역의 장점으로, 당송시대부터 일본, 유구(琉球, 지금의 오키나와), 아라비아 등과 활발하게 교류했다. 이 과정에서 많은 푸젠 주민이 중국 밖으로 진출했고[01] 그 결과 전 세계 화교의 본고장으로 불리게 되었다.[02]

(1) 대외 교류의 발전과 한계

푸젠의 서부 산악 지역은 가파르고 높아서 통행하기 어려웠기 때문에 발전이 더뎠다. 북방 지역은 커자런(客家人) **TIP** 이 폐쇄적 공동체를 이루며 정주하여 소박한 풍습을 유지하고 있다. 반면 동쪽의 연해 지방은 해운에 유리하여 오래전부터 대외 교역에 종사했다. 그렇지만 시도 때도 없이 상륙하는 강력한 태풍은

TIP

커자런의 토루(土楼)

푸젠 서남부에 있는 커자런의 집단주택을 말한다. 거주와 방어를 목적으로 만들어진 다층 구조의 대형 주거시설로 한 토루당 800명까지 수용할 수 있다. 외부에서는 흙으로 만들어진 건물처럼 보이지만 내부는 나무를 사용했다. 토루의 출입문은 하나이고 외부 벽의 형태에 따라 원형, 방형, 반원형, 오각형, 의자형, 삼태기형 등 여러 가지 종류가 있다. 산이 높고 고개가 험한 푸젠성 서부와 남부에서 지형적 특성을 살려 오랜 세월 이어져왔으며, 2008년 유네스코 세계문화유산으로 지정되었다.

---

01 무젠의 일본, 미국 화교: 청말 푸젠의 푸칭(福清) 주민은 일자리와 성공을 위해 일본 요코하마에 정착했고, 무젠 창러(长乐) 주민은 뉴욕으로 대거 이주했다. 이들은 차이나타운을 건설하고 동향회 등을 통해 고향의 언어와 풍속을 고수하는 강한 공동체를 형성하고 있다.

02 중국계 미국인(Chinese In America): 중국인은 1820년부터 미국에 정착했다. 이 공동체는 시기별(청말, 중화민국, 공산화 직후, 1980년 이후)과 지역별(중국, 타이완, 동남아 화교)로 성향과 풍습 차이가 매우 크다. 중국계의 교육열은 타이거 맘으로 불릴 정도로 유명하고 학력도 높다. 미국 내에서 활약하는 중국계 미국인으로는 IT 분야에 스티브 첸 · 제니퍼 윙 · 리사 수 · 젠슨 황 · 프리실라 챈, 문학 분야에 테드 창 · 켄 리우, 예술계에 베라 왕 등이 있다.

대외 교류에 큰 위협이 되곤 했다. 청대에 편찬된『일통지(一统志)』에서는 푸젠의 특징을 "산이 많고 평지가 적지만 환경이 안정적이다. 민둥(闵东, 지금의 푸저우)은 해운이 편리하고 상업이 발전하였다. 취안저우(泉州 Quánzhōu)는 중요 항구로 정보 유입이 빠르며, 문사를 숭상하고 독서를 습관으로 생활하고 있다"라고 묘사했다.

역사적으로 푸젠이 발전하기 시작한 것은 당나라 때 '복건경락사'가 설치된 이래 북방의 이주민이 점차 남하하면서부터였으며, 송대에는 아라비아, 유구, 일본 상인이 거주하면서 국제무역의 중심지로까지 성장했다. 무역의 중심지 취안저우에는 지금도 최초의 유구 상관과 이슬람 사원인 아쑤하프 모스크(清净寺)가 남아 있다.

아쑤하프 모스크

원나라 때 출판된『혼일강리도(混一疆理图)』를 보면 "바람을 타고 배를 운항하면 취안저우에서 자바까지는 60일, 인도 남부의 말라바르까지는 120일, 호르무즈까지는 200일이 걸린다"라고 기록되어 있다. 마르코 폴로의『동방견문록(东方见闻录)』에서 '세계에서 가장 큰 무역항구'로 소개되는 '자이툰(Zaitun)' 또한 푸젠의 취안저우에 있다. 마르코 폴로의 뒤를 이어 취안저우에 도착한 이븐 바투타(Ibn Battuta, 1304~1368)는 "자이툰은 화려하고 장엄하다. 자이툰항은 세계 최대 항구의 하나로… 나는 큰 배를 100여 척이나 봤고, 작은 배는 헤아릴 수 없었다"라고 취안저우에 대해 묘사했다. 명나라 영락제의 지시로 정화가 대형 선박을 포함한 함대 62척과 2만 8,000명에 이르는 선원을 이끌고 멀리 아프리카까지 7차에 걸쳐 떠났던 대항해 또한 취안저우에서 출항하였다.

이렇듯 활발한 대외교류에서 창구 역할을 해온 푸젠과 취안저우는 명나라 중엽에 이르러 왜구의 잦은 출몰과 해적의 노략질 때문에 해금(海禁)정책이 시행되면서 대외교역이 급속하게 쇠퇴했다. 1644년 명나라가 멸망하고 정성공(郑成功)이 명나라 유신(遗臣)과 함께 샤먼과 타이완을 기지로 남명(南明)정권을 설립하고 청나라와 40여 년간 항쟁하면서 청나라까지도 해금정책이 이어졌다. 게다가 광둥성의 광저우가 유일한 대외무역항으로 서양인에게 개방되면서 푸젠은 쇠퇴하게 된다. 아편전쟁의 패배로 1842년 난징조약이 체결된 후에야 푸저우와 샤먼이 개방되었다. 1908년 샤먼의 구랑위(鼓浪

嶼)가 공공조계(公共租界) 지역으로 정해지면서 이곳에는 13개국의 영사관과 교육 편의 시설이 설치되었다.

(2) 수양과 정진의 세계관

푸젠 사람들은 대부분 서부의 고산 지역을 피해 동부 연해 지역에 거주한다. 푸젠성에서는 성도 푸저우, 샤먼경제특구, 취안저우 등의 주요 도시뿐 아니라 우이산(武夷山 Wǔyíshān 무이산) 인근 지역도 주목받고 있다. 푸젠성은 개혁개방 이후 푸저우, 샤먼 등의 해상 자유무역 시범 지역을 중심으로 경제발전을 이룩하여 경제생산 점유율이 중국 내에서 여덟 번째로 높다.

푸젠의 풍부한 산림자원과 교육열, 기술을 바탕으로 북부의 젠양시(建阳市)는 명·청시대 각종 문학예술 서적의 출판 도시로 이름을 떨쳤다. 우이산에는 송대 이래 발전한 성리학 관련 서원들이 있으며, 우이산 근방의 건요(建窑)에서는 관요 중에서도 특색 있

196

는 검은색 다완(茶碗)을 생산한다. 푸젠 사람들은 이러한 도자기를 비롯하여 차와 비단으로 대표되는 특산품으로 대외무역에 종사하면서 해외로 영역을 넓혔다.

송대 건요 흑유토호잔

푸젠은 성리학의 대표 학자 주희(朱熹)의 고향이다. 주희는 관직에 나아가는 대신 낙향하여 우이산에 자양서원(紫阳书院)을 창건하고 자신이 계통을 세운 신유학인 성리학을 교육했다. 이러한 지역 분위기 때문에 명·청시대에는 부유한 강남 지역 다음으로 푸젠성이 과거시험 합격자를 많이 배출하였으며, 문(文)을 숭상하는 숭문 학풍을 이끄는 바탕이 되었다.

주희

수양과 정진을 중시하는 지역문화는 차를 마시는 방법에 대한 연구로 이어졌다. 푸젠에서 성행하는 '궁푸차(工夫茶)'는 중국을 대표하는 다례문화다. 이런 차문화는 관련 산업인 차 생산과 다구 제작에도 영향을 미쳐 푸젠의 우이옌차(武夷岩茶 무이암차), 안시(安溪)의 톄관인(铁观音) 등의 생산량이 2016년 기준 전국 차 생산의 18% 이상을 차지한다. **TIP**

우당파(武当派)의 시조 장산펑(张三豊 Zhāng Sānfēng)이 만든 원식태극권(原式太极拳)은 푸젠으로 전해진 뒤 독특한 지역문화와 융합하여 생활 권법으로 발전했다. 이 권법은 심신수양과 문무겸비에 중점을 두며, 심신을 단련하는 대표적 기예로 중국 전역에서 발전하였다. [03]

TIP

궁푸차(工夫茶)

'궁푸(工夫)'는 '투자한 시간'이라는 의미이므로, 궁푸차는 시간을 들여 천천히 마시는 다례법을 가리킨다. 광둥, 푸젠 일대에서는 각종 다구를 이용하여 시간 여유를 가지고 천천히 차를 우려내어 음미하는 다례법이 발달하였다.

궁푸차

---

03 개혁개방 이후 푸젠의 경제발전: 푸젠은 천혜의 자연조건을 이용한 농업, 연해 양식업, 원양어업, 석재 가공업 등 1차산업이 주력이었다. 하지만 1980년 개혁개방 이후 샤먼경제특구가 설치되면서 전통산업의 자동화와 대외 수출 개척 등 새로운 방향을 모색하기 시작했다. 또 푸젠 자유무역구를 설립해 타이완과의 자유무역과 투자 유치에 적극적으로 나서고 있으며, 첨단산업을 체계적으로 육성하기 위해 반도체, 인공지능(AI), 연료전지 등의 선두기업 유치에도 힘쓰고 있다. 긴 해안선과 깊은 항구라는 지리적 장점을 이용해 중국 중부에서 동남아시아로 가는 물류 이동의 허브 역할을 하며, 천만 푸젠 화교 네트워크를 활용해 동남아 진출의 교두보 역할을 하고 있다.

푸젠 요리

민차이(閩菜)로 불리는 푸젠 요리는 중국 8대 요리 중 하나다. 민차이는 해산물을 이용하는데 달달하면서도 세밀하고 화려한 특색을 가지고 있다. 대표 요리로는 포탸오창(佛跳墙 fótiàoqiáng)과 쭈이짜오지(醉糟鸡 zuìzāojī)를 들 수 있다.

포탸오창은 절에서 수행하던 스님이 이 음식의 향을 맡고는 담을 넘어 도망갔다고 하여 이런 이름을 얻었다. 상어지느러미, 전복, 송이버섯, 죽순, 해삼 등을 주재료로 사용하여 자기 그릇에 담아 2~3일 중탕해서 만드는 고가의 보양식이다. 세계 각지에서 귀빈을 접대할 때 많이 애용된다.

포탸오창

쭈이짜오지는 푸젠 전통술 훙짜오(红糟)에 닭고기를 절여서 볶아 만드는 요리다. 재료를 구하기도 어렵고 제조 방법도 까다로워서 푸젠에서만 맛볼 수 있는 특별한 요리다. 매콤하면서도 푸젠 특유의 달달한 맛이 잘 어우러져 거부감 없이 맛볼 수 있다.

쭈이짜오지

(3) 중국 속의 작은 유럽 아모이

샤먼(厦门 Xiàmén 하문)은 푸젠성 남동부에 위치한 항구 도시로, 타이완해협을 사이에 두고 타이완과 마주 보고 있다. 샤먼섬과 구랑위섬 그리고 주룽장(九龙江)강 입구의 본토로 구성되어 있으며 약칭은 '샤(厦 Xià)' 또는 '루(鹭 lù)'이다. 서양에는 민난위에서 비롯된 '아모이

샤먼

(Amoy)'라는 이름으로 더 잘 알려져 있다. 백로가 많이 서식하여 백로의 섬(鹭岛)으로 불리기도 한다.

샤먼은 수심이 깊고 파도가 일지 않으며 겨울에 얼지 않는 천혜의 항구라서 고대부터 무역항으로 중요한 역할을 해왔다. 16세기경에는 포르투갈, 스페인, 네덜란드의 상선이 출입하였으며, 아편전쟁 이후 1842년 난징조약으로 개항하였다. 그 뒤 푸젠성 동남부에서 나는 차를 수출하는 항구로 이름을 떨쳤으며, 20세기 초에는 차 무역 대신 과일, 어류 통조림, 종이, 설탕, 목재 등을 주로 수출했다. 1980년 덩샤오핑이 중국 최

초의 경제특구 중 하나로 지정한 뒤 외국인의 직접투자가 허용된 공업도시로 변모하여 수산물 가공, 기계공업, 화학공업, 조선공업 등이 발달하였다.

반도와 섬으로 이루어진 샤먼은 파란 바다와 푸른 하늘, 짙푸른 가로수, 깨끗하게 정돈된 유럽식 건물과 거리가 이국적인 분위기를 자아낸다. '바다 위의 정원', '해상의 낙원'으로 묘사될 정도로 아름다운 풍경을 자랑하는 샤먼에는 구랑위(鼓浪嶼 Gǔlàngyǔ 고랑서), 난푸퉈쓰(南普陀寺 남보타사), 후리산(胡里山) 포대(炮台), 중국에서 가장 아름다운 캠퍼스로 유명한 샤먼대학 등의 명승지가 있다.

구랑위

샤먼대학

'중국 속 지중해' 또는 '바다 위의 화원'으로 불리는 구랑위는 샤먼에서 바닷길로 700m 떨어진 작은 섬이다. 파란 파도가 철썩이는 바닷가 위로 보이는 붉은 지붕의 유럽풍 건물이 구랑위만의 독특한 아름다움을 선사한다. 원래 '위안사저우(圓沙洲)'라고 불렸는데, 섬의 남서쪽에 있는 암초가 파도에 부딪히면서 나는 소리가 마치 북을 치는 소리 같다고 해서 명나라 때부터 '구랑위'로 불렸다. 화강암 구릉지로 된 황폐한 섬이었던 구랑위는 명나라 후기 정성공이 이곳에 군사거점을 두면서 주목을 받았다. 1902년에 청나라 정부가 서양 열강 및 일본 영사와 '샤먼구랑위공공지계장정(厦门鼓浪嶼公共地界章程)'에 사인하면서 섬 전체가 개방되었다. 그 뒤 서양 각국은 물론 일본의 영사관과 호상(豪商)들의 별장이 들어서면서 현지인의 중국식 건축물과 서양식 건축물이 어우러진 독특한 건축 양식을 나타내게 되었다. 동서양의 문화적 융합이 이루어낸 구랑위의 건축학적 특징과 양식은 보존가치를 인정받아 2017년 세계문화유산으로 등재되었다.

③ 중화민국 타이완

원래 타이완(台灣)섬에는 15세기 이전 말레이 폴리네시아계 원주민이 거주했지만 스페인과 네덜란드가 이곳을 점령하면서 이들은 산악 지역으로 쫓겨났다. 정성공이 서양인들을 쫓아낸 뒤에는 새로운 이주민인 한족이 타이완에 정착하기 시작했다.

타이완은 1895년 청일전쟁 이후 일본에 할양되어 일본 최초의 식민지로 일본 해군의 지배를 받았다. 1949년 이후 대륙에서 패배한 장제스 휘하 국민당 인사들이 대거 타이완으로 이주해 오면서 아시아의 4룡(龙)으로 발전하였다.

타이완

(1) 보물의 섬 포모사

타이완섬 중앙에는 3,000m에 가까운 산맥이 이어지고 있으며 서부의 평야 지역에 주민이 거주한다. 푸젠성과 같이 험한 지형과 부족한 자원 그리고 험난한 바닷길로 인해 개발이 지체되었다. 16세기 이전에는 중국이나 동남아시아에서 중시되는 지역이 아니었다. 하지만 16세기 들어 서양 세력이 대항해시대를 맞이하면서 이곳을 자신들의 세계 경영을 위한 전진기지로 삼기 위해 점령했다. 가장 먼저 스페인과 포르투갈이 북부의 타이페이 지역에 요새를 건축하고 군대를 주둔시켰다. 당시 포르투갈 선원들은 타이완을 '아름다운 섬(Ilha

타이베이 시내 야경

Formosa)'이라 불렀는데, 이 아름답다는 뜻의 '포모사'는 지금까지도 타이완의 별칭으로 불린다.

⑵ 포모사의 수난과 발전

스페인과 포르투갈에 이어 네덜란드는 남부 타이난 쪽에 상륙하여 기지를 세운 뒤 세력을 확대해나가 결국 북부까지 점령해서 타이완 전역을 확보했다. 하지만 자원과 인력이 부족해 주목받지 못했고, 17세기 초 명나라의 유민 세력이 푸젠과 타이완을 기반으로 청나라와 항쟁하면서 서양 세력은 결국 타이완에서 쫓겨났다. 1683년 강희제는 정성공 세력을 대파하고 타이완을 복속시켰으며, 이후 강제 이주와 수리, 개간사업을 벌여 중국의 영역으로 편입한 뒤 1882년에는 성(省)으로 승격시켰다.

청일전쟁 패배 이후 1895년 일본과 시모노세키조약을 체결하면서 타이완과 요동반도는 일본에 할양되었다. 삼국 간섭이라는 외교적 사건으로 요동반도는 중국에 반환되었지만 타이완과 부속도서는 일본이 패망할 때까지 식민지배를 받았다. [04] 일본으로부터 타이완을 넘겨받은 국민당 정부는 대륙에서 새로 이주해온 와이성런(外省人 외성인)을 우대하고, 타이완에 정착해서 살고 있던 번성런(本省人 본성인)을 차별하는 정책을 실시한다. 1947년 2월 28일 착취와 차별에 불만을 품은 번성런이 집단 시위를 벌이자 국민당군이 강경 진압하면서 수만 명이 죽고 다치는 이른바 2·28사건(二二八事件)이 발생했다. **TIP**

1949년에는 장제스가 계엄령하에 30만 군대를 진주시킴으로써 타이완을 완전히 장악하였다. 이후 경

TIP

2·28사건

1947년 2월 28일부터 같은 해 5월 16일까지 타이완 전역에서 일어난 민중봉기 사건이다. 2월 27일 한 상인이 담배를 팔다가 전매국 직원들에게 당한 폭행이 사건의 발단이 되었다. 이에 항의하며 사태가 커졌고, 타이완의 다수 주민인 번성런들은 와이성런들의 통치에 불만을 느끼고 전 지역에서 대규모 항쟁을 일으켰다. 진압 과정에서 많은 학살이 자행되었다. 이는 타이완 현대사에서 가장 비극적인 사건으로 1997년에야 비로소 정부의 공식적인 사죄가 있었다.

---

[04] 일제의 타이완 통치: 1895년에서 1945년까지 일본 정부는 타이완을 식민지배하면서 자원과 노동력을 착취하여 동남아 진출의 전초기지로 삼았다. 일본제국 시기 타이완은 사회 인프라, 교육, 위생, 농공업에 일정 정도 현대화를 이룩한다. 일제에 의한 인프라 투자와 문화정책은 식민통치를 위해 실행되었을 뿐이지만 광복 후 번성런은 와이성런의 강압과 폭력을 일본통치 시기와 대비하면서 일본에 애착을 보이기도 한다.

제가 발전함에 따라 1987년 계엄령을 해제하였고, 1989년 복수정당제도를 도입하면서 민주진보당(民主进步党 민진당)을 처음 인정했다. 1996년 자유선거로 번성런인 리덩후이(李登辉)가 총통으로 선출되면서 본격적인 민주화가 진행되었다. 2000년에는 민진당의 천수이볜(陈水扁)으로, 2008년에는 국민당의 마잉주(马英九)로, 2016년에는 다시 민진당의 차이잉원(蔡英文)으로 정권교체가 이루어졌다. 2021년 현재는 양안과 홍콩 소요 사태 등으로 독립 세력이 우세한 가운데 민진당이 계속 집권하고 있다.

(3) 타이완의 생활문화

타이완은 유라시아판과 필리핀판이 만나는 불안정한 지표판 위에 위치하여 대규모 지진이 일어나곤 한다. 또 태평양에서 발생하는 태풍 3~4개가 6월에서 9월까지 상륙하

여 집중호우와 산사태를 일으키는 자연재해가 잦다. 타이완의 종교는 민간신앙, 불교, 도교, 기독교 등으로 다양하다. 실제 삶에 직접 영향을 미치는 불교와 민간신앙을 93% 이상 믿으며, 유교적 관념을 윤리와 도덕관념으로 삼고 있다. 또 마주(妈祖 마주), 관궁(关公 관공), 청황(城隍 성황) 등을 숭배하고 축제를 거행하는 민속문화가 발전했다.

마주에 제사를 지내는 행사

타이완의 주민은 원주민 2.4%, 번성런 70%, 커자런 18%, 와이성런 9%로 구성되어 있다. 이렇듯 다양한 구성원으로 인해 타이완의 문화 원형 또한 단순하지 않다. 원주민 문화에서부터 푸젠 이주민과 커자런의 대륙문화 그리고 네덜란드와 일본 식민지의 영향에 따른 해양문화가 복잡하게 융합되어 독특한 요소를 지니고 있다.

타이완 요리는 해산물을 주재료로 사용해 푸젠과 커자 요리를 기반으로 네덜란드와 일본요리의 영향을 받아 만들어낸 담백한 맛이 특징이다. 특히 야식과 간식 문화가 발전했는데, 뉴러우몐(牛肉面 우육면)과 밀크티, 처우더우푸(취두부), 펑리수 등이 대표적이다. 해발 1,000m 이상에서 채취하는 고산차(高山茶)와 중남부의 둥딩우룽차(冻顶乌龙茶)도 유명하다.

뉴러우몐　　　　　　　고산차를 재배하는 모습

⑷ 용의 승천과 도전

타이완은 산지가 70% 이상을 차지하고 거주할 평지가 부족하여 세계에서 인구밀도가 가장 높다. 1960년대 이후 타이완은 정부 주도의 자본 투자와 체계적인 발전 전략을 통해 경공업 위주의 노동 집약형 수출산업을 집중 육성하여 경제가 고속 성장했다. 1980년대에는 외자 도입으로 경공업 위주의 작지만 효율적인 수출 중심 가공 산업이 발전했다. 타이완은 산업 형태를 점차 기술 집약형으로 전환하여 부가가치를 증진하면서 '아시아의 네 마리 용' 중 한 국가로 발돋움했다.

특히 일본과 협력체계를 이루면서 전자부품과 컴퓨터산업에 집중하여 작지만 강한 중소기업을 통해 경제발전을 이룩했다. 신주(新竹)에 대학과 산업체와 연구소를 결합한 과학공업구를 건설하였는데, 주문형 반도체 전문 수탁 생산업체인 TSMC(타이완반도체)는 타이완의 최신과학기술을 대표하는 기업이라고 할 수 있다. 1980년대 연평균 경제성장률이 8%에 달했던 타이완은 1990년대에는 4~6%, 2000년 이후는 2% 내외의 성장을 기록하고 있다.

신주과학단지

선전 폭스콘

2000년 이후에는 자본과 시장의 중심이 중국 대륙으로 이동하면서 현재 5만여 개 타이완 기업과 100만 명 이상 타이상(台商)이 대륙으로 진출하였다. 이런 현상은 전통산업의 급격한 이주와 인재 유출에 따른 심각한 경제 침체로 이어져 사회문제로 대두되고 있다. 특히 중국에 대한 경제 의존도가 점점 심화되어 정치·사회적 위기가 되고 있다는 분석도 있다.

(5) 타이완의 관광지와 먹거리

타이완 사람들은 흔히들 스스로 '바오다오(宝岛 보물섬)'에 살고 있다고 말한다. 남북으로 온대와 아열대의 따뜻한 기후 환경에서 즐길 수 있는 풍부한 과일과 해산물로 만든 먹거리와 수많은 관광명소를 보면 그 말에 수긍이 간다.

타이완의 북부 해안에 위치한 예류(野柳 Yěliǔ 야류)에는 바람의 풍화작용으로 생긴 여왕머리바위, 버섯바위, 촛대바위 등이 있는 지질공원이 있어 많은 관광객이 찾는다. 또 북부의 주요 항구인 지룽(基隆 Jīlóng 기룽)은 중원절 민속 지역축제로 유명하다. 이

예류

곳에서는 매년 음력 7월 14일 청말부터 이어 내려온 연등제와 망령들을 위로하는 의식이 시내와 지룽 칭안궁(庆安宫) 등지에서 거행된다. 중원절에는 타향에서 죽은 고혼들을 위로하기 위해 전통 퍼레이드 및 지역행사가 진행되는데 이 시기에 이곳을 방문하는 관광객에게 좋은 구경거리다.

고궁박물관

고궁박물관은 타이완에서 반드시 들러야 할 장소다. 타이베이 북부 외곽 양밍산(阳明山) 기슭에 있는 고궁박물관에는 1948년 장제스가 타이완으로 이주할 때 베이징 쯔진청(자금성)에서 소장하고 있던 역대 중국의 진귀한 보물들을 옮겨와 전시하고 있다. 소장품으로는 문연각본 『사고전서』와 갑골문, 청동금석문, 관요 자기뿐만 아니라 각종 옥기와 역대급 서화 작품 등이 즐비하다.

타이완의 자연 관광명소 역시 적지 않다. 먼저 동부 화롄(花莲 Huālián 화련)의 타이루거(太鲁阁 태로각)협곡이 대표적이다. 타이루거협곡은 대리석이 침식되어 2,000m가 넘는 협곡과 깎아지르는 절벽으로 이루어진 길이다. 차별 침식으로 기암괴석이 만들어지고 옥빛을 띠는 강물이 태평양으로 흘러가면서 펼쳐지는 신비로운 풍경이 압도적이다. 타이완 중부에 위치한 위산(玉山 옥산)과 르웨탄(日月潭 일월담) 역시 관광명소다. 위산은 해발 3,952m에 이르는 고산이고, 르웨탄은 난토우(南投)에 위치한 최대수심 28m에 이르는 천연담수호다. 이 지역들은 아열대에서 온대, 한대에 이르는 다양한 생태계

타이루거협곡 르웨탄

와 수상자원, 동식물, 역사사적을 보존하여 많은 이들의 발길이 끊이지 않고 있다.

이밖에 진먼가오량주(金门高粱酒 Jīnmén Gāoliángjiǔ 금문고량주) [05] 와 진먼도(金门刀)로 유명한 진먼은 중국 대륙과 타이완 사이에 있는 타이완해협 한가운데에 위치한다. 진먼다오(金门岛), 례위다오(烈屿岛), 다단다오(大胆岛), 얼단다오(二胆岛) 등 12개 섬으로 구성되어 있다. 타이완 최남단에 위치한 컨딩(垦丁 Kěndīng)국가공원은 타이완 사람들이 가장 사랑하는 휴양지로 '타이완의 숨겨진 보석'으로 불리는데, 이곳에서는 아열대의 풍광과 산홋빛 바닷물을 감상할 수 있다. **TIP**

진먼의 식칼 진먼도

1958년 8월 23일부터 10월 5일까지 중국 인민해방군은 무려 47만 발에 이르는 포탄을 진먼다오에 쏟아부었으나 결국 국민당 군대에 패한다. 그 후에도 1978년까지 20년간 중국의 인민해방군은 심리전의 일환으로 진먼다오에 대한 포격을 멈추지 않았다.

진먼도의 재료인 탄신

이때 사용된 포탄의 탄신(弹身)은 매우 단단한 경금속(硬金属)인데 진먼다오 주민들은 이를 재활용하여 식칼을 만들었다. 탄신 한 개로 칼을 약 60개 만들 수 있는데, 현재 남아 있는 탄신만으로도 수십 년은 충분히 생산할 수 있다고 한다. 현재 이 칼은 진먼을 대표하는 특산품이 되었다.

---

[05] 진먼가오량주: 타이완의 어느 지역에 가도 쉽게 볼 수 있는 타이완을 대표하는 바이주(白酒)이다. 청향형 바이주로 진먼 지역에서 생산되는 조생종 고량(高粱 수수)으로 고량주 특유의 강하고 센 맛을 없애고 맑은 향과 단맛이 나도록 제조했다.

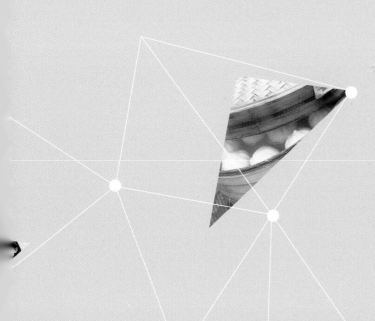

Chapter
11

개혁개방과 미식의 땅

① 개혁개방과 미식의 본고장 광둥성

2010년 11월, 아시아 최대 스포츠 축제인 아시안게임이 광둥성(广东省 Guǎngdōngshěng) 성도 광저우(广州 Guǎngzhōu)에서 열렸다. 이때 대회 마스코트로 등장한 '러양양(乐羊羊)'

광저우 아시안게임 마스코트 러양양

이라는 양은 풍요의 도시 광저우를 상징한다. **01** 전설에 따르면 먼 옛날 하늘에서 신선 다섯 명이 벼 이삭을 입에 문 양 다섯 마리를 타고 내려와 이 땅에 영원히 기근이 들지 말라고 축원했다고 한다. 광저우의 가장 큰 공원인 웨슈공원(越秀公园)에는 이들을 형상화한 오양석상(五羊石像)이 있다. 그만큼 광저우는 풍요의 축복을 받은 '양의 도시(羊城)'로 불린다.

중국 최남단에 위치한 광둥성은 사시사철 따뜻한 기후에 북으로는 산에 둘러싸여 있고, 남으로는 바다와 마주했으며, 넉넉하게 내리는 비가 만들어낸 기름진 땅에 강물이 넉넉히 흐르는 곳이다. 그 덕분에 광둥성은 어느 지역보다 물산이 풍부하고 먹거리가 발달했다. '음식은 광저우에서(食在广州)'란 말처럼 광둥요리는 산둥요리, 쓰촨요리,

광둥성

화이양(淮扬)요리와 함께 중국을 대표하는 4대 요리 가운데 하나다.

광둥성은 해상무역이 금지됐던 명·청시대에 유일하게 서양의 근대문물이 오가는 창구였다. 그래서 광둥성 사람들은 일찍부터 대외 통상을 통해 실리를 따지는 경제 감각이 발달했다. 그와 함께 우월한 외래문화를 받아들일 줄 아는 개방적인 사고방식과 과

---

01 '러양양(乐羊羊)'은 즐거움이 넘친다는 뜻의 '러양양(乐洋洋)'에서 글자를 '양(羊)'으로 바꾼 것이다. 먼 옛날 곡식을 물고 온 다섯 마리 양처럼 아시아인의 풍요와 화합, 즐거운 축제를 의미한다.

감한 혁신정신으로 이후 근대 중국 혁명의 발원지가 됐다. 중국이 개혁개방을 선포한 직후 광둥성 일대를 경제특구로 지정한 것도 이와 무관하지 않다.

다양한 먹거리와 볼거리로 세계인의 발걸음을 이끄는 광둥성은 개혁개방 이래 활발한 대외무역과 해외투자 유치로 중국경제발전의 견인차가 되고 있다.

(1) 개혁과 개방의 일번지

광둥성의 약칭은 '웨(粤 Yuè)'이다. [02] 웨위, 웨차이, 웨쥐, 웨상 등은 각각 광둥 지역의 언어, 요리, 공연예술, 상인을 가리키는 말이다. 하지만 그보다 더 중요한 점은 이 말에 광둥 사람의 고향에 대한 자부심이 담겨 있다는 사실이다. 웨위(粤语)는 중국 본토뿐 아니라 해외에 거주하는 화교 대다수가 사용하는 언어다. 현재 전 세계에서 웨위를 사용하는 인구는 1억 명이 훨씬 넘는다. 웨차이(粤菜) 역시 일찍부터 해외 교류가 활발했던 만큼 전통 요리와 국제적인 요리의 특성이 조화를 이루어 전 세계로 퍼져 있다. '캔토니즈 오페라(Cantonese Opera)' [03]로도 불리는 웨쥐(粤剧)는 광저우를 중심으로 광둥, 광시, 홍콩, 마카오 등지에서 유행했다. 웨쥐는 이곳 출신 화교들을 따라 전 세계로 퍼져 2009년에 유네스코 지정 인류무형문화유산으로 등재되었다. 또한 수백 년간 대외무역을 하던 웨상(粤商)들은 미주와 유럽까지 진출해서 경제와 문화 교류의 중계자가 됐다. 중국에서 가장 부유한 고장이 된 광둥성은 이제 지역의 자부심을 넘어 현대 중국의 발전상과 문화를 대표하는 아이콘으로 성장했다. [04]

웨쥐

---

[02] 현재 중국 광둥성을 지칭하는 '웨(粤)'는 본래 춘추전국시기 월(越)나라와 관련이 있다. 역사적으로 '월'의 범위는 매우 넓어서 장쑤성, 저장성에서부터 푸젠성과 광둥성을 포함한 영남(岭南) 지역까지 확대됐다. 지금의 광둥 일대는 남월(南越)에 속했는데, 진시황이 천하를 통일하면서 남월 지역에 남해군(南海郡)을 설치했다. 본래 '월(越)'을 오늘날과 같은 '월(粤)'로 표기하기 시작한 것은 명·청시기이고, 민국(民国)시기에 들어서는 광둥성의 약칭으로 정착됐다.

[03] 영어권에서는 광둥을 '캔톤(Canton)'이라고 부르는데, 이는 광둥어 발음인 '궝똥'에서 왔다. 여기에 '~의 말', '~의 사람'이라는 뜻의 '－ese'를 붙여서 광둥어나 광둥 사람을 '캔토니스(Cantonese)'라고 한다.

[04] 광둥성은 2013년 중국에서 처음으로 GDP 1조 달러를 돌파했고, 2017년에는 1조 4,400억 달러를 기록해 같은 기간 한국의 1조 4,981억 달러의 턱밑까지 추격했다.

① 중국의 남쪽 관문

광둥성 면적은 17만 7,900㎢로 남한의 약 1.7배이고, 위도상으로 북회귀선에 걸쳐 있어 아열대와 열대 기후를 띤다. 그래서 기온이 높고 비가 많이 내리며, 태풍도 자주 지나간다. 광둥성 북부는 해발 1,000㎡ 내외의 난링산맥(南岭山脉)이 둘러싸고 있으며, 남부는 남중국해를 마주하고 있다. 이에 계절풍과 해양성 기후의 영향으로 축축한 상록 삼림이 분포되어 있다. 또한 광둥성은 중국에서 가장 긴 3,368㎞의 해안선과 주장 강삼각주 등의 지형으로 이루어졌다. 이러한 지형 덕분에 광둥성은 일찍부터 벼농사가 발달했고, 그곳에서 생산된 아열대 과일과 해산물을 수송할 하운(河运)과 해운(海运)이 발달했다. 광둥 사람들이 일찌감치 상인의 안목을 지닐 수 있었던 것도 이러한 생활환경에서 비롯됐다.

난링산맥

광둥성은 북고남저(北高南低)의 지형 덕에 역사적으로 북으로는 중원 세력의 간섭을 덜 받았고, 남으로는 동남아 지역과 교류하면서 자립성을 키워왔다. 기원전 221년 진(秦)나라가 중국을 통일하면서 광둥 지역에 3군을 설치했고, 수·당·북송에 걸친 5세기 동안 꾸준히 식민화가 이루어졌다. 하지만 난링산맥에 가로막혀 중원과 교류하기가 어려웠고, 황허를 중심으로 살아온 북방의 한족에게 광둥성은 줄곧 '오랑캐의 땅(蛮夷之地)'으로 여겨졌다. 게다가 그나마 광둥성에 도착한 중원문화도 중간에 후난, 장쑤, 저장 등의 남방문화를 거친 뒤라 유가 정통문화의 색채가 옅었다. 반면 남으로 긴 해안선 덕분에 중국의 '남대문'으로 바다 건너 문화의 영향을 많이 받았다. 19세기 이전에는 '남양(南洋)', 즉 동남아시아의 영향을 많이 받았고, 그 이후에는 서구문화의 영향을 받았다. 그래서 광둥 사람들은 중원세력의 간섭으로부터 상대적으로 자유로웠으며, 혁신을 추구하고 외래 문물을 잘 받아들이는 개방적인 사고방식을 다질 수 있었다.

② 혁명의 불꽃 광둥 사람들

광둥 사람들의 혁신 정신과 개방적 사고방식은 근대 중국에 들어 더욱 빛을 발했다.

19세기 중반 밖으로는 아편전쟁, 안으로는 태평천국의 난으로 민생이 어려워지자 이들은 대거 바다를 통해 동남아시아와 미주 등으로 이주했다. 그리고 이들은 낯선 이국땅에서 뛰어난 현지 적응력과 실리를 중시하는 상인 감각, 위험도 감수하는 도전정신으로 막대한 부를 축적했다. 해외 화교인구의 출신 지역을 보면 광둥성 출신이 70% 이상으로 압도적이다. 훗날 중국이 놀라운 속도로 경제성장률을 지속할 수 있었던 배경에는 외국인 투자의 약 80%가 화교 자본으로 이루어진 사정이 있다. 국력 실추로 100년 넘게 박해받았던 광둥성 출신 화교들이 이른바 화교경제권을 이루어 중국 경제는 물론 세계 경제에도 영향력을 행사한 것이다.

근대 서양의 학습 열기가 한창이던 때 구미로 파견된 국비유학생 중 가장 높은 비중을 차지한 것도 광둥성 출신이었다. 서양의 민주주의와 문화를 배운 광둥의 지식인들은 중국 개혁운동의 주역으로 성장했다. 광둥성 출신의 캉유웨이(康有为)와 량치차오(梁启超)는 입헌군주제를 핵심으로 한 변법유신운동을 일으켰다. 유신운동 이후 역시

광둥성 출신인 쑨원은 1905년 중국동맹회를 조직했고, 1911년 신해혁명을 일으켜 청나라를 무너뜨렸다. 중국의 국부로 추앙받는 쑨원은 광저우에서 중국 최초의 근대 공화정 정부인 중화민국을 세웠다. 근대 중국 혁명의 발원지가 된 광둥성은 그 후에도 계속되는 시대의 고비마다 변화를 주도했다.

캉유웨이와 량치차오

③ 개혁개방의 성공 모델

1989년 6월, 민주화 요구 시위를 유혈 진압한 톈안먼사태로 중국의 개혁개방정책은 중대한 기로에 놓이게 됐다. 나라 밖에서는 온갖 비난이 쏟아졌고, 미국을 중심으로 한 서방 국가들은 중국에 제재조치를 단행했다. 1980년대 평균 9%대였던 경제성장률은 4% 이하로 떨어졌고, 중국공산당 내부에서조차 개혁개방이 적합했는지 회의의 목소리가 나왔다. 그러던 1992년 2월 덩샤오핑은 전격적으로 우한, 선전, 주하이(珠海), 상하이 등을 시찰하며, 이른바 '남순강화(南巡讲话)'를 발표했다. 그는 가장 먼저 경제특구로 지정했던 선전에서 이렇게 말했다. "선전의 발전과 경험은

남순강화 당시 덩샤오핑

우리가 건립한 경제특구 정책이 정확했다는 것을 증명한다(深圳的发展和经验证明, 我们建立经济特区的政策是正确的)." 중국 사회에 선전의 눈부신 발전상을 통해 그간의 논쟁을 잠재우고 개혁개방에 대한 확고한 의지를 재천명한 것이다.

1979년 경제특구로 지정되던 당시 인구 31만 명에 불과했던 작은 어촌마을 선전은 오늘날 중국 첨단산업을 이끄는 인구 1,300만 명의 대도시로 성장했다. 화교 자본을 기반으로 외국의 자본, 기술, 경험을 과감하게 받아들이며 개혁적인 정책을 펼쳐나간 혁명 무대가 이곳에서 시작된 것이다. 이제는 강 건너 홍콩을 여러 규모 면에서 압도하고 있는 선전을 비롯해 산터우(汕头), 주하이 등 경제특구도 '주장강삼각주'라는 거대 경제권을 형성해 글로벌 차이나를 견인하는 중심축을 이루고 있다.[05] 개혁개방 40년 동안 실패를 두려워하지 않는 대담한 혁신으로 성공 모델이 된 광둥성이 다음에는 어떤 도약을 보여줄지 귀추가 주목된다.

주장강삼각주

(2) 상인의 터전

중국의 지역성을 나타내는 속담 중에 "베이징 사람은 주의를 떠들고, 광둥 사람은 장사를 이야기한다. 베이징 거리에는 구호가 많고, 광둥 거리에는 광고가 많다(北京人侃主义, 广东人谈生意; 北京街头多口号, 广东街头多广告)"는 말이 있다. 정치를 주로 들먹이는 베이징 사람에 반해 광둥 사람에게 주요 관심사는 돈 버는 일이라는 뜻이다. 광둥에서는 '모두가 장사꾼(全民皆商)'이라는 말처럼 광둥 사람들의 상술은 워낙 정평

---

05 현재 중국의 5개 경제특구 중 홍콩과 경계 지역에 자리 잡은 선전, 마카오(澳门)와 경계 지역에 위치한 주하이, 그리고 산터우 모두 광둥성에 있다. 광둥성의 부(富)는 주장강삼각주 유역에 집중되어 있으며, 전국 성내(省内) 국민총생산, 외자도입액, 수출액, 지방세입액 등에서 1위를 차지하고 있다.

이 나 있다. 앞서 언급했듯이 광둥성은 중원문화로부터 멀리 떨어져 있어 사람들이 과거시험이나 관직 진출에는 별 관심이 없었다. 그 대신 그들은 일찍부터 통상무역 활동을 통해 실리를 따지는 데 주된 관심을 두었다. 송대에 광저우는 이미 '만국의 풍속과 왕래가 끊이지 않는(万国衣冠络绎不绝)' 무역항이었다. 원대에 중세 모로코 여행가 이븐 바투타는 "광저우는 거리가 아름다운 대도시로 중국 각지와 인도 등으로 도자기를 판매하는 대규모 시장이 있다"고 감탄했다. 또한 그는 "광저우에서 건조한 대형

이븐 바투타

선박은 1,000명을 싣고도 안전하고 편안하다"며 칭찬을 아끼지 않았다. 이후 해상무역이 금지됐던 명·청대에도 유일하게 서구와 무역을 전담하는 13행(十三行)이 설치됐고, 광둥 상인들은 해상

고대 광저우 13행의 모습

무역을 주도하며 거대한 부를 쌓았다. 아편전쟁 후 난징조약에 따라 영국이 홍콩을 점유하게 되자 홍콩에 인접한 광둥 상인들은 누구보다 먼저 서구식 시장경제를 접했다. 동서양이 격돌하는 역사 현장에서 광둥 상인들은 위험을 무릅쓰고 필요하다면 무엇이든 받아들이는 상업 전통을 이어나간 것이다.

  자본을 죄악시하던 극좌 노선의 광풍이 지나간 뒤 권좌에 복귀한 덩샤오핑은 "부자가 되는 것은 영광이다(致富光荣)"라고 선언했다. 이 말은 상인의 후예 광둥 사람에게 일종의 복음과도 같았다. 그들은 시장경제의 기회가 주어지자 기술이전과 가공무역에서부터 착실히 성장하며 '중국 제조업의 심장부'로 입지를 굳혔다. 40년 동안 광둥성은 개방과 기술혁신의 최전선에서 마침내 첨단산업과 하이테크산업으로 업그레이드된 '세계의 공장'으로 우뚝 섰다. 그 과정에서 세계 굴지의 중국 기업 화웨이(华为 Huáwéi HUAWEI)를 비롯해 텐센트, 레노보(联想集团 Liánxiǎng Jítuán Lenovo Group), 헝다, 중국평안보험사(中国平安保险有限公司 Zhōngguó Píng'ān Bǎoxiǎn Yǒuxiàngōngsī), ZTE(中兴通信 Zhōngxīng Tōngxìn), DJL 드론사 등이 모두 광둥성에 포진했다. 미국 경제전문지 『포브스(Forbes)』에 따르면 2016년 기준으로 중국에서 개인자산 1억 위안이 넘는 부자 6만 7,000여 명 가운데 약 1만 명이 광둥성에 있고, 1,000만 위안 이상 투자 가능한 기업인은 약 24만 명으로 중국에서 가장 많다. 광둥 상인의 사업 수완이 경제

쑹산후 하이테크시티

사회 전반에 걸쳐 화려하게 부활한 것이다.

오늘날 광둥성은 '중국의 꿈(中国梦)'으로 요약되는 굵직굵직한 국가 프로젝트의 일선에서 더 커다란 부를 창출하고 있다. 광둥성은 5세대(5G) 기술 관련 첨단기술 산업단지 조성, 선전시 첸하이(前海) 자유무역구를 비롯해 둥관(东莞)시 쑹산후(松山湖) 하이테크시티 그리고 그들을 아우르는 광둥-홍콩-마카오 대항만구(粤港澳大湾区) 건설 등을 통해 세계적인 상업지역으로 변모해 가고 있다. 갈수록 산업 경쟁력이 절실해지는 시점에서 과학기술, 금융, 물류, 서비스 등 필요한 분야 곳곳마다 광둥 상인의 DNA는 어김없이 실력을 발휘하고 있다.

(3) 미식(美食)의 본고장

웨차이(粤菜), 즉 광둥요리는 중국 요리 가운데 백미로 꼽는 국가대표 음식으로 통한다. 정교하면서도 고급스러운 품격의 광둥요리는 전 세계적으로 프랑스 요리와 더불어 고급요리로 평가받으며, 미슐랭가이드 등 유수의 미식 평가에서도 선두를 차지하고 있다. 그만큼 광둥요리는 음식의 색깔에서부터 향기, 맛, 모양에 이르기까지 두루 즐거움을 선사한다.

먼저, 광둥성은 사계절 푸르른 아열대 기후에 주장강삼각주가 만들어낸 기름진 땅 그리고 바다와 인접한 지리 환경 덕분에 식재료가 풍부하다. "새 종류나 짐승들, 산이나 바다에서 나는 진귀한 재료들, 야생 식물이나 산의 이름 모를 꽃들 가운데 요리를 만들 수 없는 것은 아무것도 없으며 뱀, 쥐, 참새, 벌레, 개, 고양이 등 모든 것으로 맛있는 요리를 만들 수 있다(飞禽走兽、山珍海味、野菜山花、无不可入肴、蛇、鼠、雀、虫、狗、猫等、都可成佳肴)"[06]는 말은 다양한 식재료를 이용하는 광둥요리의 특징을 잘 나타내준다.

---

06 "美味在民间，好菜在农家", 『华夏经纬网』, 2012년 11월 27일자 기사 참조.

다음으로, 광둥 사람들은 중국의 어느 지역보다도 다양한 문화가 유입되는 지리환경 덕분에 여러 지역의 조리법들을 흡수해 부단히 개발하면서 입맛을 최적화해 왔다. 게다가 광둥성은 16세기부터 외국 선교사와 상인들의 교류가 빈번했던 곳이다. 그들은 서양의 요리법까지 적극 수용하여 새로운 맛을 덧입혔다. 광둥요리는 홍콩 지역에서부터 동남아 지역의 요리, 서양 요리까지 섭렵한 동서양의 집합 요리로 많은 이들의 입맛을 사로잡았다. 광둥요리는 해외에 거주하는 광둥 화교들이 운영하는 음식점을 통해 전 세계로 전파됐다.

　그다음으로 광둥성은 일찍부터 상업과 무역이 발달해 다른 지역보다 먼저 부유층이 형성됐고, 부유한 광둥 사람들은 미식(美食)을 즐기는 데 돈 쓰기를 주저하지 않았다. 그들은 고급요리와 함께 접대문화, 식사 예절 등을 만들었다. 그러한 음식문화는 서민의 생활에도 큰 영향을 미쳤다. 본래 부유층이나 누리던 차를 마시며 간식의 일종인 '딤섬(点心)'을 곁들이는 '찻집문화(茶楼文化)'도 점차 누구나 즐기는 일상이 됐다. 이처럼 음식 앞에 품격을 갖추는 자세는 빈부를 떠나 광둥인 삶의 중심이 된 것이다.

찻집문화를 즐기는 광저우 사람들과 딤섬

　마지막으로, 광둥요리는 재료의 선택, 칼질, 불의 세기와 시간 조절, 사용할 식기, 음식을 내는 방식에 이르기까지 엄격히 기준을 따진다. 요리사는 재료를 불에 볶는 기술과 알맞은 불의 세기와 기름 온도에 정통해야 한다. 또한 재료의 형태와 품질에도 각별히 신경 써야 한다. 그런 점에서 광둥요리는 단순히 요리라기보다 하나의 예술품을 완성하는 것과 같다. 그렇게 완성된 광둥요리는 보는 즐거움과 함께 먹는 즐거움까지도 선사한다.

　광둥요리 가운데 가장 유명하면서도 보편적인 음식으로는 수프와 죽을 꼽을 수 있다. 광둥성은 고온다습한 기후 때문에 수프와 죽 문화가 발달했는데, 담백하면서도 식재료 고유의 맛을 살리는 것을 중시한다. 수프와 죽의 맛은 진하지만 느끼하지 않고, 영양가가 높으며 소화가 잘돼서 누구나 즐겨 먹는다. 또한 광둥요리 중 우리에게 가장

죽

차사오바오

샤자오

사오마이

친숙한 음식으로 딤섬을 빼놓을 수 없다. 대나무로 짠 아담한 광주리에 서너 점 놓인 만두 모양의 딤섬은 간단하지만 맛있는 요깃거리로 인기가 높다. 돼지고기를 조려서 만든 소가 든 차사오바오(叉烧包)를 비롯해 일곱 주름이 잡힌 투명한 만두피 안에 새우로 만든 소가 든 샤자오(虾饺), 밀가루 반죽에 다진 돼지고기를 넣고 꽃 모양으로 찐 사오마이(烧卖) 등은 모두가 즐겨 찾는 딤섬이다.

① 광둥요리의 대표 광저우 요리

광둥요리는 크게 광저우, 차오저우, 커자 세 지방 요리로 나뉜다. 광저우 요리는 광둥성의 대표 요리다. 담백한 맛에 색감이 뛰어나며 요리가 풍성해서 '음식은 광저우에서(食在广州)'라는 말이 나왔다. 뱀과 줄머리사향삵을 함께 삶은 룽후더우(龙虎鬪), 물에 데친 새우 바이줘샤(白灼虾), 통돼지구이 카오루주(烤乳猪), 솥에 삶은 개고기 거우러우바오(狗肉煲) 등이 대표적이다. 그중 새끼돼지를 통째로 구워서 내놓는 통돼지구이는 연회의 격을 높여주는 메뉴로 유명하다. 바싹 구워 황금빛이 감돌고 아삭아삭 씹히는 식감

카오루주(烤乳猪)

만한취안시

이 일품인 통돼지구이는 3,000년 전 주나라 때 기록에도 나온 여덟 가지 진기한 요리(八珍料理) 중 하나였고, 청나라 궁중요리인 만한취안시(满汉全席 만한전석)에서도 으뜸이었다.

② 불을 중시하는 차오저우 요리

차오저우(潮州) 요리는 주로 해산물, 민물 어패류와 가금류를 원재료로 하며, 채소나

과일 등을 볶아 작은 솥에 조리한다. 특히 불을 다루는 방법이 다양하다. 볶기(炒), 삶기(烹), 튀기기(炸), 굽기(烤), 푹 고우기(焖), 끓이기(炖), 태우듯이 굽기(烧), 찌기(焗), 소금물에 오향을 넣고 삶기(卤), 훈제하기(熏), 담그기(泡), 펄펄 끓이기(滚), 무치기(拌), 간장을 넣지 않고 푹 끓이기(清炖), 고기나 생선 등을 살짝 볶은 다음 간장을 넣

차오저우어러우

어 색을 입히고 다시 조미료를 가미하여 졸이거나 뚜껑을 닫고 익히기(红烧) 등등 무척 다양하다. 대표적으로 간장, 술, 설탕, 팔각, 감초, 계피 등을 넣은 밑국물에 거위고기를 조려낸 차오저우어러우(潮州鹅肉), 무에 잘게 다진 고기나 햄, 마른 새우를 넣어 찐 뤄보가오(萝卜糕), 쫀득한 만두피에 돼지고기와 설탕을 섞은 소로 만든 수이징바오(水晶包) 등이 있다.

③ 중원과 광둥의 만남 커자 요리

커자(客家) 요리는 둥장차이(东江菜)라고도 불린다. '커자'는 본래 '손님'이라는 뜻으로, 중원 지역에서 난리를 피해 광둥 지역으로 들어온 한족을 광둥 지역에서 거주하던 사람들이 부르던 명칭이다. 따라서 커자 요리는 오래전 중원 지역에서 전해진 한족의 전통적인 음식문화와 광둥의 지역적 특성이 결합되어 있다. 육류를 주재료로

동장옌쥐지

사용하고, 재료 본연의 맛을 잘 살려내며 향기롭고 진한 맛을 추구한다. 커자 요리는 불의 세기와 조리 시간의 조절을 매우 중요시한다. 대표적인 요리로 닭을 종이에 싸서 소금에 절인 둥장옌쥐지(东江盐焗鸡)와 어린 비둘기고기를 간장소스와 마늘에 강한 불로 구운 냥싼바오(酿三宝), 우거지 위에 돼지고기 삼겹살을 얹고 간장 등의 양념을 하여 찐 메이차이커우로우(梅菜扣肉) 등이 있다.

외부 사람들이 볼 때 광둥 사람의 요리 사랑은 각별하다고 할 수 있다. 하지만 다른 지역의 평범한 요리도 광둥 사람의 손을 거치면 정교하면서도 고급스럽게 재탄생한다. 이러한 점에서 광둥요리야말로 미식의 품격을 갖춘 중화요리의 백미라 할 것이다.

② 홍콩, 동양의 진주에서 민주화의 시험무대로

1842년 8월 29일, 광저우·상하이 등 남부 주요 도시들을 점령당한 청나라는 난징 인근의 창장강에 정박한 영국군 군함에서 최초의 불평등조약인 '난징조약'을 체결한다. 이 조약으로 조그만 시골 어촌이던 홍콩은 천혜의 입지를 가진 자유무역항으로 서양의 문화와 무역의 거점이 된다. 동양의 진주, 홍콩의 첫 번째 변화가 시작된 것이다.

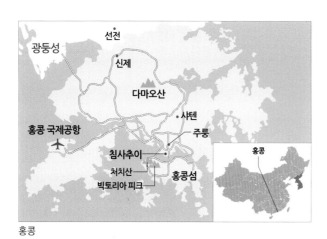
홍콩

1997년 7월 1일, 홍콩은 155년의 식민지 역사를 청산하고 중국으로 주권이 반환된다. 중국 정부는 외교, 국방을 제외한 고도의 자치권을 부여하는 '하나의 국가, 두 개의 제도'라는 '이궈량즈(一国兩制 일국양제)'를 실시한다. 홍콩특별행정구의 출범으로 두 번째 변화가 시작된 것이다.

2014년 9월 28일, 홍콩 학생과 시민 수만 명은 중국 정부에 민주적인 선거를 요구하며 가두시위를 벌인다. 최루탄과 물대포를 쏘아 대는 경찰의 강제 진압에 시민들은 우산으로 맞섰다. '우산혁명'으로 불리는 이 시위는 79일 동안 이어졌고, 그 과정에서 민주주의에 대한 홍콩 시민들의 열망이 확인됐다. 주권 반환 이후 훼손된 홍콩의 민주주의를 전 세계에 알린 세 번째 변화가 시작된 것이다.

아편전쟁 후의 홍콩 / 1997년 홍콩반환식

중계무역지로서 이점을 극대화하여 아시아 금융과 물류의 허브이자 쇼핑의 메카로 각광받고, 주권 반환 이후 중국 정부의 독립성과 자율성 침해에 맞서 민주화 시위로 세계의 이목을 집중시킨 홍콩의 어제와 오늘을 앞의 세 단계 변화를 통해 알아본다.

(1) 동양의 진주 홍콩의 탄생

홍콩(Hong Kong 香港 Xiānggǎng)은 중국 대륙 남부 광둥성과 가까운 주장강삼각주 하구에 있다. 이 지명은 중국 내륙으로 '향나무(香)'를 실어 나르는 항구(港)'라는 데에서 유래했다. 홍콩의 면적은 홍콩섬과 부속 도서, 주룽반도의 남쪽 부분과 신제(新界) 지역을 포함해 1,104㎢로 제주도의 5분의 3 크기다. 난징조약이 맺어지기 1년 전 홍콩섬에 상륙한 영국인은 천혜의 자연 항구와 무역기지로서 얻을 수 있는 수익성을 보고 이곳부터 점령하기로 마음먹는다. 이후 1860년 베이징조약으로 주룽반도와 주변의 부속도서를 손에 넣은 영국은 1898년 신제 지구에 대한 99년간의 조차권을 얻었다.

1970년대 홍콩

이렇게 영국령 식민지로 시작한 홍콩은 무역 중심지로 번성했고, 중국 대륙으로부터 수많은 이민을 끌어들였다. 1949년 중국 대륙이 공산당에 넘어가자 더 많은 난민이 유입됐고, 중국 기업가들도 자본을 회수해 홍콩으로 건너왔다. 1960년대 홍콩의 산업화는 섬유제조업에 기반을 두고 진행됐고, 1970년대 중반부터 중국과 관계가 개선되면서 점차 전자, 금융, 무역 등으로 확대됐다. 홍콩은 이 무렵부터 가장 먼저 산업화에 성공한 아시아의 작은 용이라 불렸다. 이로써 홍콩은 자유무역정책, 유리한 입지, 최첨단 항구시설, 숙련된 노동력 등에 힘입어 세계적인 금융 중심지이자 해상 운송 중심지로 자리 잡았다.

또한 홍콩은 동서양이 만나는 자유로운 분위기 속에 관광과 문화산업이 비약적으로 발전하여 '동양의 진주(Pearl of the Orient)'로 각광받았다. 홍콩은 세계의 먹거리가 집결된 곳으로, 패스트푸드의 일종인 '콰이찬(快餐)'을 비롯해 광둥요리와 세계의 다채로운 요리들을 맛볼 수 있다. 특히 홍콩의 '차찬팅(茶餐厅 Cha chaan teng)'은 바쁜 홍콩인들의 먹거리로 유명하다. 홍콩의 밀크티, 스파게티, 접시 덮밥 등 저렴하면서도 다양한 음식은 홍콩인들뿐 아니라 관광객들에게도 인기가 높다.

차찬팅

홍콩은 1970년대 이래 주요 영화생산국으로서 국제적 명성을 얻었다. 특히 무술, 액션, 코미디 영화에서 개성적인 작품들을 선보이며 할리우드 영화에도 많은 영향을 미쳤다. 리샤오룽(李小龙), 청룽(成龙), 저우룬파(周润发), 장궈룽(张国荣) 등이 세계적인 주목을 받았고, 많은 배우가 할리우드로 진출하여 스타가 되기도 했다. 홍콩의 영화산업은 전통적으로 쇼 브라더스와 골든 하베스트사가 양대 산맥으로서 이끌어 왔다.

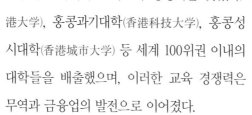

리샤오룽과 저우룬파

그리고 홍콩은 오랜 기간 식민통치를 바탕으로 안정적인 교육제도를 구축했다. 홍콩은 영어권의 장점을 살려 일찍부터 교육지식 도시로서 경쟁력을 갖췄다. 홍콩대학(香港大学), 홍콩과기대학(香港科技大学), 홍콩성시대학(香港城市大学) 등 세계 100위권 이내의 대학들을 배출했으며, 이러한 교육 경쟁력은 무역과 금융업의 발전으로 이어졌다.

홍콩대학

하지만 신제 지구의 조차 만료 시기가 다가오면서 영국은 중국과 1982년부터 협상에 돌입한다. 당시 영국은 신제 지구 조차 기간을 연장하려 했지만 중국은 단호히 거부하며 홍콩 전체를 반환하라고 요구한다. 주룽과 홍콩섬에 물과 식량 등을 공급하는 생존기반인 신제 지역이 절대적으로 필요했던 영국은 결국 홍콩 전체를 중국에 반환하고, 그 대신 기존의 제도 시스템을 50년 동안 보장받기로 한다. 하나의 나라에서 두 가지 제도를 시행한다는 이른바 '이궈량즈(일국양제)'가 공포된 것이다.

1997년 7월 1일 주권 반환 시간표가 나오자 홍콩인들은 비로소 '그날'이 다가오고 있음을 실감한다. 불확실한 미래에 대한 불안 때문에 1987년부터 1996년까지 홍콩인 50만 명 이상이 해외로 이민을 떠났다. 1997년 7월 1일 자정, 마침내 홍콩은 중국으로 주권이 이양됐고 중화인민공화국 소속 홍콩특별행정구가 출범했다. TIP

이궈량즈

덩샤오핑은 1980년 중국의 평화와 발전은 안정적인 대외관계와 평화적 해결을 통해 이뤄질 수 있다고 판단하여 이전과는 다른 대외정책을 발표한다. 즉 경제발전과 주변국과의 영토 분쟁을 무력이 아닌 사회주의 체제하에서 자본주의제도가 공존하는 방법을 모색한다. '이궈량즈(하나의 국가, 두 개의 정치제도)'는 중국이 홍콩과 마카오에 실행 중인 고도의 자치를 허용하면서 점진적인 통합을 추구하는 방안이다. 이 방법은 홍콩과 마카오에 대해 '특별행정구법령'을 기반으로 경제, 사회, 법률의 기존제도를 50년간 유지하고 자치를 통한 번영과 안정을 유지하는 방법으로 진행했다.

이궈량즈는 1982년부터 진행된 중국과 영국 간의 홍콩 반환 협상에서 구체적으로 시행되었다. 양국은 식민지 반환 문제에 대해 홍콩의 자치와 현상 유지라는 공통 해결점에 도달했다. 1997년부터 홍콩은 행정, 사법, 교육의 자치와 민주 선거로 일국양제의 실제 운용 무대로 선택되었다.

중국 정부는 '홍콩특별행정구기본법(香港特別行政區基本法)'을 제정하고 하나의 국가 주권을 원칙으로 특별행정구 홍콩의 고도 자치를 보장한다고 명기했다. 홍콩은 '기본법'에 따라 자본주의를 유지하면서 고도의 자치를 통한 사회제도, 행정, 교육, 무역을 스스로 관리하고, 중국은 외교 및 국방을 제외한 행정, 사법, 입법의 자치를 인정하고 중국 내륙의 사회주의 정치제도 및 사회정책을 실행하지 않는다는 것이다.

⑵ 홍콩특별행정구, 한 지붕 아래 협력과 갈등

주권 반환 당시 홍콩 안팎에서는 불투명한 미래를 걱정하는 목소리가 컸다. 심지어 주권 반환을 앞두고 미국 경제전문잡지 『포천(Fortune)』에서는 커버스토리로 '홍콩의 사망'을 예언할 정도였다. 하지만 이러한 예언은 홍콩이 중국 본토의 고속성장을 등에 업고 비약적으로 발전하면서 무색해졌다. 중국 정부에서는 홍콩이 국제금융도시로서 강점을 살릴 수 있도록 규제를 최소화했고, 경제적 독립성을 유지하게끔 온갖 혜택을 주었다. 이에 홍콩은 주권 반환 10년 만에 구매력 기준 1인당 국민소득이 식민 종주국인 영국을 추월했고, 반환 당시 전 세계 8위에 머물렀던 홍콩 증시의 시가총액은 6위로 두 계단 상승했다. 막강한 금융산업의 경쟁력을 갖춘 홍콩은 연간 10% 이상 고속성장하는 중국 경제의 젖줄이 된 것이다.

하지만 홍콩이 중국에 반환된 이래 순탄하게 발전한 것만은 아니었다. 홍콩은 주권 반환 직후 맞은 아시아 외환위기와 2008년 글로벌 금융위기로 큰 타격을 입었다. 특히 2003년 사스(SARS 중증급성호흡기증후군) 사태는 경제뿐 아니라 홍콩 사회 전체를 위기로 몰아넣기도 했다. 그러나 홍콩은 중국 정부의 전폭적인 지원에 힘입어 금세 회복세로 돌아섰다. 홍콩은 사스 사태로 어려웠던 2003년에 중국과 '포괄적 경제 파트너십 협정(CEPA, Closer Economic Partnership Arrangement)'을 맺었다. 이에 따라 중국 본토로 수출되는 홍콩산 제품에 대한 무관세 혜택이 늘어나 2006년 1월부터는 홍콩의 모든 업종이 무관세로 중국 시장에 진입할 수 있게 됐다. 게다가 2003년부터 중국인에게 동경의 대상이었던 홍콩 개인 관광을 중국 정부가 허용하면서 홍콩의 관광산업도 크게 활성화됐다.

홍콩은 역외 위안화 제1허브로서 주력산업인 금융산업의 위상도 확고해졌다. 홍콩은행들은 2004년 1월 정식으로 위안화 업무 허가를 받았고, 2007년에는 위안화 표시 채권, 이른바 '딤섬 본드'의 발행이 허용됐다. 이에 홍콩은 중국 본토 밖에서 위안화를 다루는 최초의 금융중심이 됐고, 위안화는 홍콩을 통해 국제통화로 자리 잡게 되었다. 홍콩 경제는 이 같은 조치들에 힘입어 세계금융중심지수 서열도 주권 반환 전 6~7위권에서 런던과 뉴욕에 이어 3위로 올라섰다.

그와 함께 홍콩은 주권 반환 이후에도 경제, 재정, 무역, 세법을 자체적으로 제정하고 세계무역기구(WTO)와 별도로 협상할 수 있었다. 홍콩의 이러한 경제적 독립성과 투명한 행정 시스템은 중국의 고속성장에 편승하려는 세계 자본이 유입되는 원동력이 됐다. 이로써 홍콩은 세계 각국의 기업들이 중국 본토로 진출하는 관문이자 중국도 세계로 나아가는 출구로 자리매김하게 됐다.

하지만 중국의 고속성장은 동시에 홍콩 경제에 대한 위협으로 다가왔다. 동서양을 잇는 무역 기지 역할은 오래지 않아 상하이에 추월당했고, 인근 도시 선전에도 그 위상이 흔들렸다. 2009년에는 국내총생산에서도 상하이에 뒤처지면서 홍콩은 아시아 금융 허브 자리를 놓고 이들과 치열한 경쟁을 벌여야 했다. 그러나 무엇보다 시간이 갈수록 중국 경제에 대한 의존도가 높아지면서 중국 정부의 영향력도 커져갔다. 예전 홍콩이 누려왔던 독립성과 자율성이 침해당하는 일들이 곳곳에서 나타났고, 그만큼 중국 정부에 대한 홍콩 시민들의 반감도 쌓여갔다. 이러한 갈등은 결국 2014년 홍콩 행정장관 선출에 대한 중국 정부의 독단적 결정에 반발하는 '우산혁명'에서 폭발하고 말았다.

⑶ 홍콩, 민주화의 시험무대로

1982년부터 1984년까지 2년에 걸친 중·영 협상 끝에 양국은 이궈량즈 원칙에 합의했다. 합의의 핵심은 주권은 넘어가되 홍콩은 홍콩인이 다스린다는 '강런즈강(港人治港 항인치항)', 즉 홍콩에 자치권을 보장한다는 것이었다. 하지만 주권 반환 직후 중국 정부가 중·영 협상에서 제정한 기본법(Basic Law)의 해석 권한은 중국 정부에 있다는 점을 밝히면서 자치권을 둘러싼 갈등이 예고됐다. 홍콩 자치권 행사에 대한 중국 정부의 간섭은 2007년 6월 초 베이징에서 열린 '중국 홍콩특별행정구기본법 실시 10주년 기념좌담회'에서 더욱 구체화되었다. 우방궈(吳邦国) 당시 전국인민대표대회 상무위원장은 홍콩특별행정구가 누리는 자치권은 중국이 부여한 만큼 홍콩은 중국이 부여한 범위 안에서의 권리만 행사할 수 있음을 천명했다. 오랫동안 서구 민주주의에 익숙해 있던 홍콩 시민들은 갈수록 자유와 권리가 제한되는 현실에 불만이 높아갔다.

특히 중국 정부는 홍콩 자치정부의 수반이라 할 수 있는 행정장관뿐 아니라 입법원 선거에도 개입해 친중(亲中) 인사들을 발탁했다. 이를 지켜본 홍콩 시민단체와 야당 세력인 '민주파'는 분노하기 시작했다. 행정장관의 직선제를 요구하는 목소리가 높아지자 중국 정부는 2017년부터 홍콩 특별행정구민의 직접선거로 행정장관을 선출하겠다고 약속한다. 그러나 중국의 전국인민대표대회(全人代)가 발표한 2017년 홍콩 행정장관 선거안을 본 홍콩 시민들은 중국 정부의 기만적인 태도에 다시 분노한다. 행정장관 입후보 자격에 반중국계 인사는 제외하고, 친중국계 인사 2~3명으로 제한한다는 것이었다. 즉 직접선거는 보장하지만 후보는 중국 정부가 선호하는 사람만 허가한다는 의미였다. 2014년 9월 28일에 발발한 우산혁명은 그동안 쌓여온 중국 정부에 대한 불신과 반감이 민주시위로 확산된 것이다.

홍콩의 우산혁명

중국의 간섭 없는 완전한 직선제를 요구한 시위대를 향해 경찰은 물대포와 최루탄을 쏘며 진압했고, 1,000명 이상의 시민들을 체포했다. 당국의 강경 진압에 성난 시위 군중은 18만 명으로 불어났으며, 시위는 79일 동안 계속됐다. 당시 외신에 보도된 우산을 펼쳐 든 시위 군중의 모습은 마치 거대 권력의 소낙비를 작은 우산 하나로 버티는 인상을 주었다. 시위는 비록 미완의 혁명으로 끝났지만, 민의를 반영하지 않는 권위주의적 처사에 단호히 맞설 줄 아는 홍콩 시민의 민주주의 열망을 보여준 계기가 됐다.

홍콩 시위

그로부터 4년 반이 지난 2019년 3월 31일에 발발한 범죄인인도법(송환법)에 대한 반대 시위는 시위의 규모나 성격 면에서 이전과 훨씬 달랐다. 이 시위는 당초 법안 철회 요구를 넘어 중국의 정치적 간섭과 경제적 영향력에서 벗어나려는 민주화 운동으로 확대됐다. 범죄인인도법은 2018년 2월 타이완에서 벌어진 홍콩인 살인사건을 계기로 추진된 것이다. 하지만 홍콩 시민들은 중국 정부가 부당한 정치적 판단으로 홍콩의 반중 인사나 인권운동가를 중국으로 송환하는 데 이 법안을 악용할 수 있다며 거세게 반발했다. 시위 과정에서 홍콩 시민들은 민주적 절차를 거치지 않고 권위주의적 대응으로 일관해온 중국 정부를 강하게 성토했다. 그와 함께 중국의 거대 자본이 유입되어 홍콩의 물가를 비롯해 부동산 가격이 폭등하고, 홍콩으로 건너온 중국인들이 일자리까지 잠식해 팍팍해진 민생고를 호소했다. 홍콩 인구의 4분의 1이 넘는 200만 명이 거리로 쏟아져 나왔고, 계속되는 강경 진압에도 시위는 좀처럼 가라앉지 않았다. 이에 결국 캐리 람 홍콩 행정장관은 송환법을 공식 철회하겠다고 밝힌다. 이 시위는 인권과 경제에 미치는 파급력도 워낙 커서 국제적으로 많은 관심을 불러일으켰다. 미국과 유럽은 홍콩 시위를 지지했고, 홍콩 반환 협정을 맺은 영국도 중국식의 이귀량즈를 문제 삼으며 개입할 의사를 밝혔다. 특히 미국은 중국 정부가 군사 개입을 시사하자 관세나 투자, 무역, 비자 발급 등에서 홍콩에 부여했던 특별 지위를 박탈하겠다고 경고했다.

2019년 11월 24일에 치러진 홍콩 구의회 선거에서 민주파 진영이 압승을 거둔 데서도 알 수 있듯 홍콩의 민주화 요구의 목소리는 앞으로도 계속 높아질 전망이다. [07] 반면 중국 정부는 홍콩의 민주화 움직임이 자칫 중국의 대도시로 번져나가지 않을까 전

---

[07] 홍콩 구의회 선거의 최대 이슈는 단연 홍콩의 민주화 운동으로, 등록 유권자의 71%에 달하는 약 300만 명이 투표에 참가해 민주화에 대한 사실상의 국민투표로 받아들여졌다. 이 선거에서 민주파 진영은 전체 18개 구의회 중 17곳의 과반 의석수를 확보했고, 전체 의석수도 100석에서 350석 이상으로 불어나 홍콩 선거 역사상 가장 압도적인 승리를 거두었다.

전긍긍하는 모습이다. 이는 곧 공산당 일당독재 체제를 위협하고, 소수민족 지역에 대한 통제력까지 약화되는 사태로 이어질 수 있기에 중국 정부의 고심도 깊어지고 있다. 애당초 홍콩의 독립성과 자율성을 담보로 맺었던 '강런즈강'의 원칙이 첨예한 입장 차이 속에 과연 어디까지 확대될지 모두가 주목하고 있다.

③ 마카오, 관광산업의 보물창고

마카오(Macau 澳门 Àomén)는 광저우에서 시작되는 주장강 어귀 서쪽에 위치하며, 맞은편 홍콩과 약 64㎞ 떨어져 있다. 이 지명은 포르투갈인이 처음 이곳에 당도했을 때 현지인에게 여기가 어디냐고 물었을 때 주위에 있던 사람들이 '아마사원 (妈祖阁, A-Ma Temple)'이라는 뜻의 '아마 까오'라고 한 말에서 유래했다. [08] 마카오는 마카오반도(Macau peninsula 澳门半岛), 타이파섬(Taipa 凼仔岛), 콜로안섬(Coloane 路环岛), 섬 사이 매립지인 코타이 스트립(Cotai Strip 路凼) 등으로 구성되어 있다. 총면적은 30.3㎢로 서울의 종로구 크기다.

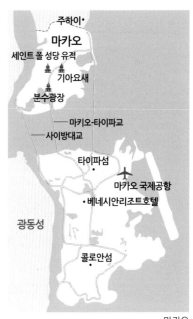

마카오

마카오는 1513년 포르투갈 범선이 주장강 어귀에 닻을 내린 이래 중국, 일본과 무역하는 화물집산지가 됐다. 이후 포르투갈은 중국이 아편전쟁에서 패배한 것을 이용해 1845년 마카오를 포르투갈령으로 선포했다. 그러다가 1974년 4월 이른바 '카네이션혁명'으로 군부 독재정권이 무너지고 문민정부를 수립한 포르투갈 정부는 모든 해외 식민지에 대한 포기를 선언한다. 당시 포르투갈령 마카오도 중국에 반환하기로 했는데, 중국은 마카오가

---

08 아마사원은 마카오에서 가장 오래된 사원으로, 현지 어부와 선원들의 수호신인 아마를 모신 사원이다. 마카오에 있는 유네스코 문화유산 중 하나이다.

중국 땅이지만 '특별 자치령'으로 적당한 시기가 될 때까지 포르투갈에 맡겨두기로 타협한다. 이후 1984년 홍콩 반환 협정을 체결한 중국은 1987년 홍콩과 유사한 일국양제를 적용한다는 내용의 중국·포르투갈 공동선언을 체결한다. 이에 마카오는 1999년 12월 20일 중국으로 주권이 반환됐고, 홍콩과 마찬가지로 특별행정구가 되었다.

마카오는 약 450년 동안 포르투갈이 남긴 남유럽풍 건축물과 유서 깊은 문화가 이국적인 분위기를 자아내며 많은 관광객을 끌어들이고 있다. 마카오에는 유네스코 문화

세나두광장과 아마사원

유산 30개가 곳곳에 있는데, 물결무늬 타일로 유명한 세나두광장을 비롯해 펠리시다데거리, 성 라자루성당, 마카오 최대 도교사원인 아마사원 등이 있다. 하지만 마카오가 유명한 이유는 역시 세계 최대 카지노 도시이기 때문이다. 마카오 방문객의 90%가 카지노와 경마 등 도박을 목적으로 찾는데, 이미 2007년에 도박 매출에서 라스베이거스를 추월했다.

주권 반환 이후 중국은 마카오에 꾸준히 자본을 투자하여 관광도시로 조성했다. 그 결과 마카오는 카지노뿐 아니라 아시아 최대 자동차 경주 선수권 대회인 마카오 그랑프리를 비롯해 스카이점프, 경마, 골프, 해양 스포츠까지 즐길 수 있는 관광도시로 탈바꿈했다. 또한 서양의 정취가 살아 있는 독특한 베네시안 리조트, 카지노호텔을 완공하고, 컨벤션 사업도 활성화해 해마다 관광객들이 늘어나고 있다.

세계 최대 카지노 호텔

중국은 2018년 6월 세계 최장 대교인 총연장 55㎞의 홍콩－주하이－마카오를 연결하는 강주아오대교(港珠澳大桥)를 개통했다. 이를 통해 광둥성 9개 도시와 홍콩, 마카오를 묶어 물류와 관광, 산업이 더욱 발전할 것으로 기대하고 있다. 향후 관광 거점도시로서 마카오가 얼마나 더 큰 경제 효과를 불러일으킬지 주목할 만한 대목이다.

강주아오대교

④ 관광·레저의 파라다이스 하이난성

하이난성(海南省 Hǎinánshěng 해남성)은 중국 최남단에 위치한 중국에서 두 번째로 큰 섬이다. 성도는 하이커우(海口)이며 총면적은 약 3만 4,000㎢로 한국의 3분의 1 크기다. 하이난은 본래 광둥성에 소속된 하이난 지구였다. 이후 1988년 중국 정부에서 섬 전체를 하이난성으로 지정하면서 중국의 22번째 성이 됐다. 하이난의 전용 약칭은 '충(琼 Qióng)'인데, 과거 이 지역을 '충야(琼涯 경애)'라고 불렸던 데에서 유래한다. 하이난은 인도차이나반도와 홍콩 사이에 위치한 중국 유일의 열대계절풍 기후 지역으로, '남해의 진주'로 불릴 만큼 빼어난 자연경관 덕분에 휴양 위주의 관광산업이 발달해 '중국의 하와이'라 불린다.

역사적으로 하이난은 기원전 2세기 말부터 중국의 지배를 받았지만, 본토와 워낙 멀리 떨어져 있고 해적이 들끓는 데다 원주민들의 반란도 잦아 중국인은 이곳으로 이주해 오는 것을 꺼렸다. 그래서 이곳 해안마을은 본토에서 추방당한 정치가나 문인들이 사는 혹독한 유배지였다. 하지만 이곳에 유배 온 정치가와 문인들은 학문 도야에 힘쓰고, 학당을 세워 현지 주민의 교육에 많은 영향을 미쳤다. 대표적으로 당송팔대가 중 한 사람인 소동파는 '동파서원'을 세우고 제자들에게 문예를 전수했다. 이후 그의 제자 중에서 과거시험에 합격한 선비가 나오자 주민들은 '소공사(苏公祠)'라는 사당을 세워 그를 기념했다. 소동파는 그의 시에서 하이난을 하늘 끝이고 바다 끝이라는 '천애해각(天涯海角)'으로 묘사했다. 하이난의 풍광과 문화를 담은 그의 유배문학은 지금도 명문으로 전해지고 있다.

동파서원과 소공사

1988년 중국 정부는 하이난을 독립된 성으로 승격시킴과 동시에 경제특구로 지정했다. 이때 하이난은 선전과 주하이 등에 이어 개혁개방의 견인차가 되는 5대 특구 중 하나가 되었다. 하이난은 파격적인 세제 혜택과 정부 지원에 힘입어 수많은 해외 자본을 유치해 한때 30%대 경제성장률을 기록하기도 했다. 하지만 상하이와 톈진, 창장강삼각주, 주장강삼각주 지역의 후발 개방도시들이 맹렬하게 추격하면서 경제특구로서 위상이 하락했다. 이후 하이난은 자연과 지형의 특성을 살린 관광산업 개발 중심의 전략으로 활발한 투자 유치에 성공해 비약적으로 발전 했다. 바다와 하늘이 푸른빛인 천혜의 해안 경관을 자랑하는 하이난에서 최고급을 지향 하며 속속 들어서고 있는 리조트 호텔들은

하이난의 해변

중국 최대의 관광·레저 섬으로 자리 잡은 하이난의 명성을 증명해 준다.

마카오 세인트 폴 교회 유적지

홍콩 빅토리아하버와 정크선

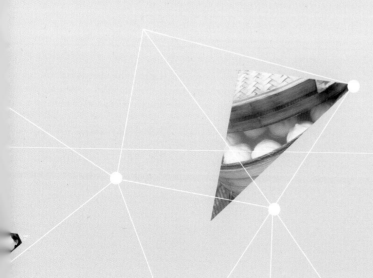

Chapter
12

또 다른 '세계'로 통하는 길

① 사막 위의 땅길 실크로드

실크로드는 수많은 사람이 왕래한 길이다. 그렇다면 그들은 왜 그 길을 걸어야만 했을까? 누군가는 구법(求法)을 위해, 누군가는 전쟁을 위해, 또 누군가는 생존을 위해 위험을 무릅쓰고 가야만 했던 그 길에서 우리는 무엇을 발견할 수 있을까? 이 길은 허시후이랑(河西回廊 하서회랑)을 지나 낮은 지역을 지나는 '땅길', 칭하이성과 티베트의 고지대를 지나는 '하늘길'로 나눌 수 있다. 이 두 길 모두 예나 지금이나 외부 세계와 중국을 이어준다. 그저 이 두 길을 지나는 속도만 달라졌을 뿐이다. 과거에는 걸어갔다면 지금은 고속전철과 비행기를 이용하기 때문이다. '가운데의 나라' 중국이 세계와 통했던 길, 그곳에서 삶은 한 번도 멈춘 적이 없다. 그 길 위에는 여전히 사람이 살고 있고, 아직도 많은 이야기가 곳곳에서 우리를 기다린다.

(1) 실크로드에서 만나는 지역들

실크로드는 여러 지역에 걸쳐 있다. 그 길은 시안에서 출발해 카스(喀什 Kāshí)에서 끝난 뒤 여기서 다시 로마로 이어진다. 이 길 외에 히말라야를 넘어 이어지거나 중앙

실크로드 지도

아시아의 길로 이어지기도 하지만, 중국만 놓고 보면 허시후이랑을 지나 카스로 통한다. 그래서 실크로드의 첫 번째 여정을 허시후이랑에서 시작하면, 그 과정에서 신장위구르족자치구(新疆维吾尔自治区 Xīnjiāng Wéiwú'ěr Zìzhìqū)와 간쑤성(甘肃省 Gānsùshěng) 그리고 닝샤후이족자치구(宁夏回族自治区 Níngxià Huízú Zìzhìqū)를 지나게 된다. 물론 칭하이성(青海省)도 지나지만 칭하이성은 티베트와 관련되어 있기에 '하늘길'에서 다루겠다.

① 신장위구르족자치구

신장위구르족자치구는 약칭이 '신(新 Xīn)'이며, 1949년 중화인민공화국에 편입된 뒤 1955년 지금의 자치구가 되었다. '신장(新疆)'은 '새로운 땅, 새로운 강토'라는 뜻으로, 1755~1864년 사이에 청나라가 이곳을 점령하고 통치하면서 붙인 이름이다. 중국에서 보면 '새로운 땅'임이 틀림없으나 위구르족에서 보면 기분 좋은 명칭은 아니다. 지배와 피지배 구조이기 때문이다.

신장은 예부터 서역(西域)이라 불리며 수많은 민족이 활동했던 곳이다. 시대적으로 보면 흉노(匈奴), 월지(月氏), 오손(乌孙) 등이 먼저 등장했다. 그다음 훈(Hun 匈), 돌궐 (突厥), 소그드(Sogd 粟特), 티베트(Tibet 西藏), 몽골(Mongol 蒙古)족 등이 이 지역을 무대로 활동했다. 그래서 신장 지역은 문화적으로나 민족적으로 다양한 형태를 띤다. 그 다양성이 가장 잘 드러나는 곳이 실크로드에서 만나는 둔황의 모가오쿠(莫高窟 막고굴), 투루판의 베제클리크(Bezeklik 柏孜克里克)석굴 유적, 쿠차(Kuqa 库车)의 키질(Kizil 克孜尔)석굴, 호탄(Hotan 和田)의 단단우일리크(Dandan-uilik 丹丹乌里克) 유적지 등이다.

중국 지도에서 신장 지역은 한눈에 봐도 매우 넓어 보인다. 실제 면적이 166만 ㎢로 중국에서 면적이 가장 넓은 성급 행정구역이며, 전체 국토 면적의 6분의 1에 해당한다. 신장 지역 인구는 2019년 기준으로 2,523만 명이며, 이 중에서 가장 많은 수를 차지하는 민족은 위구르족(维吾尔族)으로 전체 인구의 약 48%다. 카자흐족(哈萨克族)과 후이족(回族)은 각각 7%와 4%를 차지한다. 한족은 지속적으로 유입되어 신장 인구의 37%에 이르며, 대부분 성도인 우루무치(乌鲁木齐)에 집중되어 있다. 호탄이나 카스에는 한족이 매우 적고 대부분 위구르족이다. 앞으로도 신장 인구의 소수민족 구성 비율에 큰 변화는 없겠지만 한족은 꾸준히 유입될 것으로 예상된다.

신장위구르자치구

② 간쑤성

간쑤성은 허시후이랑의 간저우(甘州, 지금의 장예张掖시)와 쑤저우(肅州, 지금의 주취안 酒泉시)에서 그 명칭이 유래했다. 간쑤성의 약칭은 '간(甘 Gān)' 또는 '룽(陇 Lǒng)'이고, 성도는 란저우(兰州 Lánzhōu)시다. 우리에겐 신장만큼이나 익숙하지 않은 곳이지만 간 쑤성이 실크로드의 중심지 중 하나라는 것은 이제 새롭지 않다.

간쑤성은 역사문화적 배경이 풍부한 편이다. 구석기시대부터 7,000년 전 신석기시대 까지 유적이 다양하게 남아 있고, 허시(河西)를 중심으로 흉노·월지·오손 등이 활동했 으며, 한나라 무제 때는 이곳에서 실크로드를 개척하고 사군을 설치하기도 했다. 청대 에는 란저우를 성도로 삼고, 지금의 신장과 닝샤 지역까지 포함하는 넓은 지역에 간쑤 성을 설치했다. 그 뒤 1884년 신장성이 분리되었고, 1929년에는 닝샤성이 분리되었다. 닝샤는 1954년 일시적으로 다시 간쑤성에 포함되었다가 1958년에 닝샤후이족자치구가 성립되면서 간쑤성으로부터 독립했다.

간쑤성은 예부터 여러 민족의 활동무대였다. 지금도 위구르족, 후이족, 티베트족(藏 族), 싸라족(撒拉族), 몽골족 등 45개 소수민족이 살아가고 있다. 간쑤성에는 주취안(酒 泉)시를 비롯한 12개 시가 있고, 닝샤후이족자치주(临夏回族自治州)와 간난티베트족자 치주(甘南藏族自治州)가 각각 하나씩 있다. 간쑤성 전체 인구는 2019년 기준으로 2,647 만 명 정도이고 신장과 마찬가지로 다양한 민족이 거주하고 있다.

③ 닝샤후이족자치구

닝샤후이족자치구는 면적이 6만 6,400㎢이고 1958년 간쑤성에서 자치구로 분리되었 다. 약칭은 '닝(宁)'이다. 닝샤에는 성도인 인촨(银川)을 비롯해 5개 지급시가 있다. 2019 년 기준으로 닝샤 인구는 694만 명이고 한족, 후이족, 위구르족, 둥샹족(东乡族), 카자 흐족, 싸라족, 바오안족(保安族) 등이 거주하고 있다. 닝샤는 후이족이 집단으로 거주하 지만, 과거에는 탕구트족(党项族)이 세운 서하(西夏 1038~1227)의 수도가 있었다. 서하는 13세기 칭기즈칸에게 멸망할 때까지 지속되었다. 탕구트족의 서하는 그 갈래가 명확하 지 않으나 일부 티베트 유민이 주도하여 건국한 것으로 알려져 있다.

닝샤의 기후는 간쑤성과 비슷하지만 사막과 목초지가 공존하며, 황허강이 통과하는 북부 지역은 최고의 농경지로 유명하다. 그래서 물고기는 물론 검은 구기자를 비롯한 각종 농산물이 풍부하다. "천하의 황허강이 닝샤를 부유하게 한다(天下黃河富寧夏)"는 말은 이런 배경에서 비롯했다.

간쑤성과 닝샤후이족자치구

(2) 허시후이랑

허시후이랑(河西回廊 Héxī Huíláng 하서회랑)은 중국에서는 서역으로 통하는 관문이고 서역에서는 중국으로 통하는 관문이다. 그러다 보니 수많은 민족이 오갈 수밖에 없

었다. 그 흔적은 둔황 17굴에서 발견된 여러 문헌으로 확인된다. 이곳에서 한문, 티베트어, 소그드어 **01**, 산스크리트어 **02**, 아랍어, 서하어, 몽골어 등으로 된 문헌이 발견되었다. 석굴은 시대별로 조성되었기 때문에 여러 민족의 흔적이 남아 있다. 신라의 승려라고 알려진 혜초가 고대 인도의 5개 천축국

허시후이랑

---

01 소그드어(Sogdian language): 소그디아나라고 불리던 중앙아시아 사마르칸트를 중심으로 하는 지방에서 주로 사용되던 언어로, 7~8세기 중앙아시아에서 국제공통어로 사용되었다.

02 산스크리트어(Sanskrit language): 범어(梵语)라고도 하는 인도의 고대어. 기원전 4세기경 인도의 문법학자 파니니(Pāṇini)가 체계화했으며 주로 불교 경전 기록에 사용되었다.

을 답사하고 쓴 『왕오천축국전(往五天竺国传, 다섯 개 천축국 답사 기록)』이 둔황에서 발견된 것을 보면 얼마나 많은 민족이 오고 갔는지를 여실히 알 수 있다. 『왕오천축국전』은 1908년 프랑스의 펠리오가 프랑스로 가져가면서 세상에 알려졌다.

허시후이랑은 '황허강의 서쪽에 펼쳐진 통로'라는 뜻이다. 이 통로는 중국과 서역을 연결하는 중요한 연결고리였다. 사람들은 "다른 길도 있는데 왜 이 길을 고집했을까?" 하는 의문이 들 것이다. 이 질문에 대한 답은 이곳 지형을 보면 바로 알 수 있다. 지도를 펼쳐보면 오른쪽은 고비사막이 가로막고 있고, 왼쪽에는 티베트고원이 버티고 있어 어느 길도 쉽지 않다. 이 사이에 나 있는 길이 바로 허시후이랑이다. 과거에는 수많은 민족이 이 길을 왕래했다. 그중에는 한 무제의 명을 받고 서역을 탐험하고 정벌했던 장건과 곽거병(霍去病, 기원전 140~기원전 117)도 있었고, 고구려 유민 고선지(高仙芝) 장군도 있었다. 그리고 『서유기』에 등장하는 쉬안짱법사도 이 길을 걸었다.

허시후이랑의 주요 도시인 우웨이(武威), 장예(张掖), 주취안(酒泉), 둔황 등은 모두 한 무제 시기 설치한 하서사군(河西四郡)과 관련이 있다. 한 무제는 이 길을 개척하려고 많은 노력을 기울였다. 그 이유 중 하나가 흉노족에 대한 복수였다. 물론 경제적 이유도 있었을 것이다. 그래서 한 무제는 장건을 보내 흉노와 사이가 좋지 않았던 월지를 공략하도록 했다. 월지와 동맹을 맺어 흉노를 견제하고자 한 것이다. 하지만 그 당시 월지는 흉노에 대한 불만이 이미 상당히 줄어든 상태였고, 또 굳이 자신보다 강한 흉노를 적대시할 필요성도 느끼지 못했다. 월지의 왕이 흉노족 손에 처참하게 죽은 사건은 이미 먼 과거의 일이 되었다. 10여 년을 고생하며 힘겹게 월지에 도착한 장건에게는 생각할 수도 없었던 잔혹한 현실이었다. 하지만 장건은 서역에 관한 정보 수집을 멈추지 않았다. 후에 장건이 수집한 정보를 접하고 서역에 대한 관심이 높아진 한 무제는 다시 곽거병을 파견했다. 이렇게 형성된 것이 바로 허시후이랑의 도시들이다.

① 우웨이

우웨이(武威 Wǔwēi)는 역사적으로 세 가지 사건과 관련이 있다. 첫 번째는 한 무제가 곽거병을 파견해 흉노를 물리치고 우웨이를 세운 것이고, 두 번째는 쿠마라지바(鳩

摩罗什 구마라습, 344~413)의 사원이 있다는 사실이다. 쿠마라지바는 쿠차의 왕자로 어렸을 때 어머니를 따라 출가했는데 후량(后凉, 386~403)[03]의 여광(呂光, 재위 386~399)이 쿠차를 침략했을 때 붙잡혀 18년 동안이나 포로로 있었다. 세 번째 사건은 몽골의 쿠덴(阔端)이 티베트의 항복을 받아내기 위해 티베트 사캬(萨迦)파의 사꺄빤지다(Sa skya Pandita 萨迦班智达)를 초청한 것이다. 결국 몽골은 사캬파를 통해 티베트를 간접적으로 통치할 수 있었고, 사캬판디타의 조카 팍바(八思巴 Pags-pa 파스파, 1235~1280)는 몽골의 국사가 되어 몽골문자를 만들기도 했다. 이때부터 몽골과 티베트는 정치·종교적으로 가까운 사이가 되었다. 몽골과 티베트가 만난 '양주(凉州)회담' 자리에는 현재 바이타쓰(白塔寺 백탑사)가 자리하고 있다.

바이타쓰

② 아름다운 옌즈산과 장예

장예(张掖 Zhāngyè)는 미국의 『내셔널지오그래픽(National Geographic)』에서 '세계 10대 불가사의 경관'으로 선정할 정도로 빼어난 아름다움을 자랑한다. 노을처럼 붉은 단층 지형(丹霞地貌)이 물감을 뿌려놓은 듯 일곱 가지 색깔을 띠며 만들어내는 절경은 절로 감탄을 자아낸다. 치롄산(祁连山)에서 흘러 내려오는 물로 수량이 풍부해서 '고비사막의 수향(戈壁水乡)'이라고도 불린다. 장예 동남쪽에 있는 옌즈산(燕支山 Yànzhīshān)은 연지풀이 많이 나는 것으로 알려져 있다. 해발 2,919m로 산세가 높고 험준하지만 남쪽 기슭에는 물과 풀이 풍부해 한나라 이후 관마(官马)를 키우는 목장을 두었다. 옌즈산에서 자라는 '홍람(红蓝)'이라는 화초로 여성 화장품인 연지(胭脂)를 만들었기 때문에 연지산(胭脂山)이라고도 불린다. 이백은 이곳을 지나면서 "비록 연지산에 살더라도 북방의 눈보라에 춥다 않네(虽居燕支山, 不到溯雪寒)"라고 연지산을 묘사했다.[04]

---

[03] 후량: 5호16국시대 저족(氐族) 여광(呂光)이 건국한 나라이다. 원래 국명은 량(凉)이지만 이름이 같은 나라가 많아 후량으로 구분하여 부른다.

[04] 이백은 시 「왕소군(王昭君)」에서도 "연지산은 늘 추워 눈이 꽃을 만드네(燕支长寒雪作花)"라고 읊었다.

장예의 대표적 유적지로는 북량(北涼, 397~439)시기 조성된 것으로 알려진 원수쓰(文殊寺 문수사)석굴이 있다. 석굴은 70여 굴에 이르고 승방이 300여 개 있다. 또 쿠빌라이 칸이 태어났다고 알려진 다포쓰(大佛寺 대불사)도 장예의 대표적 사원이다. 유적지 중에서 가장 빼어난 곳은 역시 마티쓰(马蹄寺 마제사)다. 마티쓰라는 절 이름은 이곳의 한 암

마티쓰석굴

석에 남아 있는 말발굽 모양 자국에서 비롯했는데, 천마가 이곳에 내려서다 남긴 말발굽 자국이라는 전설이 전한다. 마티쓰 석굴은 저거몽손(沮渠蒙逊)이 북량(北涼)을 건국하면서 조성한 것으로 알려져 있다. 석굴에 남겨진 벽화와 조소는 오래되었지만 여전히 아름답다. 특히 이곳에서 바라본 치롄산은 절경이라는 말로는 아름다움을 묘사하기 부족하다.

③ 주취안과 쒀양

주취안(酒泉 Jiǔquán)은 일찍이 저족(氏族), 월지, 오손, 흉노 등의 유목민족이 활동했던 곳이다. 한 무제가 곽거병의 승리를 축하하기 위해 술을 하사한 데서 '주취안'이라는 이름이 시작되었다. 병사들이 모두 다 마시기에는 부족한 술을 해결하기 위해 곽거병이 하사받은 술을 샘(泉)에 타서 마셨기 때문이다. 주취안 지역 명소로는 쒀양청(锁阳城 쇄양성), 주취안위성발사기지(酒泉卫星发射中心), 둔황 모가오쿠(막고굴) 등이 있다.

쒀양청의 원래 이름은 쿠위청(苦峪城 고욕성)이었다. 당나라 설인귀(薛仁贵)가 이곳에서 전투하다가 성에 갇혔는데 식량이 떨어지자 원군이 도착할 때까지 쒀양(쇄양)이라는 식물을 먹으면서 버티었다. 그 덕분에 살아난 설인귀는 나중에 이 성을 쒀양청으로 바꿔 불렀다고 한다. 쒀양은 이 지역에서만 나는 중요한 한약재로 '늙지 않는 약(不老药)'으로도 불린다.

주취안위성발사기지는 우주강국을 꿈꾸는 중국의 5개 위성 발사기지 중 하나로, 1958년 중국에서 가장 먼저 세워졌으며 규모 또한 가장 크다. 1970년 중국의 첫 위성 발사에 성공한 이후, 1999년부터 2016년까지 모두 11번 선저우(神舟) 계열

주취안위성발사기지

우주선 발사에 성공했으며, 실험용 우주정거장 톈궁(天宮) 1, 2호도 발사하는 등 중국 우주산업의 핵심을 맡고 있다.

④ 실크로드의 꽃 둔황 그리고 모가오쿠

모가오쿠(莫高窟 Mògāokū 막고굴)는 산시성의 윈강스쿠, 허난성의 룽먼스쿠, 간쑤성 톈수이시(天水市)의 마이지산(麦积山 맥적산)석굴과 더불어 중국 4대 석굴 중 하나이다. 석굴이 천 개를 넘어 첸포둥(千佛洞 천불동)이라는 명칭으로도 불린다. 1900년에 도사 왕원록(王圆篆)이 17굴 창징둥(藏经洞 장경동)을 발견하고, 영국의 스타인(Mark Aurel Stein)과 프랑스의 펠리오가 이곳에서 각종 유물을 자국으로 가져가면서 유명해졌다. 이를 계기로 둔황의 유물을 연구하는 둔황학이 생겨났다.

모가오쿠와 천불동

둔황의 고문서는 모가오쿠 16굴을 청소하던 중 벽을 두드리다 공명음을 듣고 발견한 17굴에서 쏟아져 나왔다. 『왕오천축국전』도 펠리오가 이곳에서 찾아냈다. 여기서 발견된 문서 중에는 한문 문서가 가장 많고, 그다음이 티베트어로 된 문헌이다. 그외 산스크리트어, 소그드어, 쿠차어, 호탄어, 돌궐어, 팔라비(Pahlavi)어, 서하어, 몽골어 등으로 된 문서도 있다. 이렇게 수많은 문서가 왜 이곳에 숨겨져 있었는지는 지금도 모른다. 문서 내용이 일괄적이지 않고 내용 또한 매우 방대하기 때문이다. 이슬람 세력이 침공해 오자 불교 관련 문서를 보존하기 위해 석굴에 모아두고 폐쇄한 것이 아닌가 하고 추측할 뿐이다.

펠리오와 17굴의 문서

모가오쿠는 문서 외에도 아름다운 벽화와 조소로 가득 차 있는데, 대부분 불교와 관련되어 있다. 시대별로 여러 민족의 영향을 받았기 때문에 그 특징이 다 다르다. 심지어 그리스 양식도 발견되었는데, 이러한 특징은 실크로드의 모든 석굴에서 공통적으로 나타난다. 둔황에는 또 옥문관(玉门关)이 있는데, '옥이 들어오는 곳'

이란 뜻이다. 옥의 유입에 관해서는 호탄 지역을 살펴볼 때 다시 거론하겠다. **05**

(3) 세상에서 가장 뜨거운 투루판

란저우에서 기차를 타고 가다 보면 허시후이랑의 여러 도시를 거쳐 투루판(吐鲁番 Tŭlŭfān)에 도착하게 된다. 투루판에 가려면 하미(哈密)라는 곳을 지나가는데, 이곳에서 나는 '하미'라는 멜론은 사막의 갈증을 해소하기에 충분하다. 투루판에는 자오허구청(交河古城 교하고성)을 비롯해 베제클리크석굴사원, 토유크(Toyuk 吐峪沟) **06**, 아스타나(Astana 阿斯塔那) 고분군, 카라호자(Karakhoja 哈喇和卓) 고분군, 생김 아기스(Sengim-aghis 胜金口)석굴 **07**, 가오창구청(高昌古城 고창고성) **08** 등의 유적지가 있다. 또 『서유기』에 나오는 휘옌산(火焰山 화염산)도 가볼 만한 곳이다. 투루판의 열기를 고스란히 느낄 수 있기 때문이다. **TIP**

베제클리크석굴

토유크

---

05 당 왕지환(王之渙)의 시 「양주사(凉州词)」
黄河远上白云间(황하원상백운간) 황허의 먼 상류 구름 속에 닿을 듯하고
一片孤城万仞山(일편고성만인산) 한 조각 외로운 성 양주는 만 길 높은 산에 있구나.
羌笛何须怨杨柳(강적하수원양류) 오랑캐의 피리는 왜 이별곡 「절양류」만 불어대는가
春风不度玉门关(춘풍부도옥문관) 봄바람은 옥문관을 넘어오지도 못하는데.

06 토유크: 불교와 이슬람교의 성지. 계곡 내에는 가장 오래된 위구르족 촌락인 마자(麻扎 Mázhā)촌이 있는데, 이슬람교의 특색이 두드러진 위구르족의 전통과 풍습을 그대로 보존하고 있다. 그밖에 3세기경 고창왕국 시기에 세워진 대형 불교 석굴 첸포둥(千佛洞)이 있다.

07 생김 아기스석굴: 이곳에서 발견된 벽화와 불상은 마니교(摩尼教)의 특징과 함께 전형적인 당대의 풍격을 지녔다. 총 13개 동굴이 발굴되었는데 그중 가장 대표적인 곳은 첸포둥(千佛洞)이다. 첸포둥은 당대부터 원대까지 있었던 사찰의 터인데, 여러 종류의 문서와 불경 그리고 개원통보(开元通宝) 등의 유물이 발견되었다.

08 가오창구청: 서한시기부터 원대까지 투루판 분지의 중심도시였던 고창 도성의 유적. 서한부터 1,300여 년 동안 고창군(高昌郡), 고창왕국(高昌王国), 서주(西州), 회골고창(回鹘高昌), 화주(火洲) 등의 변천을 거쳐오다 13세기 말 전란 중 훼손되어 대부분 건축물이 불탔다. 가오창구청은 외성(外城), 내성(内城), 궁성(宫城) 3중 구조로 되어 있으며, 성터에는 종교 건축물과 궁전의 유적이 많다.

아스타나-카라호자 고분군

3~8세기까지 투루판 분지에 거주했던 고창국(高昌国)의 공동묘지. 아스타나 고분군 바로 동쪽에 있는 카라호자 고분군과 합쳐 '아스타나-카라호자 고분군'으로 부른다. '아스타나'는 위구르어로 '수도'라는 뜻인데 아스타나 고분군 동쪽에 고창고성이 있어서 붙여진 이름이다. 카라호자는 고대 위구르의 장군 이름인데, 그가 죽은 뒤 생전에 살던 곳을 '카라호자'라고 불렀다. 13세기 말 카라호자 주민들이 길을 내면서 묘지가 두 곳으로 나뉘게 되었다. 그중 고창성에 가까운 곳은 '아스타나'라 부르고 다른 곳은 원래 이름인 '카라호자'라고 불렀다. 원래 하나의 무덤군이었던 '아스타나-카라호자 고분군'의 500여 개 고분에서 고대 문서 2,700여 종과 만여 점이 넘는 미술품, 화폐, 생활용품 등의 유물 그리고 미라 수천 구가 발견되었다. 이로써 '고창의 살아 있는 역사 문헌' 또는 '지하박물관'으로 불린다.

아스타나 고분군

카라호자 고분군

투루판에서 나는 과일은 당도가 높기로 유명하다. 가장 이름난 것은 포도다. 특히 건포도 맛이 매우 뛰어나다. 사막과도 같은 이곳에서 농사를 지을 수 있는 것은 톈산(天山)에서 흘러 내려오는 물을 이용할 수 있기 때문이다. 톈산의 물이 지하로 흐르는 데서 착안해 우물을 파서 수로를 연결했다. 이렇게 함으로써 뜨거운 땅 위에서도 농사를 지을 수 있게 된 것이다. 이러한 수로를 '카레즈(karez 坎儿井)' TIP 라고 하는데 이 농사법은 이란의 카나트에서 전해진 것으로 알려져 있다.

카레즈

신장 지역에 건설된 우물과 지하수로를 결합한 인수(引水) 관개시설. 5세기경 조로아스터교의 전파와 함께 이란 등의 서역에서 유입되었다. 투루판의 카레즈는 수직으로 파 내려간 우물인 수정(竪井), 우물과 우물을 잇는 물길인 암거(暗渠), 땅 위로 드러난 물길인 명거(明渠), 물을 저장하고 배수하는 저수지 격인 노파(澇坝) 네 부분으로 구성되어 있다.

카레즈

① 바다보다 낮은 아이딩호수

아이딩(艾丁 Àidīng)호수는 세계에서 가장 낮은 사해 다음으로 해발 −154m에 있다. '아이딩'은 위구르어로 '달빛호수'라는 뜻이다. 호수에 비친 달빛이 아름다워서 붙여진 이름일 것이다. 하지만 지금은 호수의 물이 줄어들어 호수가 사라지는 것은 시간문제로 여겨지고 있다.

아이딩호수

② 이글이글 화염산과 힐링 천국 베제클리크

화염산 앞에 서면 온몸이 타들어가는 느낌을 받는다. 이 화염산 앞에 쉬안짱법사와 손오공, 사오정, 저팔계의 상을 만들어 관광객을 유치하는 데 활용하고 있다. 쉬안짱법사는 서역으로 가는 길에 고창국에 들러 고창왕의 부탁으로 한동안 설법을 했다. 고창왕은 쉬안짱법사가 떠날 때 설법에 대한 고마움으로 시종과 군사를 딸려 보냈는데, 그때 오공이나 팔계 같은 법명을 쓰는 이들이 함께 수행했다고 전해진다. 쉬안짱법사는 천축에서 돌아오는 길에도 고창에 들러 설법하려 했으나 고창국은 이미 당나라에 멸망된 뒤였다. 쉬안짱법사는 어쩔 수 없이 고창국으로 가지 못하고 장안으로 돌아왔다.

화염산 아래로 자그마한 냇물이 흐르는 곳에 베제클리크(Bezeklik 柏孜克里克)라는 석굴사원군이 있다. 남북조 말기에 형성된 석굴은 원래 83개였으나 지금은 57개만 남아 있다. 이 중 40여 개는 불교와 관련되어 있고, 나머지는 마니교와 관련이 있다. 제38굴처럼 일부 석굴은 이중 굴로, 마니교도와 불교도가 시기에 따라 한 석굴에 조성한 것이다. 베제클리크에는 유난히 서원화(誓願画) [09] 가 많

화염산

---

09 서원화: 전생의 석가모니가 부처가 되겠다는 서원(誓願, 바라는 바를 이루겠다는 맹세)을 세우고 과거불(过去佛)을 공양해 미래에 성불한다는 예언을 듣는 내용을 그린 그림이다.

앉다. 독일의 폰 르코크(Albert von Le Coq, 1860~1930)와 그륀베델(Albert Grunwedel, 1856~1935)이 벽화가 있는 동굴 벽을 대부분 잘라서 가져갔으며, 오타니 탐험대[10]가 가져간 공양벽화 일부(제33굴)가 우리나라 국립중앙박물관에 소장되어 있다. 아주 일부이기는 하나 적갈색 수염과 매부리코에 광대뼈가 튀어나온 서역인의 특징을 잘 보여주는 서원화도 있다. 실크로드를 경영했던 소그드인의 전형적인 모습이다.

서역인의 모습을 그린 벽화

③ 신비의 고성 자오허

자오허(交河 교하)는 외형으로만 보면 하나의 독립된 섬처럼 되어 있어서 외부에서 적이 침입하기 매우 어렵다. 성을 둘러싸고 강이 흘러 성의 지형은 자연히 주위보다 높은 상태다. 따라서 출입문만 지키면 함락될 염려가 없다. 자오허성의 특이한 점은 땅을 파서 벽을 만들어 건물을 세웠다는 것이다. 성안에는 사원과 군사시설 등이 완벽하게 갖추어져 있다.

자오허구청

⑷ 서쪽으로 쿠마라지바를 향해

투루판을 지나면 쿠차(庫车)에 이른다. 쿠차는 4세기경 후량 장군 여광(呂光)에게 멸망했는데 당시 쿠차가 어떠했는지는 알 수 없다. 다만 키질(Kizil)석굴에 남아 있는 벽화에서 당시 상황을 추측할 뿐이다. 석굴 앞에는 무심한 듯 깊은 사색에 잠긴 쿠마라지바(구마라습)의 동상이 있다. 7세에 어머니와 함께 출가한 그는 여광에 의해 양주(凉州, 지금의

키질석굴과 쿠마라지바 동상

---

10 오타니 탐험대: 일본인 오타니 고즈이(大谷光瑞, 1876~1948)가 세 차례(1902~1904, 1908~1909, 1910~1914) 파견한 중앙아시아 탐험대.

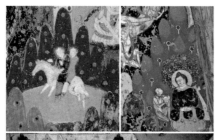

파란색과 마름모꼴이 눈에 띄는 키질석굴 벽화

우웨이(武威)로 잡혀가 온갖 수난을 겪었다. 그 후 후진(后秦)의 고조(高祖) 요흥(姚興)의 국사가 되어 산스크리트어 불경 300여 권을 한문으로 번역하였다. 우리가 익히 알고 있는 색즉시공이나 지옥, 극락이라는 한자 표현은 모두 쿠마라지바가 만든 것이다.

키질석굴의 특징 중 하나는 벽화에 파란 염료인 라피스라줄리를 사용했다는 점이다. 파란색은 불교의 세계를 나타내는 중요한 색이었다. 어쩌면 이곳에 살던 사람들이 파란색을 좋아해서 사용했을 가능성도 있다. 지금도 이곳에는 대문을 파란색으로 칠하는 풍습이 남아 있다. 키질석굴의 또 다른 특징은 마름모꼴 무늬가 많이 등장한

다는 것인데, 이는 다른 석굴에서는 찾아보기 힘든 예다. 그외에 그리스와 간다라 양식이 결합된 형태가 눈에 띤다. 그리스 양식은 알렉산더가 인도 북부까지 왔다가 돌아갈 때 남아 있던 사람들이 세운 박트리아(Bactria) 왕국이 대월지(大月氏)에 멸망하고 간다라 지역으로 이동한 후 그곳에서 불교의 간다라 형식을 완성하면서 나타났다. 그 후 동쪽으로 전해졌는데 그 흔적이 키질석굴, 단단우일리크, 베제클리크, 모가오쿠(막고굴), 윈강스쿠(운강석굴) 등에서 발견되고 있다.

(5) 영원한 옥의 고향 호탄

호탄(和田 Khotän)은 위구르인이 많이 거주하는 곳 중 하나다. 그러다 보니 중국 정부에서 매우 민감한 지역으로 취급한다. 거리 곳곳에서 경찰을 어렵지 않게 볼 수 있으며 검문소가 많다.

단단우일리크 유적지

호탄은 과거 실크로드의 중심도시 중 하나였다. 호탄 사람들은 동쪽의 중국에서 비단을 가져와 지금의 유럽과 무역을 해서 이윤을 남겼고, 이곳에서 나는 옥을 중국에 팔아 이윤을 챙겼다. 그 과정에서 호탄은 무역의 중심지가 되었고 당시 유행했던 불교사원의 규모도 크고 화려했다. 라와크(Rawak)사원과 단단우일리크

(Dandan-uilik)에서 발견된 사원들의 유적에서 그 흔적을 발견할 수 있다. 지금은 오랜 세월을 견디지 못하고 부서지거나 모래 아래에 묻혀 사라져서 원래 모습은 알 수 없다. 호탄인은 지금도 여전히 옥을 생산하는데, 호탄인이 생산한 옥은 중국에서 가장 비싼 옥이 되었다. 과거에는 옥 하나와 성을 바꾸었다는 기록이 있는

호탄의 옥 제품

데, 현재에도 옥을 아파트와 물물교환할 정도로 양질의 호탄옥은 천문학적인 금액을 형성하고 있다.

타클라마칸사막을 사이에 두고 실크로드를 한 바퀴 돌아보면 결국 시작점인 허시후이랑으로 돌아온다. 허시후이랑의 탄생은 치롄산(祁連山)과 관련이 깊다. 치롄산은 흉노족의 마지막 본거지였고, 지금은 티베트인의 주요 거주지 중 하나다. 허시후이랑의 서쪽에 있으며, 티베트고원의 동쪽 끝자락에 있는 치롄산은 허시후이랑을 윤택하게 만들어주었다. 만약 치롄산이 없었다면 흉노도 존재할 수 없었을 테고, 허시후이랑도 만들어지지 않았을 것이다. 이곳의 빙하가 녹아 강을 만들고, 땅을 비옥하게 만들었으므로 이곳 초원은 좋은 말이 나오기에 충분했다. 그렇게 사람들은 초원과 말 그리고 야크와 양에 의지해서 살아왔다. 이처럼 치롄산은 티베트와도 불가분의 관계가 있다.

② 구름 위의 하늘길 티베트

티베트, Tibet, 푀(bod), 티베트(시짱)라고 불리는 그곳을 우리는 항상 신비롭게 혹은 막막한 느낌으로 바라본다. 수많은 탐험가가 가보고자 했으나 쉽게 접근할 수 없었던 곳. 하늘과 가장 가까이 있어서 신비롭게 여겨졌던 곳이 바로 티베트다. 사람들은 왜 티베트에 가려고 할까? 티베트에 가는 목적은 모두 다르다. 누군가는 일상생활에서 벗어나 새로운 곳에 대한 갈망으로, 누군가는 신비로운 체험을 위해, 누군가는 종교적 순례를 목적으로 갈 것이다. 그중에는 아무 생각 없이 가는 이도 있을 것이다.

티베트로 가는 길은 다양하다. 과거에는 실크로드와 마찬가지로 걸어서 가거나 말

같은 교통수단을 이용해야만 했다. 하지만 지금은 버스나 기차, 비행기를 이용해서 얼마든지 쉽게 갈 수 있다. 2006년 기차가 개통된 후에는 누구나 힘들이지 않고 티베트로 갈 수 있게 되었다. 하지만 아름다운 길을 보고 싶다면 쓰촨이나 윈난의 도로를 따라 가보는 것이 좋다. 특히 쓰촨에서 시작하는 길은 험하지만 풍경이 아름답기로 유명하다. 당나라의 문성공주(文成公主)도 이 길을 따라 티베트로 시집간 것으로 알려져 있다. 또 1959년 인민해방군도 이 길을 따라 티베트로 진격해 들어갔다. 칭하이성에서 이어진 길은 해발고도가 높은 반면, 쓰촨이나 윈난의 길은 상대적으로 고도가 낮기 때문이다. 거기에다 이 길은 실크로드처럼 먼 과거부터 차마(茶馬) 무역으로 왕래가 빈번했던 익숙한 곳이었다. 이 길을 따라 티베트로 들어가는 첫 여정은 치롄산에서 시작된다. 치롄산은 실크로드와도 관련이 있어서 그 의미가 남다르다.

(1) 치롄산과 칭하이성

티베트는 전통적으로 방언에 따라 지역을 구분했다. 라싸(拉萨)와 시가체(Shigatse 日喀則 Rìkāzé)를 중심으로 한 위장

칭하이성

(Ü-Tsang 卫藏 Wèizàng) 지역, 칭하이성과 간쑤 및 쓰촨 일부를 포함한 암또(Amdo 安多 Ānduō) 지역, 시짱과 쓰촨 및 윈난 일부 지역을 포함한 캄(Kham 康巴 Kāngbā) 지역이 그것이다. 치롄산은 암또 지역에 있는데, 오랜 시간을 거치면서 흉노, 돌궐, 티베트, 서하, 몽골, 한족 등의 역사와 문화가 교차했던 곳이다. 그래서 이 지방의 문화는 단순하면서도 복합적이다. 그중에서도 가장 큰 영향을 미친 민족이 티베트족이다.

티베트족은 7세기경부터 이곳에서 살았을 가능성이 크다. 송첸캄포(Srong-btsan sgam-po 松赞干布, 재위 618~649)가 티베트를 통일하고 토번(吐蕃)이라는 왕조를 세웠는데, 그 기세가 당나라 장안을 위협할 정도였으니 당시 티베트 세력이 얼마나 강했는지

246

짐작할 수 있다. 토번 시기에 티베트는 지금의 치롄산을 중심으로 활동하면서 허시후이랑과 실크로드를 점령한 적이 있었다. 후에 토번은 멸망했지만 치롄산에 파견된 티베트인은 여전히 그곳에 남게 되었다. 이후 티베트인은 치롄산과 함께했고, 그렇게 치롄산은 그들의 삶을 대변하고 있다.

치롄산은 행정적으로 칭하이성에 속한다. 칭하이성의 성도는 시닝(西宁 Xīníng)이고, 그 중심에는 황허강이 흐른다. 칭하이성은 티베트고원의 북동부에 있고 평균 해발도 3,000m가 넘는다. 이 중에는 사람이 살 수 없는 무인지구도 포함된다. 무인지구는 칭하이성에서 티베트자치구까지 이어져 있는데 생태계가 잘 보존되어 있고 천연자원도 많다. 또 칭하이성에는 중국에서 가장 큰 염수(盐水) 호수인 칭하이(青海)호가 있다. 인구는 2019년 기준으로 607만 명에 달하며 이 중에서 소수민족은 280만 명이 넘는다. 대표적인 소수민족은 티베트족과 몽골족, 후이족, 투족 등이다. 티베트족의 경우 하이시몽골티베트족자치주(海西蒙古族藏族自治州), 하이베이티베트족자치주(海北藏族自治州), 하이난티베트족자치주(海南藏族自治州), 황난티베트족자치주(黄南藏族自治州), 위슈티베트족자치주(玉树藏族自治州), 궈러티베트

티베트족 거주 지도

족자치주(果洛藏族自治州) 등 모두 6개 자치주에 분포되어 있다. 한족은 대부분 시닝에 거주하며, 자치주에는 상대적으로 티베트나 기타 소수민족이 거주하는 비율이 높다.

(2) 암또의 대표 마을 럽꽁

칭하이성은 티베트의 전통 지리적 개념에 따르면 위슈(玉树), 궈뤄(果洛)자치주를 제외하고는 대부분이 암또에 해당된다. 쓰촨성의 유명 관광지인 주자이거우(九寨沟) 또한 암또 지방에 속한다.

암또를 대표하는 마을은 럽꽁(Rebgong 热贡 Règòng, 금빛 골짜기)이다. 이곳은 예술의

럽꽁의 아름다운 풍경과 종카바 탕카

고장으로 알려져 있다. 문화적으로도 뛰어나기 때문에 티베트자치구의 성도인 라싸에 비유되기도 한다. 예부터 암또인의 학문과 예술은 널리 알려져 있다. 특히 서예와 탕카 [11]는 티베트 세계에서 유명하다. 거기에다 이름난 학자도 많이 배출했다. 게룩파(Gelug pa 格鲁派 Gélǔpài)를 세운 종카바(宗喀巴 Zōngkābā, 1357~1419)가 대표적 인물이다. 10 대 뺀첸(Panchen Lama 班禅喇嘛, 판첸라마)과 14대 달라이라마(Dalai Lama, 达赖喇嘛)도 암또 출신이다.

럽꽁의 행정 명칭은 퉁런(同仁)이며, 황난자치주에 있다. 럽꽁이 예술의 고장으로 불리는 이유는 우툰(Wutun 吾屯)을 중심으로 수허르, 니엔독(Nyentok 年都乎), 스커지 마을 등에 한국의 불화에 해당하는 탕카를 그리는 사람이 3,000명 넘게 모여 살기 때문이다. 그래서 몇 년 전부터는 해마다 광장에서 탕카를 그리는 대회를 열기도 한다. 티베트 전 지역에서 거행하는 매우 독특한 대회다. 또 불교예술품, 즉 사원과 관련된 용품도 유명하다.

TIP

6월회와 우투

6월회는 럽꽁 동인에서 진행되는 민간 신앙활동으로 민간행사 중에서 규모가 가장 큰 축제이다. '우투(於菟)'가 니엔독에서만 진행되는 반면 6월회는 동인의 모든 마을과 사람이 참여한다. 티베트어로 축배루뤠(drug pavi klu rol)인 6월회는 신과 인간이 하나가 되는 축제다. '우투'는 세습무가 중심이 되어 진행하는 반면 6월회는 신의 선택을 받은 존재인 '라와'가 중심이 된다. '라와'는 신을 모셔놓

---

[11] 탕카: 족자 형태로 된 티베트 불교회화. 대부분 면직물 바탕에 광물성 채색과 금박가루를 아교풀에 갠 금니(金泥)를 사용하여 제작하며, 불존 모습이나 불경 이야기 등을 내용으로 한다.

은 신묘와 한국의 서낭당과 유사한 '랍쩨'를 오가며 6월회를 진행한다. 6월회에 참여하는 사람들은 전통 복장을 하고 신묘에 모여 신에 대한 경배의 뜻으로 춤을 춘다. 한편으로는 나무를 태우는 의식인 '쌍'을 진행한다. 6월회를 진행하는 마을들에는 서로 다른 고유의 신이 존재한다. 그래서 축제 양상도 마을에 따라 조금씩 다르게 나타난다. 그중에서 스커지 마을에서 진행하는 6월회가 가장 체계적이고 규모 면에서도 큰 편이다.

우투는 렙꽁 동인의 니엔독이라는 마을에서 진행하는 민간 신앙활동이다. 일반적으로 음력 11월 8일에서 11월 20일까지 진행한다. 특히 11월 20일은 이 행사의 마지막 날로 그냥 '우투'라고도 한다. '우투'에는 행사 자체를 지칭하는 것과 동시에 귀신 또는 호랑이를 나타내는(분장한 사람) 두 가지를 포함한다. 귀신이나 호랑이를 뜻하는 '우투'는 마을에서 부락 단위로 한 사람씩 뽑아 선정한다. 여기서 귀신이라고 하는 것은 '우투'가 티베트 전통신앙인 '뾘(bon)'의 의식과 유사하기 때문이고, 호랑이라고 여기는 것은 니엔독 사람들이 선비족의 후예일 가능성이 높기 때문이다. 일설에 따르면 선비족은 호랑이를 숭배한 것으로 여겨진다. 그렇다 하더라도 지금의 '우투'는 닝마파와 '뾘' 의식이 함께 섞여 있어 문화적으로 티베트에 가깝다고 할 수 있다. 니엔독 사원지(志)를 보면 니엔독 사람들을 몽골족으로 기록하기도 했다. 이는 토족이 역사적·문화적으로 복잡한 배경을 가지고 있음을 보여준다. 토족이 선비족의 후예일 또 다른 가능성은 과거 '우투'를 진행하는 법사의 의미를 알 수 없는 노래에서 찾을 수 있다. 노래의 의미를 해독하기 위해 노력했지만 여전히 그 뜻은 알 수 없다. 노래를 부른 그 법사도 의미를 모른다고 한다.

'우투'로 분장한 티베트인　　몸에 무늬를 그려 넣는 모습

렙꽁의 또 다른 볼거리는 '6월회(六月会)'라고 불리는 축제다. 축제에서 사람들은 신과 하나가 된다. 지금은 외부에도 널리 알려져 연구자나 관광객이 많이 찾는다. '6월회'는 탕카와 함께 중국의 무형문화재에 선정되어 국가의 지원을 받는다. 이외에 니엔독 마을에만 있는 '우투(於菟 wūtú)' 또한 매우 독특한 행사다. **TIP**

(3) 문명의 발상지 호카

티베트자치구(西藏自治区 Xīzàng Zìzhìqū)는 시짱자치구라고도 하며 티베트인이 가장 많이 거주한다. 약칭은 '짱(藏 Zàng)'이며 성도는 라싸(拉萨)다. 티베트 전통 지리 개념으로 이곳은 위장 지역에 속한다. 위장은 라싸와 시가체를 중심으로 한 지역이다. 하지만 지금은 티베트자치구의 창두(昌都 Chāngdū)를 제외한 자치구 전 지역을 위장 지역으로 삼고 있다. 티베트의 창두와 칭하이성의 궈뤄(果洛), 위슈(玉树) 및 쓰촨성의 간쯔(甘孜 Gānzī) 지역과 윈난성의 디칭(迪庆 Díqìng) 지방은 캄 지역에 속한다.

티베트자치구

티베트인의 기원에 대한 해답은 호카(Lhoka 山南) 지역에서 찾을 수 있다. 그 이야기는 한 원숭이에서 시작된다. 호카에는 관음보살의 명을 받아 동굴에서 수도하던 원숭이가 한 마리 있었다. 그런데 어느 날 이 원숭이를 흠모하던 나찰이 찾아와 결혼하자고 요구했다. 하지만 수도하는 처지에 나찰의 요구를 받아들일 수 없었다. 그러자 나찰은 최후의 방법으로 사람들을 죽이겠다고 협박했다. 이에 원숭이는 관음의 허락을 받고 나찰의 요구를 들어주었다. 그러면서 자녀가 6명 태어났고 자녀의 성정은 어머니와 아버지에 따라 다르게 나타났다. 이렇게 티베트인이 생겨났다고 한다. 『캐배까된(mkas-pavi-dgav-ston 賢者喜宴)』같은 사료에 따르면 티베트 최초의 성씨는 이 여섯 명에서 출발한다. 그런 다음 12부족이나 24개 나라 등이 등장한다. 여러 가지 사료를 참고해보면 앞의 이야기에서 등장하는 원숭이와 나찰은 당시 한 부족을 비유한 것임을 추측할 수 있다.

융부라캉

호카에 있는 또 다른 유적지 융부라캉(Yum bu lha khang 雍布拉康)은 티베트 최초의 궁전으로 알려져 있는데, 티베트 최초의 왕인 냐치쩬뽀(Gnyav khri btsan po 聶赤赞普)와 관련이 있다. 냐치쩬뽀는 하늘에서 내려왔다고 전해진다. 사료를 분석해보면 원래 냐치쩬뽀는 꽁보 지역 사람이었다. 다만 생김새가 일반적이지 않아 고향을 떠나 호카로 오게 되었다. 호카 사람들은 그가 어디서 왔는지 물었고, 그는 손가락으로 자신이 내려온 산 위쪽을 가리켰는데 사람들은 그가 하늘에서 내려온 것으로 오해했다. 그래서 '뾘(Bön 本)'[12]의 수

---

12 뾘: 티베트 고유의 전통종교.

장들이 그를 어깨에 태워 왕으로 삼게 된 것이다. '냐치'는 '어깨로 태워 갔다'는 의미이고, '쩬뽀'는 '왕'이라는 뜻이다. 이렇게 해서 티베트에 첫 번째 왕이 등장했다.

삼예곤바

융부라캉과 원숭이 동굴에서 야룽장(雅砻江)강 건너편으로 가면 티베트 최초의 사원인 삼예곤바(Bsam yas 桑耶寺 삼예사원)가 나온다. 사실 호카가 티베트 문명의 발원지가 된 것은 야룽강이 있기 때문이다. 야룽강은 강폭이 어마어마하기 때문에 삼예곤바로 가려면 배를 타고 야룽강을 건너가거나 빙 둘러 차로 가야 한다.

삼예곤바는 치송데쩬(Khri srong lde btsan 赤松德赞, 재위 755~797) 시기에 전통종교인 '뵌'을 견제하고 왕권을 강화하기 위해 지어졌다. 사원이 지어지기 전까지 우여곡절이 많았지만 인도의 고승(高僧) 파드마삼바바(Padmasambhava 蓮花生)의 노력과 치송데쩬의 전폭적 지지 덕분에 무사히 완공되었다. 특히 티베트불교가 그로부터 시작되었다고 해도 지나친 말이 아닐 정도로 파드마삼바바의 역할은 매우 컸다. 대표적인 것 중 하나가 금강무(金剛舞)라고 불리는 '챰(vcham)'이다. '챰'을 통해 파드마삼바바는 '뵌'을 굴복시켰다. 지금 대부분 티베트사원에서는 매년 '챰'의식을 빼놓지 않는다.

파드마삼바바

삼예곤바가 티베트에서 최초의 사원으로 불리는 이유는 삼보인 불보(佛宝 Buddha), 법보(法宝 Dharma), 승보(僧宝 Sanga)가 완전히 갖추어졌기 때문이다. 7세기에 세워진 라싸의 죠캉(Jokhang 大昭寺)사원은 당시 출가한 승려가 없었기 때문에 '사원'을 뜻하는 '곤바'라고 부르지 않고 '부처만 모셔져 있는 방'이라는 뜻의 '캉'을 사용한 것이다.

(4) 티베트의 중심 라싸

라싸는 티베트 중심지로 1959년 중국에 점령당하기 전까지는 수도였다. 라싸에서 가장 대표적인 두 곳은 포탈라궁(Po-ta-la 布达拉宫)과 죠캉사원이다. 포탈라궁은 붉은

포탈라궁과 죠캉사원

산 위에 세워졌는데 얼핏 작은 언덕 위에 세워진 것처럼 보인다. 포탈라궁은 관음이 거주하는 보타산(普陀山 Pǔtuóshān)을 상징적으로 나타낸 것이다. 처음에는 티베트를 통일한 송첸캄포가 호카에서 라싸로 수도를 옮기면서 작은 규모로 시작되었다. 후에 번개를 맞아 소실된 것을 5대 달라이라마 아왕롭쌍갸초(Ngag dbang blo bzang rgya mtsho, 1642~1682) 시기에 다시 세웠다. 정확하게 말하면 당시 '데시(Sde srid, 섭정왕에 해당)'였던 쌍개갸초(Sangs rgyas rgya mtsho, 1679~1703) 주도하에 건립되었다.

제뿡사(Vbras spungs dgon ba 哲蚌寺)에서 간덴포장(Dgav ldan pho brang 甘丹頗章) 정부를 이끌던 5대 달라이라마는 1649년 바이궁(白宮 백궁)이 건립되자 이곳으로 까댄정부를 옮겨 정무를 보았다. 쌍개갸초는 이어서 1693년(1690년 시작)에 홍궁(红宫 홍궁)을 완공했다. 현재의 포탈라궁은 이때 지어진 것이다.

홍궁이 지어질 때는 이미 5대 달라이라마가 세상을 뜬 후였다. 쌍개갸초는 5대 달라이라마의 죽음을 속이고 정권을 운영했다. 이 사실이 후에 알려지면서 티베트는 한바탕 홍역을 치렀다. 그중 하나가 6대 달라이라마 사건이다. 6대 달라이라마 창양갸쵸(Tshangs dbyangs rgya mtsho, 1697~1706)는 쌍개갸초에 의해 숨겨져 있다가 15년 후인 1697년에 등장했지만 인정을 받지 못했다. 쌍개갸초는 게룩파 세력을 공고히 하고자 5대 달라이라마의 죽음을 숨겼으나 이것이 오히려 정적인 다른 파의 공격을 받는 빌미를 제공했다. 6대 달라이라마가 가장 많은 피해를 보았다.

포탈라궁은 역대 달라이라마가 행정과 종교 업무를 동시에 한 곳으로 이와 관련된 인력들이 상주하였다. 달라이라마가 세상을 뜨면 시신에 부패 방지 처리를 한 후 포탈라궁의 탑 안에 안치한다. 그중에서도 5대 달라이라마의 탑이 가장 크고 화려하다. 그 외 진귀한 벽화가 벽면을 따라 그려져 있고 만다라를 입체적으로 구현해놓은 것도 빼놓을 수 없다. 한마디로 일종의 박물관이라고 할 수 있다. 라싸에는 포탈라궁 외에도 달라이라마가 여름에 거주하던 노부링까(Nor bu Ling ka 罗布林卡)가 있다.

노부링까

달라이라마는 관음의 화신으로 알려져 있으며 게룩파에 속한다. 티베트의 여러 교파 중에서도 닝마파(Rnying ma 宁玛派), 까귀파(Bkav brgyud 噶举派), 사꺄파(Sa skya 萨迦派), 게룩파가 대표적이다. 닝마파는 티베트에서 가장 오래된 교파로 파드마삼바바를 조사로 삼고 있다. 까귀파는 마바(Marpa Lotsawa, 1012~1097)와 그의 제자 밀라래바(Mi la ras pa 米拉日巴)에서 시작되었으며, 까귀파 중에는 까마까귀파(Karma bkav brgyud 噶玛噶举派)가 유명하다. 티베트에서 환생 제도를 처음 시행한 종파가 바로 까귀파이다. 현재 까귀파의 까마바(Karmapa 噶玛巴)는 17대에 해당하는데, 1999년 겨울 인도로 망명했다. 사꺄파는 몽골의 도움으로 티베트를 통치한 적이 있으며 몽골의 국사가 된 팍바(Vphags pa 八思巴, 1235~1280)가 유명하다. 게룩파는 아티샤(Atiśa 阿底峡, 982~1054)가 만든 까담파(Bkav gdams 噶当派)에서 시작하여 종카바에 의해 형성된 파로 계율과 경전을 중시한다. 종카바는 티베트에 만연했던 종교 관련 부패를 청산하는 데 앞장섰다. 1959년까지 티베트 정부는 게룩파 주도 아래 여러 파가 함께 참여하는 형태로 유지되었다.

포탈라궁에서 남동쪽으로 조금 가면 라싸에서 가장 오래된 구시가지가 나온다. 많은 관광객과 티베트인이 이곳을 찾는다. 바로 죠캉사원이 있기 때문이다. 죠캉은 라싸의 중심일 뿐만 아니라 티베트 전체의 중심지다. 티베트인은 죽기 전에 한 번은 반드시 가봐야 할 곳으로 여긴다. 티베트인은 죠캉사원에서 부

라싸 구시가지

처를 만난다. 죠캉의 '죠'는 부처, '캉'은 방을 뜻한다. 이곳에 모셔진 부처가 어떠하기에 티베트인이 그렇게 중요시하는 걸까?

죠캉은 문성공주(文成公主 Wénchéng Gōngzhǔ, 625~680)가 건립한 것으로 아는 사람이 많다. 하지만 실제로는 네팔의 브리쿠티 데비(Bhrikuti Devi 尺尊, ?~649)공주가 지었다. 죠캉의 정문 방향이 서쪽을 향하는 것에서도 이러한 사실을 추측해낼 수 있다. 문성공주가 지은 사원은 라모체사원(Ra mo che dgon pa 小昭寺)인데 정문이 동쪽을 향하

티베트의 영웅 하롱빼기도제

쬬강 앞에는 티베트와 당나라 사이에 맺은 '평화조약비'가 서 있다. 당시 티베트 왕이었던 치래바젠이 당나라 요구에 따라 체결한 조약이었다. 갖은 풍상을 겪은 비석을 바라보고 서 있으면 티베트의 마지막 왕 랑다마가 떠오른다. 랑다마는 자기 형인 치래바젠을 죽이고 왕이 된 사람이었다. 그는 어느 날 비석 앞에서 생각에 잠겨 있었다. 그는 자신이 죽인 형이 세운 비석 앞에서 어떤 생각을 했을까?

평화조약비

이와 동시에 비석을 바라보는 이는 또 있었다. 그의 이름은 하롱빼기도제였다. 그는 곧바로 랑다마 앞으로 나아가 무릎을 꿇고 인사하는 척하다가 일어나면서 소매 안에 감춰져 있던 활을 꺼내 쏘았다. 랑다마는 그 자리에서 죽었다. 그가 랑다마를 죽인 이유는 랑다마가 불교를 탄압했기 때문이다. 전대 왕인 치래바젠을 죽인 이유는 불교를 숭상하고 전통종교인 '뵌'을 탄압했기 때문이다. 랑다마를 죽인 하롱빼기도제는 티베트의 영웅이 되었다. 그는 왜 영웅이 되었을까? 랑다마는 불교를 탄압했기 때문에 악의 화신으로 묘사된다. 티베트 역사에서 하롱빼기도제의 위상을 단적으로 보여주는 것은 귀신을 제도(濟度)하는 의식인 '참'에서 발견된다. 그는 지금도 '참'의 첫 번째 순서에서 귀신을 제압하는 '샤낙'의 모습으로 재현되는데, 그가 랑다마를 죽일 때 변장했던 바로 그 모습으로 알려져 있다. 이렇게 쬬강 앞의 비석은 옛이야기를 간직하고 있으며, 지금도 수많은 사람이 이 비석을 바라보고 있다.

고 있다. 문성공주와 브리쿠티공주는 자신들의 고향을 향해 각각 사원을 지은 것이다. 다만 쬬강에 안치되어 있는 부처는 문성공주가 티베트에 올 때 모셔온 것이다. 일련의 사건을 거치면서 라모체와 쬬강에 모셔진 부처는 자리를 바꾸게 되었다.

쬬강 주위로는 '파꼴'이라는 거리가 형성되어 있다. 사원을 중심으로 각각의 상점과 찻집, 음식점이 늘어서 있고 그 사이로 난 좁은 길을 따라 순례한다. 티베트인의 순례는 일상화되어 있다. 순례 방향은 오른쪽이며, 그 대상은 사원이 되기도 하고 사원의 부처가 되기도 한다. 또 포탈라궁이 되기도 하며 라싸 전체가 대상이 되기도 한다. 기본적으로 순례는 오체투지 형식을 취하지만 불경 일부를 읊조리면서 천천히 걷기도 한다. 순례 시간은 순례자 사정에 따라 다르다. 라싸에서 멀리 떨어진 곳에서 올 때는 몇 달이나 몇 년이 걸리기도 한다. 그만큼 순례는 티베트인의 삶 속에서 구현되는 중요한 의식 중 하나다. 수많은 순례 대상 중에서 가장 중요하게 여기는 곳은 아무래도 쬬강이다. 그래서 쬬강을 순례의 종착지로 여기는 많은 티베트인은 지금도 쬬강으로 향하고 있다. TIP

오체투지하는 사람

라싸의 2008년 폭동

2008년 3월, 티베트 라싸에는 중국 정부에서 규정한 폭동이 일어났다. 장소는 라모체에서 시작하여 죠캉을 중심으로 한 구시가지로 퍼져나갔다. 그 과정에서 옷가게를 운영하던 한 사람이 화재로 사망했다. 라싸에서 거주하던 한족과 회족은 숨죽이며 상황을 지켜봤다. 이들은 피해를 방지하기 위해 가게 문에 티베트인이 일상과 종교의례에서 사용하는 긴 천인 '카닥'을 걸어놓았다. 이 '폭도'들이 손에 든 무기라고는 거리에 있는 돌을 주워 가끔 한 번 던지는 정도였다. 그 앞에는 군부대가 있었지만 군인들도 즉각 저지하지 않았다. 이틀 정도 지나서 군인들이 장갑차를 끌고 나왔고 거리에는 검문소가 곳곳에 세워졌다. 그리고 폭동은 그렇게 종식되었다. 폭동을 일으킨 주모자나 이유에 대해서는 소문만 있을 뿐이었다. 그 후 티베트는 외부인(외국인)의 발걸음을 쉽게 허락하지 않았다. 죠캉 광장도 검문소를 거쳐야만 했다.

밤의 포탈라궁

Chapter
13

따로 또 같이:
중국의 소수민족과 그들의 땅

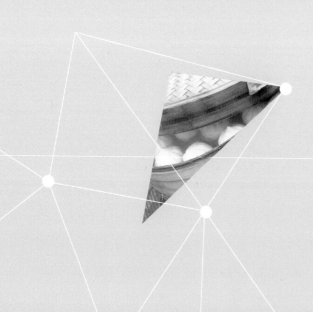

① 중국의 소수민족 정책

중국은 56개 민족으로 구성된 다민족 국가다. 2010년 인구 통계를 보면, 전체 인구의 91.5%(12억 2,593만 명)를 차지하는 한족과 나머지 8.5%(1억 1,379만 명)를 차지하는 55개 소수민족이 함께 살고 있다. 한족과 비교하면 인구가 적기 때문에 소수민족이라 부른다. 그러나 소수민족의 전체 인구

중국의 56개 민족을 형상화한 사진

수만 따져보면 우리나라의 2배 이상이며, 인구수 세계 10위인 일본과 비슷하다.

(1) 한족과 소수민족

고대 중국인은 인간이 사는 전 세계를 '사해(四海)'라고 불렀다. 중국인이 사는 곳은 '사해' 중 한가운데, 즉 '세상의 중심'이라 생각해서 '중국(中国)'이라고 불렀다. 그리고 주변에는 이민족이 산다고 생각했다. 고대 중국인은 자신을 에워싼 이민족을 '오랑캐'라는 뜻의 '이(夷)'라고 불렀다. 그리고 '이(夷)'가 4방에 있기 때문에 '사이(四夷)'라고 하였으며, 동서남북의 '이'를 각각 동이(东夷), 서융(西戎), 남만(南蛮), 북적(北狄)이라고 했다. 우리 한민족을 부르는 옛 명칭인 '동이족' 역시 고대 중국인에게는 '동쪽에 사는 오랑캐'라는 뜻이다.

고대 순수 혈통의 중국인은 자신을 '화하족(华夏族)'이라고 했다. 이 화하족이 '사이'를 흡수해서 한대에 새로운 민족을 형성하였다. 이 민족을 왕조 이름을 따라 '한족'이라고 불렀다. 그 후 화하족이 중심이 된 한족과 이민족이 오랜 역사 속에서 상호 동화되며 현재의 한족을 이루었다.

주변의 이민족 중에서도 흉노, 선비, 토번, 거란, 여진, 몽골 등은 한족과 상호 지배관계를 형성하기도 하였고, 일부는 중원 땅에 자신의 왕조를 세우기도 했다. 위진남북조시기 북조의 많은 나라를 비롯하여 거란족의 요, 몽골족의 원, 여진족의 금과 청 왕조는 이민족이 세운 대표적인 나라다. 따라서 중국 역사에는 한족과 소수민족 간의 투

쟁과 발전, 동화와 보존의 역사가 숨 쉬고 있다. 수천 년 동안 중국 땅에 뿌리 내리며 살아온 소수민족의 생존 역사가 새겨져 있기 때문이다.

⑵ 소수민족이란?

고대 중국에는 원래 서양의 '민족'이라는 개념이 없었다. 근대 이후에야 서양식 '민족' 개념이 중국에 등장했다. 국민당 지도자 장제스는 소수민족의 반발을 무릅쓰고 소수민족 동화정책을 펼쳤다. 이 때문에 민족 간 조화와 상호 공존이라는 개념이 처음으로 제기되었다. 공산당은 이 틈을 파고들어 1930년부터 소수민족의 민족자결권을 중심정책으로 삼았으며, 중화인민공화국 수립 이후 민족 간 통합의 중요성을 강조했다.

일반적으로 '소수민족'은 다민족국가에서 지배적 세력을 가진 민족에 대해 상대적으로 인구가 적고 언어와 관습 등이 다른 민족을 의미한다. 따라서 중국의 소수민족도 '한족을 제외한 다른 민족집단'이라고 정의할 수 있다. 중국의 소수민족은 특정 민족마다 '공동 언어, 공동 주거 지역, 공동 경제 생활, 공동 문화를 지닌 공동체'라는 민족 형성의 네 가지 조건을 갖추어야 한다. 그리고 개별 소수민족이 민족 단위로 독자적으로 존재할지도 중요하다.

중화인민공화국 건국 직후 1953년부터 중국 정부는 26년 동안 네 차례에 걸쳐 대규모 민족 식별 작업을 진행하였다. 크고 작은 400여 개 민족에 대한 조사와 정리를 마친 후 1982년에 현재의 55개 소수민족을 공식 인정하였다. 현재 약 70만 명에 이르는 중국인은 그들이 원하는 민족이 아닌 다른 민족의 이름으로 살고 있다. 이들을 미식별 민족이라고 한다. [01] TIP

---

01 민족 식별 작업: 민족 식별이란 중국 국민에 대한 민족별 구분 작업을 의미하며, 중국 국민을 구성하는 여러 집단이 어떤 민족인지 밝히기 위해 민족 성분을 판별하고 분류하여 법적으로 확정하는 행정 수속이다. 1953년부터 1979년까지 55개 소수민족이 판별되었고, 1982년 국무원은 55개 소수민족을 공인하였다. 정부로부터 독립된 민족으로 인정받지는 못했지만 독립된 민족 정체성을 가진 미식별 민족들이 있다. 촨칭인(穿靑人), 커자인 등이 대표적인 예다. 미식별 민족은 소수민족으로서 혜택을 받지 못한다.

커자인(客家人 Kèjiārén 객가인)

중국 55개 소수민족에는 속하지 않지만 널리 알려진 민족으로 '커자'가 있다. '커자'는 역사적으로 '중원에 살던 한족 중 전란을 피해 남쪽으로 이주한 사람들'이라고 알려져 있다. 광둥어로는 '하카(Hakka)'라고 하며, 현재 민족상으로는 한족에 속한다. 하지만 커자인은 자신을 한족이 아닌 독립된 민족정체성을 가진 민족으로 인식한다.

서진(西晉)이 북방 이민족에게 멸망하고 난징에 동진을 다시 세웠던 시기에 전란을 피해 이주한 사람들이 커자의 기원이다. 이후 대다수 커자인은 송나라 때 여진족과 몽골족의 침입을 피해 광둥성, 장시성, 푸젠성의 경계 지역에 정착해 살기 시작하였다. 말 그대로 '커자'는 '다른 지역에서 온 손님'을 뜻한다. 커자인은 양쯔장강 이남의 각 성에 분산되어 살았는데, 특히 푸젠성과 광둥성, 쓰촨성의 커자가 유명하다.

동남아 여러 국가에도 분포돼 있어 동남아 화교 중 3분의 2가 커자인이다. 커자는 평지에 사는 주변의 한족 집단과 달리 산간에 주로 거주하며, 독특한 언어와 문화가 있다. 이주민들은 일반적으로 토지 소유가 어려웠기 때문에 유통이나 상업, 교직 등에 주로 종사하였다. 이런 특징 때문에 '중국의 유대인'이라 불리기도 한다. 커자어는 중국의 7대 방언에 속한다.

커자인이 집단 거주하는 집합 주택인 '푸젠 토루'는 외부의 습격을 막기 위해 독특한 형태로 만들어졌는데, 2008년 유네스코 세계문화유산으로 등재되어 유명해졌다. 역사적으로 유명한 커자인으로 태평천국의 지도자 홍수전, 신해혁명을 이끈 쑨원, 개혁개방의 총설계사 덩샤오핑 등이 있다. 리덩후이(李登輝) 타이완 전 총통과 리광야오(李光耀) 전 싱가포르 총리 등도 커자인이다.

커자인과 푸젠 토루

(3) 중국의 소수민족 정책: '중화민족, 우리는 하나다!'

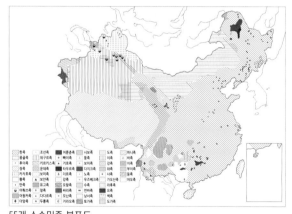

55개 소수민족 분포도

소수민족이 중국 전체 인구에서 차지하는 비중은 8.5%로 그리 높지 않다. 소수민족 중 인구가 가장 많은 쫭족이 1,690만 명 정도이고, 가장 적은 타타얼족은 약 3,600명이다. 인구는 적지만 소수민족의 거주 지역은 중국 전체 면적의 63.7%를 차지할 정도로 넓다. 이들이 거주하는 지역은 인구밀도가 낮고 교통은 불편하지만, 지하자원이 풍부하고 주변 국가와 인접해 있거나 중앙아시아, 동남아시아로 연결되는 등 지정학적으로 매우 중요하다.

이런 이유로 소수민족에 대한 중국 정부 입장은 '포용'과 '견제'라는 두 가지 측면을 모두 담고 있다. 기본적으로는 국가 안보, 경제발전, 영토안정과 국민통합을 유지하기 위해 소수민족을 포용한다. 하지만 시짱의 짱족이나 신장의 위구르족처럼 분리·독립을 외치는 민족의 움직임에는 예민할 수밖에 없다.

중국은 중화인민공화국 헌법 제1장 제4조에 따라 민족구역자치(民族区域自治) 제도, 평등, 공동발전, 언어 보존, 풍습의 자유를 핵심으로 하는 소수민족 정책을 시행하고 있다. 중국의 헌법은 '대한족주의(大汉族主义)'와 '지역민족주의(地方民族主义)'를 엄중히 경계하며, 민족차별로 인한 갈등의 해소와 민족 분리주의에 따른 소요를 불식하는 것이 민족 정책의 핵심임을 명시하고 있다.

〈민족 대단결(民族大团结)〉(1953) **02**

중국 정부의 소수민족 정책은 시기별로 변화하였다. 1949년 중화인민공화국 건국 초기에는 소수민족의 자치권과 평등한 권리 등을 존중하는 우호적인 정책을 실시하였다. 그다음 문화대혁명 시기에는 급진적인 소수민족 동화정책을 전개하였다. 개혁개방 이후에는 소수민족 우대정책을 재개하면서 완전한 자치보다는 민족 간 통합의 중요성을 강조하고 있다.

1984년 제정되고 2001년 수정된 '소수민족구역 자치법'은 소수민족 자치 지역에서의 종교, 교육, 공식 언어, 보건, 가족계획 등의 자치권을 인정한다. 44개 민족이 민족구역 자치를 하고 있으며, 소수민족 자치구의 행정 지도부는 소수민족에서 뽑아야 한다. 특히 2001년에는 민족 자치 지역에 대한 재정금융 지원, 교육취업 지원, 인구·자원·환경 보호 등의 조항과 규정을 추가하였다.

---

02 〈민족 대단결(民族大团结)〉: 예첸위(叶浅予), 중국미술관 소장. 민족대단결을 강조하는 마오쩌둥 주석과 소수민족의 모습.

1980년대 이후 중국 정부는 내부 분열을 방지하고 사회 안정을 도모하여 경제를 발전시키려 노력하였다. 후진타오(胡锦涛), 시진핑 체제로 권력 승계 과정을 거치면서 소수민족 정책에도 변화가 생겼다. '중화민족(中华民族)' 이데올로기를 통해 공동체 의식을 강화하려 한 것이다. 개혁개방 이후 지역 간 빈부격차 심화, 소수민족 집중 거주 지역인 서부 지역의 상대적 낙후 그리고 이에 따른 소수민족 불만 등을 고려해 2000년 '서부대개발(西部大开发)' 프로젝트 [03]와 소수민족 거주 지역 발전 계획인 '흥변부민(兴边富民)' 프로젝트 [04]를 계속 추진하고 있다. 2013년 집권한 시진핑은 중국의 부흥과 '중궈멍(中国梦 중국몽)'을 강조하며, '중화민족은 한 가족' [05] 이라는 슬로건 아래 내부의 통일과 안정을 도모하고 있다. 소수민족의 분리·독립 시도는 강력하게 통제하는 한편, 경제적 성장을 동반하는 정책으로 소수민족을 포용하는 기조를 유지하고 있다. TIP

중화민족(中华民族)

중국에서는 한족과 55개 소수민족에 더해 해외에 거주하는 중국인을 통칭하여 '중화민족'이라고 부른다. 이 단어는 원래 20세기 초 량치차오(梁启超)가 '한족' 개념을 대신해 처음 사용하였다. 1912년 중화민국 수립 이후에는 '중화민국 경내에 거주하는 모든 민족'이라는 '다민족 공동체'와 같은 정치적 개념으로 사용되었다. 즉 현대적 의미로는 '민족'과 '국족(国族)', '국가' 세 가지를 하나로 통합한 개념이다. 하나의 중국 안에 한족과 55개 소수민족을 끌어안고 가야 하는 중국 지배층의 고민이 묻어나는 개념 정립이다. 특히 시진핑 주석 집권 이후 '민족대가정(民族大家庭)'이라는 슬로건 아래 한족의 주도권을 강조하기보다는 각 민족의 화합과 단결에 기초한 중화민족론을 내세우고 있다.

---

03 서부대개발: 1978년 개혁개방 이후 연평균 9% 이상 고도성장하였지만 동부 연해 지역에 성과가 집중되었다. 중국 정부는 소수민족이 주로 거주하는 서부 내륙 지역과 지역 간 경제 격차의 심화와 사람들의 불만 고조를 우려하였다. 이러한 문제를 해결하기 위해 2000년대부터 서부 지역에 인프라를 확충하고 지역 균형 발전을 도모하기 위해 서부대개발 프로젝트를 추진하고 있다.

04 흥변부민 프로젝트: 변경 지역을 발전시켜 변경 지역 주민을 잘살게 만듦으로써 지역 균형 발전과 사회의 조화와 안정을 촉진하려 추진한 정책으로 국경 지역의 수리, 교육, 의료 등을 지원하였다.

05 〈중화민족은 한 가족, 한마음으로 중국몽(中国梦)을 실현하자〉: 민족대단결과 중국몽을 강조한 시진핑 주석의 말을 인용해 제작된 포스터.

② 중국 안의 또 다른 중국: 소수민족과 그들의 문화

현재 중국에는 55개 소수민족이 자신의 고유 영역을 중심으로 집단생활하며 민족 정체성을 이어가고 있다. 민족구역자치 지역은 해당 소수민족의 인구 구성 비율이 전체 인구 중 30% 이상이어야 한다. 자치 지역은 규모에 따라 보통 3단계로 분류된다. 1급 행정구역단위인 성이나 직할시급 규모의 지역에 자치구 5곳, 2급 행정단위인 지급시 규모에는 30곳의 자치주, 3급 행정단위인 현급 규모로 120곳의 자치현이 존재한다. 55개 소수민족 거주 지역을 (1) 동북·네이멍구 지역 (2) 서북 지역 (3) 서남 지역 (4) 남동 지역으로 나누어 주요 소수민족을 소개한다.

5대 소수민족 자치구와 둥베이 소수민족의 자치 지역 지도

(1) 동북·네이멍구 지역의 소수민족

다워얼족, 어원커족, 어룬춘족, 허저족, 만족, 몽골족, 조선족이 있다.

① 다워얼족(达斡尔族)

인구: 13만 명 / 대표 거주 지역: 네이멍구, 헤이룽장, 신장

거란족의 후예로 알려졌으며 다우르족이라고도 한다. 다워얼어로 '다워얼'은 '개척자'라는 뜻이다. 초원문화와 수렵문화가 교차하는 지역에 거주하며 농업과 수렵에 종사하였다. 몽골 어군(語群)에 속하는 언어를 사용하는 민족 중에서 유일하게 샤머니즘 신앙, 조상 숭배, 자연 숭배, 천신 제사 등의 관습을 그대로 유지하고 있다.

다워얼족

다워얼족 사회에서는 선조가 같은 동성의 남성을 잇는 부계집단을 '하라'라고 부른다. '하라' 내부 결혼은 금지되며, 각 하라는 '모혼'이라 불리는 몇 개 씨족 집단으로 나뉘어 있다. 가문마다 그 가문 특유의 샤머니즘 의식이 있다. 문자는 한자를 사용하며 고유 언어인 다우르어와 한어를 쓴다.

② 어원커족(鄂温克族)

인구: 3만 명 / 대표 거주 지역: 네이멍구

인종적으로는 북방 몽골로이드로 분류되며 중간 키
에 황백색 피부, 흑색 직모가 특징이다. 에벤키족이라
고도 부르며, 예전에는 퉁구스족이라 불렀다. '어원커'
란 '산마루에 살고 있는 사람'이라는 뜻이다. 사냥꾼과
여우의 화신인 여자가 결혼하여 자식을 낳아 그 자식

어원커족

이 어원커족의 조상이 되었다는 이야기가 민족기원의 전설로 전해진다. 언어는 어원커
어, 문자는 한자를 사용한다. 생활은 유목과 수렵 위주이며 종교는 샤머니즘이다. 나
무를 원뿔 모양으로 나란히 세우고, 그 위에 자작나무 껍질이나 모피를 두르고 위에
연기 구멍을 만들어놓은 전통가옥에서 생활하였다.

③ 어룬춘족(鄂伦春族)

인구: 0.9만 명 / 대표 거주 지역: 네이멍구, 헤이룽장

러시아의 에벤키족, 중국의 어원커족과 동일한 민족
으로 알려진 민족이다. 어룬춘은 '산속의 사람' 또는
'순록을 가진 사람'이란 뜻이다. 생업의 중심은 순록 사
육이지만 사육 목적은 운반용이나 교통용이다. 사람이
죽으면 풍장의 일종인 수장(樹葬) 형식으로 장례를 치

어룬춘족

른다. 언어는 어룬춘어를 사용하며 문자는 한자를 사용한다. 종교는 샤머니즘이다. 과
거에는 산속에서 살며 사냥을 주로 하였으나 현재는 수렵이 금지되면서 정착해 살고
있다. 원시생활 상태가 비교적 완벽하게 보존되어 있다.

④ 허저족(赫哲族)

인구: 0.5만 명 / 대표 거주 지역: 헤이룽장

러시아에서는 '나나이'라 부르며 일본 북방 지역에 사는 '아이누족'과 관련이 있는 민

족으로 알려져 있다. 중국 북방에서 유일하게 물고기를 잡아 생활한
다. 종교는 샤머니즘이고 여러 신을 숭상하는데 생업과 관련된 신들
중에서 아이를 보호하는 아이 보호신을 숭배하기도 한다. 곰과 호랑
이에 대한 경외심이 강하다. 언어는 허저어와 한어를 사용하며 문자
는 한자를 사용한다. 어업을 위주로 하며 물고기나 동물 가죽으로

허저족

옷을 만들어 입기도 했다. 지금도 원시사회의 씨족 조직을 보존하고 있다.

(2) 서북 지역의 소수민족

후이족, 위구르족, 카자흐족, 둥샹족, 시보족, 커얼커쯔족, 싸라족, 타지커족, 바오안
족, 어뤄쓰족, 위구족, 우쯔베커족, 타타얼족이 있다.

① 카자흐족(哈萨克族)

인구: 146만 명 / 대표 거주 지역: 신장

종교는 이슬람, 언어는 알타이어계 카자흐어를 사용하며 거의 대부
분 중국어를 구사하지 못한다. 카자흐 문자가 있다. 유목민족이지만
점차 농경민으로 전환되고 있다. 말타기, 양 낚기 등 특유의 놀이 활
동이 있다.

카자흐족

② 둥샹족(东乡族)

인구: 62만 명 / 대표 거주 지역: 간쑤, 신장

종교는 이슬람이며 몽골어군에 속하는 둥샹어를 사용하지만 문자
는 한자를 사용한다. 둥샹족의 복장은 마을에 따라 차이가 난다. 남
자는 대체로 갈색을 띤 검은색 옷을, 여자는 이슬람의 전통의상을

둥샹족

입는다. 둥샹족은 주로 농업에 종사하며, 공예에도 뛰어나 전통적인
융단을 정교하게 짠다. 남자는 짧은 머리에 수염을 기르는 것이 특징
이다. 부모가 혼인을 결정하며, 결혼 전 남녀는 얼굴을 마주할 수 없다. 중국 정부의 조
사에 따르면, 둥샹족의 문맹 퇴치율은 중국 소수민족 중에서 최하라고 한다.

③ 시보족(锡伯族)

인구: 19만 명 / 대표 거주 지역: 신장, 랴오닝

시보족

선비족의 후예 또는 만족의 한 부류라고 알려져 있다. 18세기 중엽 둥베이 지역의 만족이 신장 지역으로 파견되었다가 정착해 시보족이 되었다고 한다. '시리(喜利) 아가씨'가 하느님의 도움으로 악마와 싸워 이기고 신을 모시는 18명의 소년·소녀를 길러 부부의 인연을 맺게 하였는데, 이들이 시보족이 되었다는 전설이 내려온다. 축산과 어업에 주로 종사하며, 종교는 샤머니즘과 티베트불교다. 언어는 시보어를 사용하며 문자는 만주문을 개량한 시보문을 사용한다. 시보어는 만주어와 비슷하며, 3만여 명이 쓰고 있다.

④ 싸라족(撒拉族)

인구: 13만 명 / 대표 거주 지역: 칭하이, 간쑤

싸라족

13세기경 중앙아시아의 사마르칸트에서 이주해온 것으로 알려져 있다. 언어는 알타이어계 싸라어이지만, 지금은 싸라족의 3분의 1 정도만 구사할 줄 알며 한자를 사용한다. 주로 농사를 짓는다. 낙타를 길하게 여기며 결혼식 때 낙타극을 공연한다. 싸라족의 전통의상은 다른 무슬림 민족인 후이족, 둥샹족과 유사하다. 종교는 이슬람교이며 하나피파를 신봉한다.

⑤ 바오안족(保安族)

인구: 2만 명 / 대표 거주 지역: 간쑤

몽골계 민족으로 몽골어군에 속하는 바오안어와 한어를 사용한다. 바오안족의 문화는 인근에 거주하는 둥샹족, 후이족과 유사성이 많다. 종교는 수니파 이슬람교, 생활은 농업 위주이며 목축업과 수공업을 겸한다. 수공예품 바오안다오(保安刀)가 잘 알려져 있다.

바오안족과 바오안다오

⑥ 어뤄쓰족(俄罗斯族)

인구: 1.5만 명 / 대표 거주 지역: 신장, 네이멍구, 헤이룽장

러시아족 또는 러시아계 중국인이라 불린다. 러시아어를 사용하지만, 중국어를 사용하기도 한다. 대부분 러시아정교를 믿으며 부활절과 성탄절이 전통 명절이다. 푸른색을 선호하고 노란색을 싫어하는특징이 있다. 상공업에 주로 종사하지만 일부는 농업에 종사한다.

어뤄쓰족

⑦ 위구족(裕固族)

인구: 1.4만 명 / 대표 거주 지역: 간쑤

이들의 선조는 고대 위구르족의 한 갈래로 알려져 있다. 언어는 위구어와 한어를, 문자는 한자를 사용한다. 종교는 티베트불교이며 유목생활을 한다. 남자들은 둥근 모자를 쓰고 여자들은 나팔 모양 모자를 쓴다.

위구족

⑧ 타타얼족(塔塔尔族)

인구: 0.36만 명 / 대표 거주 지역: 신장

타타르족이라고 불리며 종교는 이슬람교이다. 중국의 타타르족은조상이 19세기부터 20세기 초까지 신장에 교육 자원봉사 및 무역을위해 이민 온 볼가 타타르족이고, 대부분이 신장위구르자치구에 거

타타얼족

주한다. 민족 고유의 언어와 문자를 사용한다. 전통적으로 수공예와 교역에 능하다. 2000년 통계 조사에 따르면, 중국에서 교육 수준이 가장 높았다.

(3) 서남 지역의 소수민족

먀오족, 이족, 티베트족, 둥족, 부이족, 바이족, 하니족, 다이족, 리쑤족, 거라오족, 라후족, 와족, 수이족, 나시족, 창족, 투족, 징포족, 부랑족, 푸미족, 아창족, 누족, 지눠족, 더앙족, 먼바족, 두룽족, 뤄바족이 있다.

① 먀오족(苗族)

인구: 942.6만 명 / 대표 거주 지역: 구이저우, 후난, 윈난, 광시, 쓰촨

고대 삼묘(三苗)를 민족기원으로 하는 역사가 유구한 민족 중 하나이다. 수천 년 동안 한족과 대립·저항하며 산간 지대를 중심으로 이동하여 살았으므로 '동방의 집시'라고 불린다. 먀오족과 한족은 투쟁의 역사 속에서 상호 문화에 영향을 미쳤다. 민족 고유의 언어와 문자를 보유하고 있었으나 현재는 실전되었고, 한족과의 장기간 교류로 중국어와 한문을 사용한다. 먀오족은 치우 황제를 조상신으로 여긴다.

먀오족

② 이족(彝族)

인구: 871.4만 명 / 대표 거주 지역: 윈난, 쓰촨, 구이저우

중국 서부의 구창(古羌)족 후예이다. 그들 스스로는 '눠쑤'라고 부르는데, 이족(夷族)을 뜻하는 명칭이었다. 청대 만주족이 오랑캐라는 뜻의 '이(夷)'라는 호칭을 싫어해 같은 소리인 '이(彝)'로 바꾸었다고 한다. 정령 신앙을 신봉하고 검은색을 숭상한다. 과거 강력한 노예제 시행의 여파로 현재도 노예제가 남아 있다. 전통적

이족과 훠바제

민족 복장은 종류와 무늬 등이 매우 복잡하고 다양하다. 대표적인 명절로는 음력 6월 24일에 풍작을 기원하는 휘바제(火把节)가 있다.

③ 둥족(侗族)

인구: 289만 명 / 대표 거주 지역: 구이저우, 광시, 후난

둥족

역사적으로 장기간 고립되어 생활하면서 15개 성조가 있는 독특한 언어를 사용하였지만, 전해지는 문자는 없이 구전으로 계승된다. 목조 기술이 발달하여 2층에 거주하며 아래층에서는 물소와 돼지 등을 기른다. 둥족은 다신교를 믿는데, 특히 여성 조상인 싸마(萨玛)를 숭배하며 많은 지역에 싸마츠(萨玛祠)를 건립하였다. 단결을 중시하고 투우를 즐긴다.

④ 부이족(布依族)

인구: 287만 명 / 대표 거주 지역: 구이저우, 쓰촨, 윈난

부이족과 전통 명절 류웨류

중국에서 오래된 소수민족 중 하나다. 2,000년 이상 구이저우평원지대에서 주로 살아온 전통적인 농경민족으로 쌀을 주식으로 한다. 종교는 불교와 기독교이며 언어는 부이어와 좡족의 언어인 좡어(壯语)를 사용한다. 자수와 납염, 도안, 공예술이 뛰어나다. 전통적으로 애니미즘을 신봉했다. 의상과 풍속이 한족과 유사하다. 1870년 6월 6일 부이족이 청나라의 봉건 통치에 저항해 승리한 것을 기념하는 '류웨류(六月六)'라는 전통 명절이 있다.

⑤ 바이족(白族)

인구: 193만 명 / 대표 거주 지역: 윈난, 구이저우, 후난

바이족

고대 다리국을 세운 민족이다. 유구한 문화와 전통을 지닌 민족으로 흰색을 숭앙하여 스스로 하얀 사람들이라는 의미의 '바이훠', '바이지', '바이니'라고 부른다. 언어는 바이어(白语)를 사용한다. 불교를 믿으며 조상을 숭배하고 마을의 시조에게 제사를 지낸다. 바이족의 여인은 전통적으로 흰옷에 검은색 옷깃으로 장식을 해서 입는다.

⑥ 하니족(哈尼族)

인구: 166만 명 / 대표 거주 지역: 윈난

하니족

태국에서는 아카족이라 부른다. 티베트-버마어군에 속하는 하니어를 사용한다. 다신교를 숭상하며 조상신을 숭배한다. 새와 관련된 가무가 특징이다. 15세가 되면 또래와 서로 머리핀을 교환하는 것으로 청년기에 들어선 것을 축하한다. 청춘남녀는 꽃을 이용해 사랑을 표현한다. 보통 2~3층의 대나무, 진흙, 석조, 나무 등으로 지은 건축물에 거주한다.

⑦ 다이족(傣族)

인구: 126만 명 / 대표 거주 지역: 윈난

다이족과 포수이제

민족식별 전에는 바이이족(擺夷族)이라 불렀다. 종교는 불교로 명절이나 기념일이 불교 활동과 관련되어 있다. 매년 청명절 후 10일경에 민족 최대 명절인 '포수이제(泼水节)'가 열리는데, 전통의상을 입고 서로 물을 뿌리며 축복한다. 다이족은 얼굴의 코가 세상의 중심이며 3대 원소인 '공기', '불', '물'이 모이는 곳이라고 생각한다. 다이족의 탄생 신화 중 노코 신은 코가 없는 신이며, 세상을 만든 것으로 전해진다. 코가 작은 사람이 미의 기준이다.

⑧ 리쑤족(傈僳族)

인구: 70만 명 / 대표 거주 지역: 윈난, 쓰촨

리쑤족

티베트–버마 계통의 언어를 사용한다. 종교는 원시종교와 기독교다. 리쑤족의 역사는 노래로 구전되었으며, 오늘날 밤새 부를 정도로긴 노래가 되었다. 가무에 뛰어나며 사냥을 즐긴다. 58개 이상 다른씨족들로 구성되어 있으며, 각 씨족은 각각 다른 이름과 성을 가지고있다. 결혼은 자유연애로 하며 약탈혼 풍습도 있다. 칼자루 축제가 유명하다.

⑨ 거라오족(仡佬族)

인구: 55만 명 / 대표 거주 지역: 구이저우

거라오족과 웨이수 행사

구이저우성에 사는 소수민족 중 97% 이상을 차지하며, 거라오어가있었지만 현재는 사용하는 사람이 거의 없다. 종교는 원시종교이며한자를 사용한다. 복장은 남자는 짧은 치마, 여자는 긴 치마를 입는다. 거라오족은 1년에 두 번 정월을 맞이한다. 하나는 중국 최대 명절인 춘제(春节)이고, 다른 하나는 거라오족 고유의 명절로 음력 3월 3일에 웨이수(喂树)라는 행사를 한다. 이 행사에는 거라오족의 오래된나무 숭배가 바탕에 깔려 있다.

⑩ 라후족(拉祜族)

인구: 49만 명 / 대표 거주 지역: 윈난

라후족

청대 문헌에는 '뤄헤이(倮黑)'라고 적혀 있다. "불을 사용하여 호랑이 고기를 구워 먹는다"는 뜻이다. 미얀마 고산 지역의 라후족과 동일한 민족으로 알려져 있다. 종교는 불교이며 라후어를 사용하고,민족 문자인 라후문을 쓴다. 화전농을 근간으로 생활했지만, 지금은 정착하여 농업을 배우기도 한다. 독자적인 민족색을 유지하고 있고, 검은색을 좋아하여 검은색 옷을 주로 입는다.

⑪ 와족(佤族)

인구: 43만 명 / 대표 거주 지역: 윈난

스스로를 '아와(阿佤)'라 부르며 바이푸(百濮)의 지계
다. 피부색이 검고 대나무로 만든 주거지에 산다. 종교
는 불교와 기독교이며 민족문자인 와문을 사용한다.
옷 장식이 화려하고 선명한 것이 특징이고 토지신을 숭
배한다. 최근까지 목을 베어 사냥하는 풍습이 있었다.

와족

⑫ 수이족(水族)

인구: 41만 명 / 대표 거주 지역: 구이저우, 광시

언어는 수이어를 구사하며 문자는 한문을 사용한다.
복장은 남색, 백색, 청색의 3색 위주이며 붉은색이나
황색 등 화려한 색을 꺼린다. 고유문자인 수이문자(水
书)가 약 1,400개 있지만 일상생활에서 자주 사용되지
는 않으며, 종교 활동 등에서만 사용한다. 수이족 여성
의 선명한 푸른 민속 의상, 청동으로 만든 평북 등이 특징이다.

수이족

⑬ 나시족(纳西族)

인구: 33만 명 / 대표 거주 지역: 윈난

동파교(东巴教)라는 종교를 믿으며, 동파경(东巴经)이
라는 경전을 가지고 있다. 고유의 언어인 나시어(纳西
语)와 동파문·가파문(哥巴文) 2종의 문자를 보유하고
있다. 동파문은 세계에서 현재까지 사용되는 유일한
상형문자로 유네스코 세계기록유산으로 등록되어 있
다. 모계 중심의 부족으로 일처다부제의 전통이 있었
으며, 가정에서 여성의 지위가 높다. 나시족은 기본적

나시족과 동파문

으로 자연을 숭배하며, 티베트불교의 영향도 많이 받았다.

⑭ 창족(羌族)

인구: 31만 명 / 대표 거주 지역: 쓰촨

창족

5호16국시대인 386년 장안에 후진(後秦)을 건국하였고, 창족의 일파인 탕구트족(당항족黨項族)은 서하(西夏)를 건국하기도 하였다. 언어는 창어를 사용하며 고유문자가 없고 한자를 사용한다. 종교는 다신교이며 양을 숭배한다.

⑮ 투족(土族)

인구: 29만 명 / 대표 거주 지역: 칭하이, 간쑤

투족

선비족 계열로 몽구오르족이라고도 부르며, 1953년에 중국 정부에서 '투족'으로 분류하였다. 종교는 티베트불교, 언어는 알타이어계, 문자는 한자를 사용한다. 음악을 좋아하며 화려한 복장이 특징이다.

⑯ 징포족(景颇族)

인구: 15만 명 / 대표 거주 지역: 윈난

징포족

고대 저강인(氐羌人)과 관련이 있다. 종교는 원시종교와 기독교이다. 민족 고유의 징포문을 사용한다. 하루가 지난 밥은 먹지 않고 새로 지은 밥을 먹기 전에 개에게 주는 풍습이 있다.

⑰ 부랑족(布朗族)

인구: 12만 명 / 대표 거주 지역: 윈난

부랑족

고대 푸런(濮人)의 후예다. 당대에는 '푸쯔만(朴子蠻)', 원대에서 청대까지는 '푸만(蒲蠻濮)'이라 불렸다. 언어는 부랑어(布朗语)를 사용하나 문자는 없다. 종교는 불교이다. 꽃을 꺾어서 처녀에게 사랑을 고백

한다. 전통적으로 작은 씨족 단위로 나뉘어 있으며, 씨족 단위로 땅을 소유한다.

⑱ 푸미족(普米族)

인구: 4만 명 / 대표 거주 지역: 윈난, 쓰촨

푸미족

고대 창족의 일파로 티베트 티베트족문화의 영향을 많이 받았다. 한자를 사용하며 종교는 주로 티베트불교이다. 설을 쇨 때 만 13세가 되는 아이의 성인식을 거행한다.

⑲ 아창족(阿昌族)

인구: 4만 명 / 대표 거주 지역: 윈난

아창족

윈난성에 먼저 거주하기 시작한 민족 중 하나다. 종교는 소승불교와 다신교이며 아창어를 사용하지만, 고유문자가 없어 한자를 사용한다. 문화에서 음악과 노래가 차지하는 비중이 커서 모든 의식이 춤과 노래로 끝난다. 결혼하지 않은 젊은이는 빗 두 개로 머리를 빗는다. 결혼한 여성은 긴 치마를, 미혼 여성은 바지를 입어 구별한다. 불교식 장례를 치르며, 시체에 있는 장식이 죽은 이의 환생을 방해한다고 생각해 장식 없이 화장한다.

⑳ 누족(怒族)

인구: 3.7만 명 / 대표 거주 지역: 윈난

누족

누족은 스스로 '누쑤(怒苏)', '아룽(阿龙)'이라 부른다. 종교는 원시종교, 천주교, 티베트불교이다. 언어는 누어를 사용하나 지역별 차이가 커서 통하지 않는 경우도 있으며 한자를 사용한다. 어린 처녀들은 종종 상의에

앞치마를 두르며 화려한 색상의 목걸이를 한다.

㉑ 지눠족(基诺族)

인구: 2만 명 / 대표 거주 지역: 윈난

지눠족

55개 소수민족 중 가장 나중에 민족 식별이 된 민족이다. 언어는 지눠어를 사용하고 문자는 한자를 사용한다. 만물에 영혼이 있다고 믿으며 종교는 원시종교이다. 농업에 주로 종사하고 대나무로 집을 지어 생활한다.

㉒ 더앙족(德昂族)

인구: 2만 명 / 대표 거주 지역: 윈난

고대 푸런(濮人)이 더앙족의 선조다. 처음엔 '벙룽족(崩龙族)'이라 불리다가 1985년에

민족의 의사에 따라 더앙족이 되었다. 언어는 더앙어를 사용하며 다이어(傣语), 한어, 징포어(景颇语) 등도 사용한다. 문자는 다이문(傣文)을 사용한다. 종교는 원시종교와 불교이며 차를 주로 재배한다. 다이족과 마찬가지로 포수이제를 최대 명절로 여긴다.

다이문

더앙족

㉓ 먼바족(门巴族)

인구: 1만 명 / 대표 거주 지역: 티베트(시짱)

티베트족의 생활과 풍습의 영향을 많이 받았다. 언어는 먼바어와 티베트어를 쓰며 문자는 티베트문을 사용한다. 대나무와 등나무로 만든 전통 수공예품이 유명하다. 남녀 모두 붉은색 겉옷을 입고 모자와 장화를 착용한다. 종교는 티베트불교인데 일부는 원시종교를 믿는다.

먼바족

㉔ 두룽족(独龙族)

인구: 0.7만 명 / 대표 거주 지역: 윈난

민족명칭은 두룽장(独龙江)강과 관련이 있다. 이전에 '두룽(独龙)', '디마(迪麻)', '추런(俅人)', '추취(俅曲)', '취런(曲人)'으로 불렸다. 언어는 두룽어를 사용하며 민족 문자는 없다. 종교는 원시종교이며 설날이 유일한 명절이다. 여자는 얼굴에 문신을 하는 풍습이 있었다.

두룽족

㉕ 뤄바족(珞巴族)

인구: 0.37만 명 / 대표 거주 지역: 티베트(시짱)

뤄바는 티베트어로 '남방 사람'이라는 뜻이다. 티베트족으로 분류되었다가 1965년에 독립된 민족으로 식별되었다. 뤄바족은 히말라야의 원시 삼림으로 덮여 있는 고산협곡에 거주한다. 언어는 뤄바어를 사용하며 문자는 티베트 문자를 사용한다. 종교는 티베트불교와

뤄바족

원시종교이다. 농업을 주로 하며 수렵과 목축업을 겸한다. 신발을 신지 않고 맨발로 다닌다.

(4) 남동 지역의 소수민족

쫭족, 투자족, 야오족, 리족, 서족, 무라오족, 마오난족, 징족, 가오산족이 있다.

① 투자족(土家族)

인구: 835.3만 명 / 대표 거주 지역: 후난, 후베이, 충칭, 구이저우

'투자'는 '지역 토착민'을 의미한다. 독특한 민족 언어가 있으나 문자는 없다. 무술과 춤을 즐긴다.

투자족

② 야오족(瑤族)

인구: 280만 명 / 대표 거주 지역: 광시, 윈난, 광둥

종교는 원시종교와 도교다. 천지를 창조했다는 반고(盤古)를 추앙하며, 종교 지도자는 한자를 사용한다. 고대 중국의 왕녀와 개 사이에서 태어난 12성씨의 야오족을 시조로 한다는 전설이 전해진다. 긴 머리를 말아 올리는 것이 특징이며, 성인이 될 때 머리를 자른 뒤에 평생 자르지 않는다.

야오족

③ 리족(黎族)

인구: 146만 명 / 대표 거주 지역: 하이난

1957년 이래 로마자로 표기되는 리어라는 고유의 언어를 쓴다. 생활은 농업 위주이며 물소와 소 등을 사육한다. 커우샤오(口簫) 또는 리라뤄(利拉罗)라고 부르는 관악기를 이용한 음악이 있으며, 면과 마를 이용해 의복 제작용 직물을 잘 만들었다. 애니미즘 신앙이 존재하며, 음력 3월 3일에 '싼웨싼(三月三)'이라는 제례 의식을 한다. 전통 요리로 대통밥 등이 있다.

리족과 싼웨싼 풍습

④ 서족(畲族)

인구: 71만 명 / 대표 거주 지역: 저장, 푸젠, 장시, 광둥

푸젠성에서 인구가 가장 많은 소수민족이다. 종교는 불교와 기독교이고, 대부분 커자어를 사용하지만 독자적 언어인 서어도 극소수가 구사하며, 문자는 한자를 사용한다. 결혼 의식이 매우 간단하고 소박한 것이 특징이다.

서족

⑤ 무라오족(仏佬族)

인구: 22만 명 / 대표 거주 지역: 광시

당송시대 사료에 '요인(僚人)', '령인(伶人)'으로 기재되어 있다. 종교는 애니미즘이며, 언어는 무라오어를 구사하고 문자는 한자를 사용한다. 전통적으로 결혼은 부모가 주선하며, 신랑과 신부는 아들이 태어날 때까지 같이 살지 않는다. 신화, 전설 등이 많이 전한다. 중추제(中秋节)에 오리고기를 먹으며 노인들에게 전설을 듣는 풍습이 있다. 매달 다양한 축제가 있고, 중요 명절인 이판제(依饭节)에 동물을 제물로 바치며 풍수를 기원한다.

무라오족과 이판제

⑥ 마오난족(毛南族)

인구: 10만 명 / 대표 거주 지역: 광시

스스로 '아난(阿南)'이라 부르는데, '현지인', 즉 '지역 토착민'을 의미한다. 종교는 원시종교이며 문자는 한자를 사용한다. 주로 농업에 종사한다. 80% 이상의 마오난족이 성씨가 같다. 흙벽의 기와집을 지어 사람은 위층에 거주하고 아래층에는 가축을 기른다. 복장은 남녀 모두 남색 옷을 즐겨 입으며 여자들은 대나무로 만든 모자를 쓴다.

무라오족

⑦ 징족(京族)

인구: 2.8만 명 / 대표 거주 지역: 광시

언어는 징족어와 한어를 사용하고 문자는 한자를 사용한다. 베트남에서 이주해온 민족으로 이전에는 웨족(越族)이라고도 불렸다. 생활은 어업을 위주로 하지만 농업도 겸한다. 종교는 다신교이며 중국명절인 춘제와 중추제, 돤우제, 칭밍제 등의 명절을 지낸다.

징족

⑧ 가오산족(高山族)

인구: 0.4만 명 / 대표 거주 지역: 타이완, 푸젠

한족 이주 이전부터 타이완에 살던 원주민이며 현재도 주로 타이완에 거주한다. 종교는 원시종교이고, 언어는 인도네시아어계 언어를 사용하며 문자는 한자를 사용한다. 생활은 화전농업 위주이며, 마약의 일종인 빈랑(檳榔)을 씹는 습관이 있다. 제사나 불상사가 있을 때를 제외하고는 불을 숭배하여 항상 불씨가 꺼지지 않도록 보존하는 금기가 있다.

가오산족

황산